中国近代人物日记丛书

张廷银 刘应梅 整理

王伯祥日记

第十册

中华书局

第十册目录

1949 年（民国三十八年）

1月1日（辛卯　初三日）星期六

阴寒未彻，晴亦不能透也。晨起购报展读，知蒋发文告，虽示意可和而以战责委诸共方，且再三以现在之宪法法统为言是，明明苦肉计，借端恐吓，仍不失为和平之攻势耳，大氐不痛不痒，有若干时间拖延也。十一时许阿二车来，接余夫妇去芷、汉所，顺接濬儿及预孙同行，到彼时尚未及午，而卢氏戚族至者已甚多，余与士畇先后访候洗人、圣陶，比设席，洗、圣等俱以加入明社同乐，须往天蟾舞台观赏童芷龄、唐韵笙平剧而先去，未得与饮，余则与硕甫、天行、默庵、文权（自青年会径来）、士畇等同坐，饮颇多，二时许始散，三时乃归。四时许余与滋儿出散步，五时乃返，顯孙以放假来省，遂约晚膳，余仍小饮。饭后润、滋、佩、顯四人往光华戏院看电影，纯葆、湜儿则自国泰归，盖清早排队，由湜列入购票，十时始买到午后第二场，须五时往、七时半始克归耳。据云场场客满，插入坐中甚非易易也。夜十时半，润、滋、佩、顯始归，余乃贴枕就睡。

1月2日（壬辰　初四日）星期

阴森如昨，闷郁之感更甚。晨八时独往北万馨吃面，牙痛突发，想系连日暖锅所致。大銎来访，谈移时去。上午十时许士畇、漱儿、昌预、弥同附圣陶夫妇车来，午饭本以饺子为主，人骤多，仍

加煮米饭焉，圣陶夫妇及士敱俱在夏家吃饭。余于饭后牙痛剧增，
几不能开鄂，不得已服散利痛一片，偃卧沙发上以禳之。二时敱、
漱往杜美看电影，有顷圣陶夫妇来，长谈及暮，洗人至，少坐同去，
以漱未归，不克附乘，适漱石来，因以弥同属之先附车归去。六时
夜饭，以牙痛废饮，士敱、漱儿返来，仍温酒饷之。七时许敱、漱北
去开明新村，顺道昌预归。八时许余即睡，恐齿痛再作，服散利痛
一片始就卧。

1 月 3 日（癸巳　初五日）星期一

　　晴冷见冰矣。晨八时廿分车来，乘以入馆。办理杂事。午间
以除夕余酒温来小饮，与圣陶、祖璋、至善、亦秀、汉儿共酌。连日
无报，虽公会出联合版，未能畅达也，时局仍处闷葫芦，吾恐和平攻
势未必遂尔成事耳。友人见告，今年一日有人就"孙科"两字戏为
字触（俗谓之拆字），先写一"禾"字，谓欲和无口，继在右旁写一
"斗"字，谓欲閗无门（俗间简笔如此），再在其上写一"孙"字，先说
"子"在"禾"上，是为子孙计，非和不可，复说右旁"系"字则谓为派
系，似非争斗不行云云。虽于无聊中求快意，实亦描绘现局心理尽
情矣，因识之以当谈资。绍虞下午来馆，略谈便行。饭后诚安来馆
访余及圣陶，长谈，三四十年前老友，相看各老大已。散馆后与润
儿偕归。牙又痛，夜饭囫囵吞下也，殊不适，少坐即拥被就眠，而疾
痛与恶劣心绪交织胸膈，颇不得好睡。

1 月 4 日（甲午　初六日）星期二

　　晴寒，坚冰未解。晨八时廿分乘车入馆。办理杂事。下午三
时出席第四次经理室扩大会议，于恢复薪给折扣事复有争论，其实

公司经济并无坏象,不应专在同人身上转念也。吹腔起霸,较演戏为甚,殊可浩叹。散馆时,乘车径赴达君所,顺接雪村、西谛同往,盖今晚达君、洗人、雪村、雪山、予同、调孚、均正、祖璋、锡光及余假达所宴请圣陶夫妇,彬然为设饯,并为叔湘洗尘,兼邀芷芬、士敫、西谛作陪也。七时开始,分坐两席,畅谈至八时半罢饮,饭后复纵谈至九时三刻乃乘车各辞达君,分途而归。到家小坐便就睡,牙痛未愈,别绪陡增,殊难为怀也。

1 月 5 日 (乙未　初七日) 星期三

晴寒如昨。晨八时廿五分乘车入馆。办理杂事。今日各报俱照常出版,惟时事仍混沌,宁方仍取和平攻势,并无悔祸之心也。散馆后邀芷芬、士敫、汉儿同归,小饮长谈,已购得太古公司永生轮船票五张,后日清晨芷、敫即伴同圣、墨、彬直放香港矣。九时半敫等去,余亦就寝,牙疼依然,殊以为累。(昨日公份,达君止肯人收百圆,证之近日物价颇感少出矣。)

1 月 6 日 (丙申　初八日　小寒) 星期四

晴寒。晨八时廿分乘车入馆。办理杂事。午后出席编审全会,圣陶提请加聘叔湘为编委,并拟推为常委云,当为转提明日经会决之。散馆后应西谛之约,与洗、村、达、予、圣、彬、敫共载以赴之。少坐即饮,除杜办羊肉涮锅外,治馔甚腆,欢谈至八时许各辞归。以圣等明晨须登轮亟返治装也,仍同乘以次送归,到里口下车,执手黯然,不自知其心绪之何以难过也,入舍闷坐,旋即解衣就卧。

1 月 7 日（丁酉　初九日）星期五

晴寒。晨八时廿分乘车入馆。办理杂事。圣、墨、彬、芷、敩成行，调孚、晓先、汉华等送之，由华盛码头登轮，十一时启碇，甚平安，闻须湾由台湾之基隆始放香港云。下午三时出席二〇七次经理室会议，决定加聘叔湘为编审委员并修正薪给办法，又议定派芷芬去洪办理结束，在出差期间发行所主任职务由雪山暂兼。散馆后与润儿俱北去，在汉儿家吃年夜饭，先过晓先谈，食时晤翼之父子、铭青、德锜、英泉、梅林两伉俪，潜儿亦挈顯、预、硕三孙来会，汉儿及错、镇、鉴三孙已先在，并有士秋、纯嘉、得厚在坐，甚见热闹。比散，已将八时，即乘车南归，顺送翼父子、铭夫妇及潜等，到家已八时半，少坐便寝。

1 月 8 日（戊戌　初十日）星期六

晴，酷寒，午前日中降雪，甚大，片时即过，俗所谓赤脚雪也。午后风吼似虎，窗牖俱震。晨八时廿分乘车入馆。办理杂事。下午二时出席卅三次业务常会，四时许始已。夜报载三日内蒋将赴台湾休假，政务交李宗仁云云。盖白崇禧在汉口有表示，张轸、程潜等亦联合主和，遂不得不急转直下耳。虽大局未必从此而定，而巨魁引去，丑类当日就解体矣。或者吾民获得转机自救乎？散馆归，坐未久，滋儿挈鉴孙来。有顷，西谛见访，即属滋往邀予同来我家，三人共饮痛谈，直至十时一刻始辞去，极畅，于予同话中知雪村见忌之甚，逞己专欲，一何可笑，听之而已。以中来馆见访，即留馆中便饭。调孚午后与同行集议归，发表书志售价即日起改售四十四倍，较目前又增一倍（目前售廿二倍）。

1 月 9 日(己亥　十一日)星期

晴寒。晨润儿偕贤辉来,盖昨日北去受课,即住汉儿所,今乃与友南返,约同去兰心大戏院听音乐也。阅报知昨讯已逐渐具体化,和平云云俱集中于李、张、邵也。饭后偕珏人往大陆书场听书,一时四十分开,四时五十分止,计五场,为严祥伯之《隋唐》、杨斌奎、杨振言之《描金凤》、顾宏伯之《狸猫换太子》、黄静芬之《倭袍》、钱雁秋之《西厢记》,各占四十分钟耳。消磨抵晚,仍与珏人循霞飞路步归。到家润已返,瀿、汉及镇孙亦在,盖以余将周甲,瀿、清、汉、漱、润合购三用沙发一铺为寿,已送到堂中矣。少坐即小饮,夜饭后将沙发移置二楼卧室。近九时瀿辞归,汉即率镇、鉴两孙留住焉。十时半余始睡。

1 月 10 日(庚子　十二日)星期一

昙冷。晨八时廿分车来,余与汉、润、滋三儿及镇、鉴二孙附以入馆。比到馆门,属润挟余篋先入,余乃偕汉等往顺泰祥进早点,计肉面两碗,汤包三十件,需费九十八圆云。(面每碗廿二圆,汤包每十件十八圆。)较昨日涨百分之五十矣。近日物价殊可寒心也。办理杂事。时局混沌,终见下坡,惟无具体事实可以提供耳。散馆后归,有顷小饮。夜饭后均正见过,谓顷听广播,知杜聿明所部邱李兵团业于今晨十时全部歼灭云。(当然指投降及消失并言之。)是蒋方军事已臻绝境,遁而之他,徒争拖延时日而已。八时听书,开篇居多,十时即寝。

1 月 11 日(辛丑　十三日)星期二

晴寒。晨八时廿分乘车入馆。办理杂事。予同行已两日,第五组事即由余权行。下午三时出席二〇八次经理室会议,决定例事数项,年终缺算系数当补发。作书致圣陶,寄九龙,属云彬转。盖今日得渠台北信,知泊舟登岸获一游,即日放航直指香港(明日即须抵港),遂作信答寄耳。所憾者,舟中同行之人年最少而游兴最浓厥为士敫,乃以上海市民证未得新换故,竟独致向隅,不许登陆,遥想枯坐呆守,必深为嗒丧也。晚报消息,多方斗合,蒋终必出一走,惟将兵力化整为零,拟利用华中、西北、华南、西南、东南等数区之既成局面,培养割据之力,以图最后之挣扎,则殊为显然,第不知事实演化究能遂其私欲与否,诚不敢预必耳。散馆后与润儿乘车径归,知潆、汉、潄俱于午前后来家省珏人也。入暮小饮,夜饭后坐艮宦,翻看法帖,十时乃寝。

1 月 12 日(壬寅　十四日)星期三

昙,近午放晴,寒威稍杀。晨八时廿分乘车入馆。办理杂事。下午三时出席第一次临时业务常会,专讨论事假章程及旅费支给章程,由雪山主席,锡光说明,虽有争执,总得通过,比散已四时半矣。散馆后与润儿乘车径归。家中连日裹粽,有豆沙猪油及酱油鲜肉两种,到家即各尝其一,入晚方温酒小饮,夜饭后仍独坐艮宦闲翻耳。午后谦之、季祥来访,谈移时去。洗人以感冒未出,询之雪山始知之。时局仍混乱,和谈云云,恐终归泡影也。十时就寝。

1 月 13 日(癸卯　十五日)星期四

晴,晨有雾。晨八时廿分乘车入馆。办理杂事。诚之书来,托代支版税,即交来信携去。金才自庙弄送件归,告西谛有事赴杭。作书与敫、清,告自永生轮开出后迄得港电时之心情,并言此间表面极宁谧，只要少翻花样，少加新因素，宜可无事，否则人各有能，潜竞智巧，前途变化有非老朽所忍料者耳。下午二时出席编审会常会，自圣陶、彬然行后，余以选票次多数递补常务委员，叔湘则以圣陶之推，征得全会委员之同意而提任者，今日均为第一次参加，凡拟购稿一种，拟退稿三种，应复书商榷者一种，俟明日提经理室会议后再定夺。散馆后润儿北去受课，余乘车径归。入晚小饮。夜饭后坐艮宧翻帑，十时后寝，时润儿已返矣。本月户口米配购证忽须凭身份证始可得，以滋儿在永丰坊未及即时取得，今日汇齐后往甲长处照领，谓已过期，退回保办事处矣，旋至保办事处交涉，坚谓已转退原发处云。余本不重视此等勾当，然保甲办事如此苟简，实秉政府巧取豪夺之一贯作风，则不无可诛耳。格于现局，且屈服之。

1 月 14 日（甲辰 十六日）星期五

晴，稍和。晨八时廿三分乘车入馆。办理杂事。接子如信，知西谛在杭，即复之。刚主来谈，属为购新书四部，旋辞去。下午二时卅分出席二○九次经理室会议，四时散。散馆后与润儿乘车径归。入晚小饮。夜饭后坐艮宧填注员生考绩表。（诗圣、龙文、纯嘉、知伊、墨林及润华、调孚、雨岩、士信、予同等均谢却之。）八时毕，封固备交第一组汇提云。今日上午曾地震二十许秒，据云窗户微动，余适伏案写信，竟未之觉。接柱流信，知即将脱累，亦可慰也。夜十时就寝。

1 月 15 日（乙巳 十七日）星期六

晴寒。晨八时廿五分乘车入馆。办理杂事。下午二时半出席第十二届第九次董事会，通过卅七年度夫马费各千圆及雪村提出之五人小组所拟方案。(列名者为觉农、耕莘、育文、雪村,独西谛未参加。)该方案之重点在加强常务董事及倾向恢复三处所云,此中花样仍在搅破现状,俾常务董事直接控御公司耳。中共首领毛泽东昨发宣言(包括八大条件)遍登各报。《新闻报》尤只字无隐痛斥蒋之虚伪,缓兵绝无理由可以对立,满纸伪宪法、伪法统、伪总统,甚至呵为匪帮首领,真是淋漓痛快,得未曾有。不解一方正严摧刊物(如《展望》等皆遭禁),一方又何以任令对手,暴露无余也,岂早失控制之力,各地人自为政乎? 天津已入共军手,守将陈长捷被俘,是北平亦可能步此后尘耳。散馆归,祀先,集润、滋、湜三儿及潜、权、汉、漱、顯、预、硕、锴、佩华、纯葆、漱石等饮福,共进年夜饭,余夫妇虽忙碌,甚得顾盼之乐。江冬亦应邀至,盖冬适自前晚由平飞归,顺探询平中状况也。夜饭毕,谈久之,汉儿偕漱石先归,权、潜继去,江冬最后去,余俱留。十一时始各就寝。

1 月 16 日(丙午　十八日)星期

晴寒。阅报知南京当局对中共之八条件颇震动,但亦无甚对策可以发展,战乎,力有不继,和乎,实等投降,徘徊却顾,厥为面子问题而已,独夫下场,宜有此也! 十时许,雪村见过,盖昨日约定来谈也,于昨日董事会所提之案求其贯彻,俾副其平日之主张,上天下地,无所不谈,午间对酌,饭后复谈至四时半始辞去,余送之出里,看其登车乃返。五时,与润儿出散步,归后即小饮。润、滋、湜及佩华、昌顯俱出看电影,比伊等归,余已高卧矣。

1 月 17 日(丁未　十九日)星期一

晴寒,晨浓霜。晨八时廿分乘车入馆,锴孙随去。办理杂事。

报章所载和战迷离,然美陆战队自青岛撤台,蒋军又自蚌埠撤,复守滁县,是前线也者距南京不过百里矣,如之何嚣然言战乎!达君新得其乡先辈许珊林篆书四言联,集元人句云:琴应万壑,书雄百城。纯以李斯《峄山刻石》笔意行之,字大径七八寸,实迈渊如、十兰而上之矣,承展示其赏,极叹美之也。卅七年度董事夫马费千圆今送来,揆之抗战前百银圆之比价,殊太可笑。(今日银圆市价每圆须金圆二百六十圆。)反正惟名主义听之而已。滋儿仍往汉所,昌显亦归去,独佩华住焉。湜儿昨宵以出外看戏受凉,今日乃发寒热,午后竟卧床未能兴。散馆后与润儿径归,知珏人与潜儿出听书,少坐入冥,先为小饮,甫沾唇,珏归,谓在大陆听会书,先后亦播均尚过得去云。今日六家大同行又集议于功德林,决自即日起书价调整,由四十四倍改售六十倍。夜饭后坐艮窟闲翻,九时半即寝。

1 月 18 日(戊申　二十日)星期二

晴寒。晨八时廿八分乘车入馆。办理杂事。下午三时出席二一〇次经理室会议,决定昆、秦、渝三店人事问题及阴历年前提前发薪事。写信寄清儿。达轩昨自南京来住村所,大概来告彼中近况耳。散馆后乘车径归。入晚小饮。知今日珏人上菜场被扒矣,失八百圆(由佩华伴往,即在佩袋中摸去也,佩大为不安),伊甚懊恼,余力慰之,盖年底难过,人人所同,彼行窃于市者其难更较余等为甚,挺而走险,宜其有此也,又何异乎?天津事国际反应颇佳,足征恶意宣传究不敌事实之表现矣。北平形势,傅作义已臻绝境,恐终不免屈伏耳。夜坐艮窟闲翻。湜儿寒热仍未退,惟神色无大碍,即令家人浓煎福建神曲以服之,想卧被汗解,明当霍然也。九时许呼汤濯足,拭身易衷衣而寝。

1 月 19 日（己酉　廿一日）星期三

晴寒。晨八时卅分车始来,乘以入馆。办理杂事。时局虽混
沌而主战者已泄气,迟早终得屈伏耳。下午蛰存来,谓书巢图卷无
法应命,方自校抱以出,拟送还,一不慎,竟遗于车上,遂致抛失云
云。余陡觉触电,仍力请代为查访,以冀珠还,但希望至微,恐难遂
延津剑合之愿矣。日来不如意事纷叠而至,其流年不利乎? 圣陶
书来,忽强留芷芬,俾北去,本人既无信来,其间穿插又适为某昆,
或者夫己氏之授意用遂其一纲以尽之计乎? 方寸嵚嵚至于如此,
尚得谓之人间耶? 可恫,可恫! 散馆后乘车归。入晚即小饮,强自
抑捺而已,不谓垂老之年乃备感伤怀至此也。夜饭后滋儿闻讯归
省。佩华午后往省,其从母即留宿彼处。九时卅分就寝,眠殊
不佳。

1 月 20 日（庚戌　廿二日　大寒）星期四

昙晴间作,气较昨前为和。晨八时廿五分乘车入馆。办理杂
事。芷芬事洗人已有复电去,谓只须本人同意可行,盖村力促之,
结果是余之所料为不虚也,其实各有千秋,初不待粘皮带骨,始堪
展布耳。散馆后与雪村、达君同赴西谛之约,晤昌群、辛笛、家宝及
邓、张二小姐。七时开饮,九时始散,知谛亦有港行,或将与圣陶同
路乎。归后知汉、漱两儿来省归去未久也,以家中接十八日芷港发
信,特来就视,比余归,已看悉去矣。信中表示决北行,或且先圣等
动身也。少坐,与润儿谈,十时就寝。

1 月 21 日（辛亥　廿三日）星期五

晴，较昨为暖，恐将变矣。晨八时廿五分乘车入馆。办理杂事。下午三时出席二一一次经理室会议，通过余所拟怀夏楼管理简则及怀夏楼管理专员暂行办事简章，并决定芷芬现在出差，所有发行所主任职务指调南京分店经理钟达轩来沪暂代，京店经理职务即由副理丰沧祥代行。汉接业熊、静鹤信，知已自穗抵长沙，暂住清儿所，突如其来，清或感到为难乎？甚念之。芷芬既中途变计，士斅亦未见返湘，宜清儿之棘手矣。北平投降之局已成，南京出走之势亦定，事在旦夕耳。特死赖为若辈惯技，能拖则拖，未可刻期实见，亦事实也。书巢图卷仍无查得消息，恐珠还之望必虚矣。蛰存轻心至此，殊对人不起也。今日本拟约西谛、昌群来家小叙，讵书去得复，已有他约，须延至明日云。散馆后润儿北去，余独归。到家后属珏人购米一石，计价千六百五十圆（合法币四十九亿圆馀）。自改币以来，第一次逼购贵米也。（存米早空，势将挨饿，不得不籴入。）似此度日，竟较敌伪压迫为甚矣。入晚小饮，夜饭后坐艮宧闲翻里中售报，小儿竟呼号外，余以此等售欺惯技不一而足，殊不可信，未之措念，及九时许润儿归，询其有所阅否，谓号外虽未见，然生涯甚佳，争购恐后，以是道路纷传蒋已于今日四时乘机离宁矣，究往何所，以未买号外看，不详悉。总之人心之望蒋去，则到处同然可知也云云，是亦有理之言。十时许就寝。

1 月 22 日（壬子　廿四日）星期六

阴还暖，近午晴。晨八时廿分乘车入馆。办理杂事。报载蒋飞杭，今日飞奉化溪口，或将转厦门鼓浪屿云。是引退云云，殆仍不忘窥隙伺便之计耳。和谈进行距离尚远,北平则有初步解决也。散馆后润儿以受课北去住汉儿所,余则径归,候西谛及昌群,坐有顷,后先至,三人且饮且谈,甚乐,由西谛之推毂,开明有意延揽昌群,因略谈及之,昌群拟于二月初到馆,余当于明日与雪村、洗人商定之。九时许谛、群辞去,稍息后余亦就卧。

1月23日(癸丑 廿五日)星期

晴,不甚畅,颇和暖。晨起看报,北平已安然解决,共军已开入城厢,国军则出城待编,安知此光荣和平不即为变相之投降乎!十一时三刻,达君车始来,余即乘之北行,车中先有西谛、家宝在,盖同赴新村之约者,车过福州路顺接雪村偕行,至新村已十二时三刻矣。昌群、辛笛、叔湘已先在,守宪亦到,乃共登怀夏楼新屋,欣观厥成,有顷,就饮洗人所,预属祁厨办肴张筵者也,调孚感冒已多日未出,今亦勉扯同坐焉。兴高,不免多饮,近三时始罢。西谛、达君、辛笛、调孚、家宝、守宪、昌群、叔湘少坐便散去,余则与雪村同登洗人之楼,纵谈一切。好极权者依然无视现实,而过于谨慎者又至觉啬啬可笑,欲以一身调和其间,殊不可能,况处危疑之境,高下都碍,左右胥绌,如余之所遭乎?四时许始散,以待车夫之徐招而得也,五时始获与雪村同乘(湜儿本在漱所,遂唤与同归),长驱南归耳。先送村下车然后返。到家小坐,即小饮。夜饭后坐艮窳闲翻,文权、潇儿来省,因出闲谈,稍坐便偃卧假寐,竟入睡,比醒来,文权、潇儿已归去矣,殊自笑衰耄无庸,不堪肆应也。十时后乃寝。

1月24日(甲寅 廿六日)星期一

大雾终阴,气转暖。晨八时廿五分乘车入馆。办理杂事。作书与致觉,送字典一部去,盖昨日曾与幼希来访余,适在洗所,未之晤也。柏寒悼亡,昨在乐园殡仪馆大殓,余亦以出外午饭,未克躬吊,至歉。纯嘉丧生母,今日殓毕出申,余为通知同人集赙之,余赙二百圆。和谈前途殊有距离,但热心者仍抱乐观。(任潮等五十许人发宣言,力拥毛润之八条件。)惟汤恩伯招待记者,大放厥辞,一若与南京唱别调者,然公然谓即政府言和平,彼本人守土有责,仍须力维戒严法,大创不逞之徒云云。或者故作姿态,乘机敲一笔大大竹杠乎? 军阀末路,宜有此回光返照耳。散馆后乘车径归。将归之前,君宙之女将父命来馈余王宝和金波酒两瓶,昨日永兴昌老板张瑞生亦饬伙送太雕两瓶来。近日酒运大昌,至堪一笑。入晚小饮。夜饭后坐艮宧闲翻。滋儿今日上午仍赴汉儿所,佩华亦辞往其姨母所同约须小除夕共归矣。接长沙电,知士敫已于三日前返湘,业熊、静鹤携同诸孩亦已先期抵长,宜有一番热闹烦乱耳。清儿尚无信至也。

1 月 25 日(乙卯　廿七日)星期二

阴霾,欲雪未果。晨八时廿五分乘车入馆。办理杂事。午应雪村之招,与叔湘、调孚、振甫同往午饮,晤昌群。谈出版琐事,二时许始返馆。今日本有经理室会议,以人未能集,延之。光岐今日乘轮到沪,午后来见,出其尊人手书示余,盖一时为家事所纠,不克即行,特属渠先归耳。谈有顷辞去。散馆后与雪村在馆待昌群,以昌群今晚就所主黄肇兴家(在狄思威路),设宴邀西谛、叔湘及余等夜饮也,至六时许始来,遂与同赴之,叔湘辞未至,开饮已七时一刻矣,主人夫妇招待殷勤,甚感拘局,九时许辞归。乘车先送村返,次及余,然后送谛,再转返新村停车也。报载,江北尽撤,江都、两泰、来安、合肥俱不守,江南岸退兵与难民麇集,景象殊可怕。在肇兴谈次据云接南京电话,共军已入城谣言蜂起,想大局正剧变耳。归后少坐即便就卧,辗转反侧,殊难入睡,岂忧喜交集,致此兴奋乎?

1 月 26 日(丙辰　廿八日)星期三

初昙,近午晴。晨八时廿八分乘车入馆。办理杂事。上午十时出二一二次经理室会议,通过聘昌群任编校部编辑兼编审会委员,一切待遇与叔湘同。午后作书与西谛,送代办证件去,并告昌群事属先告之。为幼希、致觉假得《韦氏国际大辞典》,即属金才送去。国军已尽撤过江,江北据点毕弃,南京已闻炮声,三日之内难保共军不渡江而南也。张治中、邵力子自沪飞返京,颇消沉,和谈殊感渺茫耳。盖共方昨广播坚持八条件之严惩战犯,且明白宣示南京已非代表人民之政府云云也。李韵清来谈,彼谓国方以和为战,共方以战为和,求和之诚在共而恃战之狠仍在国也,此言亦颇有理。散馆后乘车径归。入晚小饮。夜饭后坐垦宭,校陈研楼《传家格言钞》,聊以遣闷,润儿出访友,十时始返,比其归,余已就寝矣。

1 月 27 日(丁巳　廿九日)星期四

晴,午后阴,气较昨寒。晨八时廿分乘车入馆。办理杂事。以岁底,故同人之请假回籍者綦多,每一部分都感寥落矣。昨宵共方广播坚持宁方如表诚意,须扣留战犯,实行八条件,于是昨日韵清所言,俱被戳穿矣,且悉南京对江已云集共军,李宗仁亦声言南迁,定二月五日在广州开行政会议云。江南三角洲能免战祸与否,真一发千钧耳。下午出席编审会议常会，决定收稿退稿各一种。散馆后润儿北去受课，余乘车径归，佩华来，少坐便小饮。夜饭后坐艮宧闲翻。午饭后昌群来馆，谈有顷辞去。谓年初三归礼山，初九始来沪就事云。八时半滋儿归，九时许润儿亦归。聚谈至十时许各就寝。

1 月 28 日（戊午　三十日）星期五

晴寒。晨八时廿五分乘车入馆。办理杂事。今日为大除夕，同人请假者益多。下午六家同行公议，即日起书志售价自六十倍改为一百倍，以是油印通告分发各分店，诸乃陡忙，而循于常例，须提早散班，人手又少，事乃大于诗圣、润华、琴珠、贤辉四人，三时半始毕，而散班铃声作矣。从容收拾，四时始开车送归。饭后余偕洗人、龙文出阅市，花价大昂而问者寥寥，究感萧条矣。折入国货公司看之，价尤昂，匆匆返馆，徒叹而已。和谈似已幻灭，惟李宗仁径与毛泽东一电语尚恳切，复否，未可必，然希望仅此一线耳。明日起三日无报，或即从此变戏法重困吾民也。雪村来告，昌群顷访渠，谓须置办行装，假款万圆，渠以私人名义假之云，一若颇感为难然。散馆到家尚早，知珏人在附近上海书场听会书，余乃与润儿出散步，五时一刻乃归。又过二十五分珏始归，颇满意，于是乎团坐吃年夜饭，润、滋、湜三儿、佩华、纯葆俱侍坐，至愉乐，近八时始罢，虽在戒严中，爆竹之声仍四彻也，足征民众只惧无聊之恐怖，如缇骑之流，初不虞某党某派之更迭耳。九时许家中诸事部署都毕，准备迎岁，珏人、滋儿、佩华、纯葆就卧室打牌为乐，十一时始各归寝。十二时后乃入睡。午前泉澄来访，知已摆脱《国防月刊》，来沪小住，书生之见甚深，仍信编此刊物时，颇思拉拢一班足以移风易俗之作家云,君子可欺以其方,斯之谓矣。

1 月 29 日①(己未　元旦) **星期六**

晴,不甚寒,下午阴,四时许竟雨。清晨起,家人共进团圆汤,受儿辈拜贺。九时廿分公司车来,余与润、湜两儿及纯葆乘以赴北四川路川公路新落成之怀夏楼参加团拜礼,同人到者近百,并有眷属偕至,极兴奋。十一时毕,仍车送各归。比返家尚未及十二时也。遂暖酒与家人共饮,一时许始罢。邻近亚尔培路上海俱乐部新设书场(仅有日场)今日开始,偶尔兴动,遂偕珏人于二时前往购票入场,坐待逾三十馀分钟始开书。先为顾宏伯之《狸猫换太子》("包拯陈州放粮"一段),次为刘天韵、谢毓青之《落金扇》("周学文拾扇后请孙赞卿作伐未果"一段),次为杨斌奎、杨振言之《描金凤》("汪宣邀钱知节求婚"一段),末为杨振雄之《唐宫艳史》("长生殿宴赏梅妃"一段)。五时一刻散,适外边大雨不能行,纯葆来送雨具,三人乃得同归。下午二时,润、滋、湜三儿同往八仙桥仲弟家贺年,四时归报俱平安也。今日无报阅,所谓联合版者大都陈闻腐套乘时渔利耳,仅知长江设防预备续战则应有之事也。以是浦口南京之间形势甚紧,京沪交通异常紊乱,行车有四十八时以上尚未安然到达者。沪郊过兵甚多,占住民房,携械入市,几于当年倭寇自关东开到皮帽大兵矣。治安岌岌可危,而街市熙攘,锣鼓喧闹,爆竹不绝,一若不知世间正在战乱,然亦致足讶异也乎!入晚小饮,夜饭后坐艮宧作日记,九时即睡。在团拜后洗人示余彬然港发信,知芷芬已北去,渠等或且转穗返沪,诚不可解,而书中建

---

①底本为:"己丑日记第一卷"。

议多端,皆出位之言,岂真忘其所以耶?

1 月 30 日(庚申　初二日)星期

　　晴,甚暖。上午十时汉儿率锴、镇、鉴三孙来拜年。农祥、亦秀、振华来,俱少坐即去。十一时许汉挈锴、鉴去其宗亲家贺岁。十二时前润应同学约出午饭。有顷,潗儿、文权率顯、预、硕三孙来拜年。少坐即团坐午饮,一时半始罢。下午二时许潗、权出拜年,红蕉来,晴岚来,先后去。不半时,潗、权归,途遇漱石、漱儿、弥同,因共来,未几潗、权、二漱、滋、湜、顯、预、硕结伴往红蕉家拜年。方出门,汉挈鉴孙返。(锴留其二伯处。)乃拉珏人追踪去江家,而润儿饭毕归矣。履善来,少坐即去。四时许珏人等俱自江家归。有顷,佩霞、淑贞来,至善、满子、弘宁、至美、王洁等来,留至美与潗、汉、漱等共饮。七时许来自开明新村者共乘以去。八时许潗等亦去。珏人竟日周旋,殊感困惫,可见即家人妇子之间亦有矛盾焉。晨看联合版,夜看号外,共方对局部和平可接受,而对所谓全面和平则根本否认宁方为代表人民之政府,似无妥协之馀地云,以是京沪形势益见危殆矣。十时就寝,久乃入睡。

1 月 31 日(辛酉　初三日)星期一

　　晨阴,近午微雨,午后晴,颇暖,夜深复雨。上午十一时戀荣来拜年,留之共饭饮酒,饭后复谈二时许始辞去。昌预来邀润、滋、湜及纯葆、佩华往晚饭,三时俱去。滋儿偕佩华于上午往叶惟精家拜年,近午返。三时半云斋夫妇来,有顷,弟妇挈淑侄及涵之子女来,家下惟余与珏人两人应答,殊感吃力,傍晚弟妇等皆去,独留云等小饮,且酌且谈,都十年往事也。移时始罢,夜饭后复谈,至八时半

乃辞去。润等于九时三刻乃归,余与珏人坐待甚倦,伊等入门,余
即就寝矣。

2月1日(壬戌　初四日)星期二

　　昙阴兼至,偶露阳光而已,下午四时遂雨。今日各报如常出
版,早起购《新闻报》看之,知廿八日中共曾有对和谈之声明,卅一
日南京亦有针对之答复,仍规避战犯之目且将不肯和之责任委诸
对方,是和谈云云早成幻影矣,岂江南大好山河必不能免于战劫
乎? 上午十一时嘉源来,因共午饮。饭后绍铭来,已购上海书场定
座券,坚邀余夫妇同往听书。坚邀辞去,余夫妇遂偕之,行至书场,
则其三女多怡修俱在,适六人共坐一桌,自成部落,甚适意也。二
时半开书,一,顾宏伯(“落帽风遣归破寱启李后诉状之念”);二,
刘天韵、谢毓青(“周学文投靠陆家充冠生”);三,杨斌奎、杨振言
(“许媒婆到钱家为玉翠作伐”);四,杨振雄(“杨玉环被召入
宫”),俱尚过得去,五时毕。散出又值雨,虽纯葆来迎,已冒雨至
里门矣。比到家,身未濡而两舄渗透,殊难忍也。入门,知西谛及
慧芬、振甫先后来,均未克延接,颇抱歉,会当剖陈之。晚六时仍小
饮。夜饭后纯葆省其儿,盖明日欲归苏视母有所接洽也,八时归。
十时余就寝,儿辈犹兴浓,聚戏未睡也。

2月2日(癸亥　初五日)星期三

　　阴霾竟日。晨八时廿五分乘车入馆。办理杂事,以久假,积件
多,自见忙碌也。振华将归海门结婚,余送二百圆,诚戋戋不足道
矣。世界、儿童两家俱来拜年。(又文心。宝忠、廷枚及敏逊父
子。)有顷,广益书局亦来(季康及炳荣父子),余辈愧受而已。午

后接士敫信,即复之。西谛来,谈久乃去。由廑来,久不见,谈甚洽,移时始去。纯葆九时车返苏,滋儿及佩华留家照料。散馆归,知珏人与佩华往上海书场听书,五时半乃归,因共夜饭,余则治酒小饮焉。夜饭后坐艮宦闲翻。和谈已成谜,南京局面正桂系与蒋争斗之势也,聚貉一邱,终苦吾民耳。十时就寝。

2 月 3 日(甲子　初六日)星期四

　　阴,近午晴,甚暖。晨八时廿五分乘车入馆,滋儿即附以返汉儿所。办理杂事。梦岩来访,谈久乃去。下午三时出席二一三次经理室会议,公决属余常驻怀夏楼,代表经理室处理日常事务。日常游兵麇集,颇占住民房(郊区尤甚)。怀夏楼落成未用,殊惴惴惧占也,因发动即日将预拟迁往之编校部、出版部、推广部搬移前去,惟图书馆须待时局略见明朗始敢迁去耳。散馆后乘车径归。入夜小饮,将毕,翼之叩门入,因延与共酌并痛谈焉。夜饭后登楼再谈,当将戴君托购之画册等件悉交携去。正谈间,道始来合谈,有顷,翼先辞去,道始复留谈,知将有台北之行,至九时半乃归去。十时余就寝。

2 月 4 日(乙丑　初七日)星期五

　　晴转寒。晨八时卅五分车始来乘以入馆。办理杂事。编校、出版、推广三部今日正式移怀夏楼办事,雨岩派任该处管理专员亦莅事确立规模,不日当可步上轨道也。时局拖拖赖赖,老百姓受欺甚矣,且看今夜共方广播是否有针对李宗仁之办法耳。散馆后乘车径归。入夜小饮。夜饭后坐艮宦闲翻,十时就寝。

2月5日(丙寅　初八日)星期六

晴寒。晨八时前汉儿率镇孙来寄顿箱篚(并清漱之物),盖北四川路一带邻近江湾,游兵散勇日益充斥,恐局面一变,立时影响治安耳。越时道始接得履善、守勤、亦秀、龙文等来里口,即与汉、润及均正父子携登之,顺接光暄、宋易径赴福州路总店,余以入视怀夏楼坐头,因未下车,偕均正、亦秀、守勤、光暄直至川公路怀夏楼巡视一周,晤洗人、雪山,仍乘小车偕返总店。办理杂事。下午三时出席二一四次经理室会议,通过例案甚多,散会已下班时矣。均正等已自怀夏楼来,乃共乘以归。文权、潘儿在,因共小饮,夜饭后长谈至八时半乃辞去。时局依然迷离,惟邵力子、甘介侯、颜惠庆等定明晨飞平,则和谈或有接触之机会耳。十时就寝。

2月6日(丁卯　初九日)星期

晴寒。晨与珏人及滋儿出,诣同孚路四茹春进早点,计肉面两碗,汤包二十件付帐须五百圆,亦新正领领市面之实况也。(闻鲜肉每斤四百八十圆,咸肉每斤四百圆。)物价飞腾,币值时贬,行见所谓金圆券者立成废纸耳。购《新闻报》阅之,颜、邵等犹未成行,孙科、吴铁城辈却已南飞去穗,悍然开其所谓阁议矣。是伪和缓兵之局已洞明,然彻底解决恐终别无办法也。十时许滋友沈乐三来,德铸来即去,十一时许潘儿挈小同,汉儿挈元锴来,以今日为淑侄生日,珏人遂挈湜儿偕潘等同往仲弟宅吃面,乐三则留此午饭。下午二时珏、汉、湜、锴归来,潘等则径返矣。余与润儿出散步。比归,乐三已去而琴珠、漱玉来谒,因留共夜饭,将食,翼之至,乃合饮,饭毕,汉、琴等俱辞去。翼之与珏人谈,意欲接眷出申,即住余

屋中,良久始辞去,谓候余许可即归接眷云。此事无法照办,明日
当决绝回谢之。十时许始寝,平添麻烦,殊无好睡也。

2 月 7 日（戊辰　初十日）星期一

晴寒。晨八时廿八分车来,乘之入馆,余径赴怀夏楼视桌椅安
置否,仍原车返馆,将经室事务交代于诗圣。午饭后偕宋易及纯嘉
乘车北去怀夏楼处分杂事。过漱石谈,属为代回翼之房子无法腾
借也。四时半下班乘车过福州路接龙文、润儿南归,漱儿附车出,
将往大光明看电影云。到家未久即小饮。夜饭后坐艮宧看《新中
国之工商业》。时局仍混沌,伪装和平日益破露,恐终无好嘴脸可
见耳。十时寝。

2 月 8 日（己巳　十一日）星期二

阴寒,夜深雨,彻旦未休。晨八时廿分乘车径赴怀夏楼正式视
事。为午膳尚未包定,晓先、至善等颇有烦言,因此其他同人亦殊
激昂,余仍属雨岩暂伴往附近饭馆进餐,候公司定有办法再行打
发。余过饭漱儿家,饭后历访调孚、晓先家然后返楼。二时半与亚
南、雨岩同车至总公司。三时余出席二一五次经理室会议,决定稿
件两起,并通过余所提解决怀夏楼同人午膳办法。五时乘车归。
润儿则北去晚饭于汉儿家。入晚小饮。夜饭后坐艮宧看陶菊隐新
著《督军团传》,九时便寝。润儿十时始归。

2 月 9 日（庚午　十二日）星期三

阴雨。晨八时廿分乘车入馆,径赴怀夏楼。办理杂事。午膳
问题解决。正午由雨岩伴向永丰坊口聚兴馆吃饭,兼打样,即约定

明日起由彼包饭两桌送怀夏楼供用。午后纯嘉来楼,与商定全楼布置情形。散班后车过福州路,接龙文、履善、润华南归。入晚小饮。夜饭未毕,君宙父女来访,登楼叙谈,移时乃去,十年不见,真不知从何说起也。看《督军团传》至十时就寝。

2 月 10 日(辛未　十三日)星期四

阴寒,下午曾露晴光,夜深又雨。晨八时十八分车来,乘以北行,滋、湜随去。(滋昨晚归,今与湜同去。湜以将开学特往两姊所盘桓也。)车过四川路时铁甲车横陈道周,交通为之梗阻,盖昨日下午东北难民向央行领取救济费,人多,秩序乱,遂驱车戒严耳。余等费二十分钟之时间始通过此域,到达怀夏楼。处理杂事。调孚两日未来,知系吐血,延克明诊治,谓系先已渗出之血吐出后可无妨云,其家则大慌矣。午饭今日正式包定,由聚兴馆送来,惟第一日时间未能把定,迟送半小时,明日当可改正也。时局日见其紧,共方绝无妥协象,李、孙辈又各行其是,忽硬忽软,总之仍在备战,希冀美援耳。散班后乘车北归,过福州路顺接予同、润儿、龙文等返,予同今日上午十一时抵寓,下午到馆,余适与车中相见也。入晚小饮,西谛来共饮且谈,至八时辞去。看《督军团传》,十时寝。

2 月 11 日(壬申　十四日)星期五

凌晨雨后降雪颇大,惟未积,继又雨,十时许又见大雪,午后始停,阴霾终日。晨八时十二分乘车赴馆,以上午下午均有会议,遂未往川公路办事处。上午九时半出席编审全会,到雪村、均正、叔湘、祖璋、沛霖、振甫、晓先,惟调孚以病未到,即推雪村主席,决定本年出版字数预计须二千万分组比率商定后分配之,叔湘提每年选印文选计画亦通过,十一时许散,均正等仍乘车归公处,余留馆午饭。下午二时半出席二一六次经理室会议,同人薪给晋级事即交第五组主任予同整理决定之。四时四十分与予同、达君同乘大车赴公处,雪村亦随至,盖今晚六时假座怀夏楼下与洗人、雪村、雪山、达君、予同、均正、祖璋、晓先、振甫、亦秀设筵,公宴知伊伉俪也,酒由永兴昌沽来,看馔由祁厨春华承办,均满意,余颇多饮,九时始散归,仍乘道明车。到家小坐,十时许乃寝。

2 月 12 日（癸酉　十五日）星期六

晴寒。晨八时十三分车来,乘以北行过福州路接雪村同赴怀夏楼,村与均正为夏氏字典事有所接洽,即驾车去,百宋铸字局韩佑之处办交涉,余仍循例办杂事。午饭后均正往看调孚,知大好矣。下午一时半与均正、沛霖、锡光、宋易、纯嘉、雨岩同车往衍福楼出席卅四次业务常会。西谛来馆,知去港未果,托开明为购船票,拟于日内动身云,约余及予同今晚饮其家,余以家下人少,惮夜出,辞之,约明日午间往晤长谈,予同亦从同焉。报载南京赴平代表一行已返抵京,和谈空气又转浓,且看明日颜、邵等是否飞平耳。叔湘告余谓昨晤蛰存知书巢图卷已有线索,或有珠还之望,只要查紧,当能如愿也。余久已度外置之,忽来钓胃,未审为休为咎,身诚不敢自必矣。四时三刻怀夏楼车来四马路广场,漱儿挈弥同偕滋儿附以行,遂与之同返,润儿则偕汉儿北去。到家后少坐便入晚,仍独坐小饮,啖饺子,饭已,坐艮宦看《督军团传》。珏人久苦岑寂（纯葆去已十日未返）,今得漱、滋等伴侍,颇见怡悦。比乐本期学费特贵,须米两石五斗,分两期缴,今日先缴石五,折价一万另五百圆,余一石可于四月再缴,照缴时半价折算之,余实大感负累矣。

夜十时寝。

2 月 13 日（甲戌　十六日）星期

　　晴寒,风颇大。晨出闲步,即在同孚路四茹春吃面,价仍维上星期原状,但浇头已大为减缩（至少缩去四分之一）矣。徜祥归来,购《新闻报》阅之,知李宗仁仍在努力和谈,颜惠庆、邵力子等今日上午可以成行,孙科一派或将软化也。续看《督军团传》。十一时十分出,徐步往庙弄应西谛昨日之约。有顷,予同踵至,谓过余相邀未值始后到云,殊为歉仄。十二时许与西谛家人合坐共酌,纵谈至一时许始撤席。又续谈至三时半乃与予同辞归。仍缓步由静安寺出善钟折霞飞路东归,至亚尔培路,予同乘廿四路电车去,余乃径返。到家后文权全家在,且知道始亦来,待不及先去矣,甚歉。薄暮权等归去,淑侄（上午即来此）与湜儿则自电影院返,遂共夜饭,余仍小饮,正举箸间,漱石来,拉同进饭。饭后佩华与漱儿往杜美戏院看电影,淑侄与漱石先后归去。余坐艮宧续看《督军团传》。九时许漱儿、佩华归。十时余就寝。报载戴传贤昨在穗城服安眠药自杀,岂若辈郁郁,俱不免于布雷之末路乎?

2 月 14 日（乙亥　十七日）星期一

　　晴寒。晨八时十分车来,即与漱、滋两儿及弥同随车北行抵福州路,润儿等先下,续向北四川路驶去,至海宁路车竟抛锚,不得已拖包抱孩步行,由永丰坊入。到处后办理杂事。小墨出示圣函,知芷芬行程,先舟抵山东荣成之石岛,转由烟台赴济南,然后经天津到北平也。先已接平电,知早循此路由安达矣。下午接聿修信,告近来艰窘状,即转予同托物色兼事以药之,不识结果愿否耳。诚之饬人代领版税。午间过漱石饭,以表姨震渊夫人来沪见访,特邀余共饭也。西谛船票已购到,准明日上午十一时启碇。看毕《督军团传》。散班乘车出,过福州路,润及汉、芳娟、竹君俱附以行,先过余家夜饭,然后同往杜美看电影。士敫有信来,详告近状附湘绣一幅,属转贺知伊云。余到家少坐,入晚小饮,与竹君等同餐,餐后伊等偕润出往杜美,余则坐艮窅闲翻。八时半润归,谓汉与竹君北返,芳娟亦西行归其家矣。十时就寝。

2 月 15 日(丙子 十八日)星期二

晴寒,早出见冰,高楼水管且失效焉。晨八时十分车来,乘以入馆,过四马路,径到办事处,时方八时卅五分耳。办理杂事。魏青轩续胶出申明社例赠全体签名册,余为引首识语云。十一时许雪村与佑之自四马路来办事处,召均正、锡光、振甫共谈夏氏字典事,已得初步解决,或能改变办法促使进行耳。十二时雪村、佑之及余乘车南迈,先送佑之至浙江路桥南,然后驱车至雪村所,午饭且小酌焉。饭后行,欲犒其女佣二百圆而阮囊仅七十馀圆,废然而止,因不避孟浪,属村代付之,到馆后假自汉儿作书缄还,心滋歉已。下午三时出席二一七次经理室会议,通过例案多起,同人晋薪事明晨会同解决之。龙文告余士佼悍然将霞飞坊三号屋擅顶与不识之人,自命二房东,沦夏、刘两家为三房客云云。此屋本由开明承租,抗战之初原为堆置书物之用,当时雪山为总务处主任,故由伊出面办理,嗣后即分由避难南迁之章(雪山)、夏(丏尊)、刘(淑琴)三同人搬入居住,十余年来虽变迁已多,而承租权仍为开明则毫无疑义,今士佼胆敢公然卖旧,其父必然知之,似此行径与盗卖何异,聆悉之下,不禁发指,如再非理发展,必难坐视矣。四时五十分办事处车到四马路,乃与润儿附乘以归。抵家时滋儿适在,盖欲投入立信会计等科学校为夜间之补习也,选修一门即须米五斗,当为张罗三千五百圆报名缴费备三日后按时上课也。入晚小饮。夜饭后与家人谈,滋即留家并谓曾往看嘉源亦已返苏,岂所事亦遭裁汰耶?然则纯葆之不来宜其有所藉口矣,不禁浩叹。在四马路闻雪山言,今日同行公议书志均改售五百倍,是又平增一倍矣。金圆券之贬值,真日趋下流、一塌胡突哉!报载桂军又有一师开入南京支持李宗仁,颜、邵等一行已安抵北平,何应钦到京,孙科辞职云云。是桂系日见抬头,好战如 CC 之流岂日即挫抑乎?听弹词播音至十时乃寝。夜七时君宙来,纵谈至九时去,于里中故旧之近况颇得闻其梗概也。幼希来办事处访余,洽谈英文辞典并商借书籍事。(西谛偕其女小箴今日乘太古盛京轮赴港,纯嘉送行。)

2 月 16 日(丁丑　十九日)星期三

晴,晨有浓霜,午后转暖。早八时十分车即来,与润、滋两儿附以行至四马路,润先下入馆,余本偕滋儿同抵怀夏楼,乃以参加经理室临时会议,亦同下,任均正与滋等北去。九时许雪村、达君至,始集议,于总分店同人之晋级有所决定,予同为主,雪山又赞之,大氐过得去耳,其为溪刻则无所逃也,未了已十二时,余即留馆午饭。饭后一时半纯嘉有事赴怀夏楼,余附车以行,到处办事,调孚仍在假,宋易则已到处销假矣。幼希又来洽事。健吾来。岳生来。怀夏楼会议室已布置就绪,明日将在彼开董事会也。沛霖无端发脾气,殊可笑,从容询之,为天生门禁不肯通融致触其怒耳。新村纠纷方兴未艾,吾诚莫测其底止也,演化所届,不忍言矣。四时四十分离处南归,与均正、岳生、光暄、守勤、亦秀、亚铨同车过四马路,龙文、予同、润儿、履善附登，甚挤，归抵弄口，佩华乘以赴新村，漱儿约今夜即下榻伊处矣。余抵家小坐，便尔温酒酌之，六时即晚饭完毕。是夕佩华往漱所，家下惟余夫妇及润、湜两儿，纯葆又无消息，至感清冷，虽开机听书，珏人未及九时即睡，余在艮宧小坐，亦于九时后就卧。

2 月 17 日（戊寅 二十日）星期四

晴，早霜，下午暖。晨八时十分车即来，与润等附以东行，偕予同同抵怀夏楼。上午十时出席第三次编审常会，决定收退稿件及拟定本年出版字数整理旧籍占百分之二十云。昌群到楼晤谈，知昨夜抵沪，以员工罢工故滞徐家汇不得出，今晨始步行到此耳。即住叶家小墨前住之房，大约明后日或可到处办事也。下午二时就怀夏楼会议室开十二届十次董事会，余与予同就近出席，洗人、雪山、荫良、觉农、育文、桢祥及诗圣俱来集，四时散，陪同参观怀夏楼新屋，散班后同车并出，过四马路然后接同人径归。入晚小饮，夜饭毕，润儿始返，谓受溍儿之托代购物，散馆后送去乃还也，再具饭焉。夜坐艮宧拟《廿五史外编》目录，先成第一分纪传之部，十时半始就卧。

2 月 18 日（己卯 廿一日）星期五

晴，早有浓雾，下午暖。晨八时十分车来，佩华归，余与润等乘以东行，至福州路卸下一批同人外，余悉北赴怀夏楼，四十分即至。昌群今日正式任事，余即以所拟目与之商谈。余本拟有第二分编年之部、第三分统载之部、第四分典制之部、第五分地志之部，细目尚未写出，昌群允开齐各目再谈，余即托之。下午二时以出席二一八次经理室会议,饬驾小车赴福州路,雨岩附之,即属取目录还交昌群,俾有所参稽。经理室会议通过编审会决案外,讨论人事为多,惟均未有结论。宋易见告,《书巢图卷》已送还酬八百圆正在蛰存所,俟题记后再交余云。此讯可谓喜出望外,如得珠还,平添一段故实矣。四时半散馆,待南来车至,五时始到,盖昨日汤恩伯枪杀公共汽车罢工工人三名,今日又在虹口公园检阅全市军警以示威,其时适逢退场,道中塞断逾时耳,正惟久待,得遇乃乾自北来,立谈良久始别去。车到后即附以西行,滋儿以今日开始在立信夜校上课,亦附此车归来。入晚小饮,夜饭后润儿偕友出,滋儿往立信上课,余亦入艮宦闲翻。八时前后先后归。上午在怀夏楼写复信与士敫并属带告业熊。夜听书至十时寝。

2 月 19 日(庚辰　廿二日　雨水)星期六

阴还润,近午放晴,以是甚暖。晨八时十分道明车来,因与润、滋两儿乘以东行,至四马路润下入馆,余偕滋径赴怀夏楼,伊即往汉家办理杂事。调孚仍在假,有许多事为之搁浅矣。饭后孝先为无端挑剔,横生诽谤公司事,余面折之,竟致不欢。梓生来谈。散班后乘车过四马路接予同、龙文西行,分头各归。滋随行,润则以汉请知伊伉俪北去陪座,遂相左,此局亦邀昌群同饮,请余主坐,余以夜深路远,未之允,故仍附车南归也。入夜小饮,晚饭毕,坐艮宦闲翻,遥听播音,珏人告余绍铭亲送威士忌两瓶、人参一匣,为余六十初度寿,甚愧对之。八时许润儿返,知汉家欢会殊热闹也。十时就寝。

2 月 20 日(辛巳　廿三日)星期

晴暖,晨有雾。早七时与珏人、湜儿出,进面点于同孚路四茹春,食已,珏人径往濬儿所,余与湜儿仍缓步归。阅《新闻报》知邵力子与董必武会晤,白崇禧自汉飞宁,与李、何、阎等洽谈,刘文辉等川系军阀齐集重庆有所图谋台湾、高雄建立大规模钢铁厂,美国支持益显,恐风云之展一时难收敛耳。午饭后农祥、季祥、亦秀来,坐谈移时,三时乃去。纯葆早车来,饭后始到,聚餐毕,往访嘉源。四时半出散步,在街道见晚报,知李宗仁飞穗,其意云何,未之详,或与立法院在宁复会有关乎?返抵家门,已五时矣。入晚小饮。夜饭毕,珏人归,文权、濬华送之,盖在丽都听书,夜饭于濬所,故翼护归来也。有顷,嘉源以未晤纯葆,特来相见。纯葆往访未值即折回。八时权、濬去,九时许嘉源乃去,比余就寝,已十时矣。

2 月 21 日(壬午　廿四日)星期一

未明前雨阴日阴,下午三时后大雾,抵晚尤浓。晨八时十分车来,四十分抵怀夏楼。办理杂事。午后予同来处,因召集各杂志社会议,于稿费开发及稿件收发诸端有所讨议决定。下午四时半散班,乘车径归。佩华今日购得江静轮票返甬,滋儿驰送之,归告四等舱已无隙地,仅在船舷占一席,且以雾故须明晨五时始启碇云云。风雨堪虞,又兼单身,深虑之。入晚小饮。夜饭后坐艮宧看书。晓先夫人来,送磁碗碟匙两套,为余六十寿,意欲趁道明车北返而候左未及乘,乃改乘电车去,殊歉仄也。滋儿六时往立信上课,八时半归,命偕润儿共往埠次看佩华。十时返报,决将就成行矣,伊等归后雨渐急,风益烈,终宵廑念,深为不安。

2 月 22 日(癸未　廿五日)星期二

阴雨,下午三时后仍起大雾,较昨益甚。晨八时十分道明车

到,乃乘以东行,过福州路后仍径赴怀夏楼。办理杂事。纯嘉来处
督工,十一时许,余与偕乘小汽车至福州路总公司,以昨得许可柬,
约余在杏花楼午饮,特应约南行也。十二时与洗人、雪村、雪山、予
同、炳生、达轩(前日自南京来,接代芷芬任发行所事)同过杏花楼
赴许可约,晤商务旧同人甚多,余与主人同坐。(凡二十馀人,列两
席。)据告为小蒋所虐冤沉莫伸,近以时局故始得释,且言狱吏上下
贪虐状词未毕有余恨焉,足征现下执政之卑污无能为非虚诬矣。
且谈且饮,至二时半始散,仍返馆。二时五十分出席二一九次经理
室会议,议决问题不少,并改推余为人事委员会委员,以补芷芬之
缺。属韵锵电话询招商局江静轮究开出未。(以重雾所罩,航空信
及海外信俱稀至,因念江静,遂有此一问耳。)据答今晨七时曾启碇
北行,到虹口公平路南口时阻雾重停,且不能拢岸,旅客当然不克
登陆,惟普遍开饭云云。是佩华又须滞浦中一宵,且无法前往一
视,至厪系也。散馆后明社假得美国新闻处影片多种,在福州路放
映,夜六时半始完,映多时未之知,余本不习此,飘然引归,仍候北
来车西行到家。淑佺在,入晚后余小饮,伊等进夜饭。夜饭后淑佺
归去。八时三刻润始自明社返。十时余寝矣。

2 月 23 日 (甲申　廿六日) 星期三

阴雨旋止,午后雾,晚晴。晨八时十分车来,乘之东行,先过四
马路润儿下,余等径到怀夏楼,卅五分已达。办理杂事。属润儿检
取吴廷燮《明通鉴长编》稿及影印《明实录》各数本送怀夏楼备通
读校勘之需。予同午后来楼,召开明社理事会,三时半始举行,到
锡光、知伊、均正、韵锵及予同,所议当为同人福利事,未得其详,四
时一刻始毕。四时半下班,与滋儿等同事南归。入晚小饮,六时即

夜饭,饭后滋赴立信上课,八时三刻归。时局依然无序,宁、穗别调固可笑,其实分奔离析不自今始,否则蒋酉肯飘然远引乎? 十时就寝。夜深大雨达旦。

2 月 24 日（乙酉　廿七日）星期四

　　阴承昨雨,午后止仍阴湿笼罩也。晨八时十分车即与润、滋附以东行,至福州路润先下,滋随余抵怀夏楼,即转汉儿所。余到处后办理杂事。看毕《明实录》九卷。小墨以圣陶四日前信见示,即复之,仍附小墨函中寄出。午后二时许予同来处,与共出席第四次编审常会,决拟收稿一件,余于出版校对诸琐务亦有所拟议。旋由四马路转到西谛前五日港发信,知已安抵,晤圣陶且住同一旅邸。信中所言大旨与圣同,谆谆以完成《廿五史外编》等计画为勖,故人殷望,惧不能遽副之耳。散班后乘车南归,过四马路,只龙文上车,谓润儿出买物不及乘车云。到家后久待润不至,即小饮连夜饭,饭后坐艮宧看《明通鉴》,俾与《明实录》取证。八时半润儿返,盖与琴珠在卡尔登看电影也。十时就寝。

2 月 25 日（丙戌　廿八日）星期五

　　阴沉竟日,幸未雨。晨八时十二分车至,乘以东行,过四马路,雪村附,行四十五分始抵怀夏楼。办理杂事。略看《明实录》未终卷。十一时半与雪村乘车诣总公司,伊径返午饭,余则趋饭于馆中。洗人、达轩应同行约,赴宴功德林,下午二时许归,知书价又涨四成。（明日起改售七百倍矣。）三时许出席二二○次经理室会议,决定收稿一件、人事多件,于穗店同人失态事加以纠正,纾脱已久,急张之或肇事端也。四时半散馆,五十五分怀夏楼同人之车来四马路,滋儿附焉。余与汉儿登之长驱南归,以次送同人,五时许抵家。汉儿行省其戚,余先归。入晚小饮。夜饭后至久,汉始归,已饭,滋则到立信受课矣。八时三刻滋课毕,归与汉、润、湜等欢谈扰扰,至十时乃各就寝。夜半又大雨。

2 月 26 日(丁亥　廿九日)星期六

阴,时有微雨,午后略见晴光。晨八时十二分车来,乘以东行,过福州路,接雪村同赴川处。村出席出版会议,十一时许即乘车先返。此会议则下午犹续开,直至下班方休。藏云以所拟《外编》草目见示,余谓现在初步不妨广征博采,次一步加以简择,视书之内含质料分量多寡罕见与否诸端再事衡定,渠亦谓然,盖急切难望满意也。看至《明实录》十五卷,以《明纪》对勘之。幼雄来处,下班时与同乘南归。图书馆已搬动,旬日内当可迁放妥贴矣,以是润儿每日下午自总公司来川处,将来即长川驻此也。傍晚润儿偕琴珠同归,余适小饮,因共夜饭。饭后余坐艮宦看《明通鉴》,润、琴就舍长谈,八时半辞去,润送之返家。十时就寝,听书至十二时始入睡。

2 月 27 日(戊子　三十日)星期

晨阴,旋开朗,继又大翳,疑将雨,忽又晴,午后竟畅晴矣。早起购《新闻报》阅之,和谈似不甚远,或者宁穗由歧而合,美援亦无疾而终所致乎?十一时许偕珏人乘三轮车赴瀹儿所啖杜裹馄饨,且与文权小酌焉,汉儿、锴孙及漱儿、弥同俱在,盖昨夜即住在伊处者,今特相期晤叙也。下午二时余与珏人、汉儿、锴孙步至麦特赫斯脱路丽都书场听书,先为杨斌奎、杨振言之《描金凤》("马寿谋杀徐惠来错刺王廷兰因而贻祸徐生事"),次陈莲卿、祁莲芳之《文武香球》("张桂英被诬脱祸在脱脱丞相所开弓受知事"),次周云瑞、陈希安之《珍珠塔》("方卿巡方到樊城事"),次唐耿良之《三国志》("刘备哭拜刘表墓"),最后为刘天韵、谢毓菁之《落金扇》("李四泄谋反皇城薛媒婆首告事"),五时乃毕,散出仍返潜所,会漱等,坐有顷,汉、漱、锴、弥乘三轮车以归,余亦与珏人三轮南返。六时小饮,润儿亦归。盖午后偕琴珠出看电影,此时始南返耳。夜饭毕,余坐艮宧闲思且随手翻帋焉。九时即睡,窗外有风撼帘欲动,殊感料峭也。

2 月 28 日(己丑　朔)星期一

晴,薄寒。晨八时十分小车来接,谓福特告坏,已入厂修理矣,余与均正、龙文、润儿、滋儿附之以行,询悉别借一中吉普卡绕道接亦秀、光暄、宋易、守勤诸人云。余车过四马路接雪村往怀夏楼,以车挤难坐,龙文、润儿先下让之,步行入馆,余等驱车径到楼下,时为八时卅五分。办理杂事。发贴通启怀(38)壹号,三月一日起恢复八小时工作。十一时许雪村引归。下午予同自复旦来处,候至三时雪山来,伊等遂召开教育委员会,到予同、雪山、均正、叔湘、祖璋、锡光六人,四时许散出,据云决定对练习生将施以实际训练,不再空廓讲国、算、英等课目矣。果尔,则大堪称述确切实用也。报载颜、邵等返宁,和平有希望,但健吾来谈,蒋仍公然指挥汤、陈等奉行维谨,沪地仍暗中大肆捕杀,与外表宣传竟大相径庭云。迷离至此,诚索解人不得矣,浩叹随之已。四时半下班,福特尚未修竣,等候至五时始开来,乘以归,已将六时矣,润儿以须在虹光看电影,未随余行,滋儿则以须赴立信上课,随余归。入晚小饮。夜饭后滋赴校上课,余则濯足修趾,九时许润归,滋亦归,十时遂各就寝。陶孙抵沪。

3月1日(庚寅　初二日)星期二

晴,春寒料峭。晨七时四十分车来,乘以赴怀夏楼,仍接雪村同往,到时已八时十五分矣。办理杂事。十一时前润儿押送图书馆书一批来处,近午与村同出,仍返四马路。下午均正召开校对工作会议。二时许余驱车赴衍福楼,润儿适又赴怀夏楼理书,遇之途中。鞠侯来访,晤谈甚久。三时二十分出席二二一次经理室会议,决定招考中文校对二人、英文校对一人、出版部实习员一人,并暂安陶孙于经室,另聘宗亮辰为渝店经理云。五时散,候怀夏楼车西放各自归。接君宙信、佩华信。入晚小饮。夜饭后坐艮窟闲翻。日间在怀夏楼看《明实录》止于二十卷,仍以《明纪》及《明史纪事本末》参校之。午饭后曾往访调孚,视其疾,已起坐食饭,康复不远矣。夜九时许即睡。

3月2日(辛卯　初三日)星期三

晴寒。晨七时四十分车来,乘以东行,仍接雪村径赴怀夏楼,路清无阻,至则仅八时十分耳。办理杂事。看《明实录》止于廿三卷。午与雪村过雨岩饮。下午一时许出席编审全会,三时又出席人事委员会,决定招考校对员办法。四时半家晋来,出示以中信,知渠近遭母丧而校课又无把握,艰窘殊甚,明日拟先去函慰之。五时下班乘车南行,挤甚,几不能容,滋儿随归。入晚小饮。夜饭后滋入校受课。接佩华信,邮汇两万圆称其父命为余寿,受则有愧,却又不可,至感歉然也。夜十时寝。

3 月 3 日（壬辰　初四日）**星期四**

阴有风,颇寒,傍晚微晴。晨七时四十分乘车到怀夏楼,仍接
雪村同往。办理杂事。看《明实录》至廿五卷,毕之。藏云以余六
十初度作诗为寿,写斗方见贻,甚感快。纯嘉、履善、世泽、韵锵、通
如、知伊、炳生、趾华送酒两坛。下班归,汉、漱、滋俱在家,据汉告,
明日洗人等即召集酒会于怀夏楼,藉以寿余,请柬已发出矣。亲友
厚爱,何以克当,内愧而已。晚小饮。夜听书至十时寝。汉、漱、润
于夜饭后往大华看电影径归永丰坊。(接西谛二月廿六日信,知即
将北行。)

3 月 4 日（癸巳　初五日）**星期五**

晴,气较和,下午微雨,入夜加甚。晨七时四十分乘车东行,仍
接雪村同赴怀夏楼。办理杂事。看《明实录》止于廿七卷。午间
与雪村饮漱儿家。予同午后来处(自江湾复旦来),二时半遂偕余
及雪村同赴衍福楼,出席二二二次经理室会议。五时后宝忠、季康
等来馆。五时半大车同赴怀夏楼参加酒会,到者五十人,珏人、汉
儿亦与焉。凡列四圆桌,咸挤满,余与叔湘、翼云、仲足、雪村、宋
易、均正、觉农、祖璋、藏云、予同等同席,余珏人、亦秀、坚吾、子敏
等为一席,洗人、雪山、达君、雨岩、达轩、诗圣、牖青等为一席,季
康、仲康、宝忠等为一席。凡开明同仁公备大盘四品,开明外来之
客各携酒菜一分,荤素生熟不拘,生面别开,极欢畅,酒后馀兴,有
亦秀之昆曲、牖青之大鼓及平剧,丁榕之平剧,至善之拉锯乐,最后
余以《板桥道情》报之。九时许始散,由宝昌驾大车分头送各人
归,余等到家已十时矣。十一时睡。

3 月 5 日（甲午　初六日）星期六

晴寒。晨七时四十分均正得电话,谓道明车坏待修,须少待别遣车来接,因候至八时十分宝昌驾大车来,乃与龙文、均正、润、滋相将登,绕道接亦秀,仍驱车过复兴路接予同,经福州路,予、龙、润下,雪村上,偕到怀夏楼,已九时十五分矣。办理杂事。看《明实录》廿八、廿九卷。近午予同偕明养来处,润儿附车来,知汉儿昨夜过饮,呕吐未起,刻方小坐。十二时,雪村、予同、汉、润同车赴总公司,明养留处午饭,一时许乃去,约下星期一正式来处办事,暂主《中学生》杂志。午后晓先书联为寿,集峄山碑云:"有莫能者乐其不成诵之书"。受之实有愧乎其言也。五时下班仍车由四马路接予同、龙文始南归,润儿北去受课,即留宿汉儿家,滋儿则随余归。晓先亦偕乘至里口亦下,先余到家,盖其夫人先在预期者初不明言耳。因共晚饭,即以面飨之。饭后长谈至吧八时半晓先去,其夫人则为珏人所留下榻焉。文权、潜儿、顯孙来,九时三刻乃去。十时许余始寝。

3 月 6 日（乙未　初七日　惊蛰）星期

晴,仍寒,惟风少杀耳。清晨独出散步,顺道至四菇春早点,吃肉面一碗,价涨至三百五十圆矣,迤逦归,甫八时也。上午十时许雪村遣人送陈绍一坛来为余六十寿。正午为款晓夫人,故珏人手裹饺子飨之,合家即以为饭,润儿亦归饭焉。下午三时琴珠来送红磁描金饭碗碟匙两副,合装一箱,四时半润儿送之归。翼之、漱石来,有顷,漱石先去,翼之留与小饮,适汉儿亦来,遂共商定后日款宾办法。九时许翼之先去,十时许润儿送汉儿步归,即留彼宿。十一时余始寝。

3 月 7 日（丙申　初八日）星期一

晴,气稍和,傍晚阴翳,夜深竟雨。晨七时四十分乘车赴怀夏楼,汉儿率锴、镇、鉴三孙,漱石率弥同及俞妈先附原车来我家,汉仍随余出过章家邀宴并属春华治馔,余径行到处,雪村未去。办理杂事。开始用朱笔点校《明通鉴长编》。书巢图卷已由蛰存亲送调孚、叔湘所,今日转到余手,珠还合浦,固大喜,而蛰存题七古一首备述得失经过兼及寿余平添故实,盖见生色快怿之至,愿以此遗累于蛰存,欲报无由,则殊感歉仄也。下午予同与复旦来处,已就坐新案,明养本约今日到处办事,但仍未来。颉刚来访,告即日迁居武康路,将静坐努力写作云,谈至四时许辞去。五时散班乘车南归。车中挤甚,到四马路后又承同仁馈赠多物,至歉。到家时弟妇毓玲及涵、淑两侄女、麦林、柏林两侄外孙、濬儿及预、硕两外孙并先已在此之锴、镇、鉴三外孙齐臻寿堂候余矣。少顷,由濬儿首先上寿,汉、漱、涵、润、滋、淑、湜以次行礼,下逮诸孙辈亦依序拜寿讫,即团坐小饮,共进寿面,欢笑至九时始罢,毓玲等先去,文权亦来接濬等去,汉、漱等均留宿焉。十一时半始各安寝。

3 月 8 日（丁酉　初九日）星期二

阴雨早中开霁,午后放晴,傍晚尤靓。竟日未出。上午十时濮文彬来,亲送糕桃烛面,均极丰腆,甚歉对之。士秋来拜寿,与共午饭。下午二时铭青、德锜挈其子来拜寿,三时许德铸来拜寿。五时许翼之、嘉源先后来。六时诸亲友毕集,分坐三席。雪村、均正、晓先、翼之、嘉源、文权、纯嘉、文彬、银银（至美之女）等为一席,汉、

滋、湜三儿主之，夏师母、章师母、士文、丁师母、士秋、满子、大块
（至善次子）、纯葆、至美等为一席，珏人及濬儿、顯孙主之，农祥、
亦秀、铭青、德锜、德铸、大宦（铭青之子）、漱石、至善、三午（至善
长子）为一席，余与漱、润两儿主之，畅饮尽欢，至九时许始罢，宾客
散归，余亦以多饮就眠矣。红蕉下午曾来访，坚辞晚饮（以牙疾且
有事他往），邀其夫人公子，亦迄未至，深感歉然也。漱石、汉、漱及
弥同仍留宿于家。

3月9日（戊戌　初十日）星期三

　　凌晨微雨旋开霁，既而日中雨即止，终晴。余以积饮酬酢颇感
疲乏，今日未到馆，留家休息，汉、漱、润乘车入馆上班，滋儿留家料
理迄，九时许乃令往汉家，仍主课。十时许接叔道率女佩华祝寿
电。午与漱石、珏人小饮。饭后假寐，颇酣，至四时始醒，积倦少苏
矣。淑侄来。五时廿分漱石挈弥同候道明车北归，淑侄亦去。滋
儿归来夜饭，饭后赴立信受课。余入晚仍小饮。润儿下班时未随
车返，八时始归，盖在汉所晚饭也。八时三刻，滋儿亦归，余乃睡。

3月10日（己亥　十一日）星期四

　　晨暝，风吼，大雨旋至，洒淅终日。早七时四十二分乘车东行，
接雪村并及曙先（昨自杭来，附访叔湘）径往怀夏楼，曙先少谈便
去，雪村十一时半乘车返四马路。办理杂事。寄叔道谢贺寿。寄
蛰存谢题书巢图卷兼致追寻贻累之歉云。接联棠信，属将云彬版
税按期划渠代保管，即复书允之。送调孚五十寿礼，人参一枚，花
旗橘一箱，即令滋儿赍去。明养未来牵课，终非善计也。接藏云南
京来书，希望开明能有房屋配拨之，此事颇成问题，容考虑后答复。

看《明实录》,未终一卷。五时下班乘车归。入晚小饮。后日(星六)龙文之侄弘奕结婚,具礼四千圆送其家,更后一日(星期)子敏嫁女,具礼四千圆并备添房玻璃茶具九件,俟明日属润儿亲送前往云。夜坐艮窀少休,随意翻检架书。十时就卧。

3 月 11 日(庚子　十二日)星期五

阴霾,风中仍感料峭。晨七时四十分乘车赴处,过接雪村。办理杂事。看《明实录》。十一时半雪村返。午后往访调孚,已大见起色矣,甚慰。明养来办事,一时许予同亦自复旦来处。二时一刻余与予同共乘赴衍福楼。接以中书,拟编《中国地图史纲》。三时出席二二三次经理室会议。出布告,明日植树节放假一天。版税支付办法久为人言,今于会中力持改善已得结果。五时散,候车同归,已将六时。道始夫妇在家候余,其夫人先去,道始则留与共饮并长谈。伊对开明颇有误会,余为剖析解释之。七时半宗鲁来接去,临行以长乐郑和所立天妃灵应碑记拓片见贻,七下西洋之岁月分次罗列,不啻三保太监之记功碑也,大堪珍爱。润儿与琴珠下午出看剧,夜在余家共饭,饭后润送之归。滋儿赴立信上课。八时润儿返,八时五十分滋儿返。十时余寝。

3 月 12 日(辛丑　十三日)星期六

晴不甚朗,午后阴,未几竟雨,晚又薄晴。阅报知孙科已准辞,何应钦提任行政院长以继之,局面或将略有变动也。今日植树节放假,润儿仍到馆,暂搬图书,垂暮始归。饭后珏人应夏宅之招,附车赴康乐酒家参观丐翁次孙弘奕婚礼,余约继往,乃天雨渐急,檐溜有声,颇惮出,因命滋儿代表往贺,余则偃卧一小时。五时珏人偕滋儿归,知已茶散,滋为任司仪云。入夜小饮。夜饭后坐艮宧闲翻,九时即睡。

3 月 13 日（壬寅　十四日）星期

阴雨。晨阅报知何应钦组阁已成事实,惟阁员名单尚未见。下午四时与珏人乘三轮车赴八仙桥青年会九楼谢宅贺喜,晤稔友甚多。五时婚礼开始,余被推为来宾代表致词。六时入席,东西厅皆满,余与洗人、雪村、梦岩居上座,陪证婚人马崇淦及介绍人唐坚吾等,余则叔阳、志良、长赓等百馀人俱在东厅,惟文彬未到,殊见异耳。珏人与坚吾夫人、梦岩夫人、志良夫人、世益夫人等百馀人在西厅。七时半余夫妇及洗人、雪村先引退,乘开明汽车以归,到家已八时矣。润儿偕琴珠出听音乐于兰心,即饭于琴珠家。八时半亦归。昨日接清儿、静甥书,知济群为业熊在台公路局获一位置,或且先来上海也。日间在家看《小石山房印苑》及印谱。夜十时就寝。

3 月 14 日（癸卯　十五日）星期一

阴雨竟日,入夜未休。晨七时四十分车来,与润、滋两儿乘以东出,过村所,村公未果行,余偕均正等径赴怀夏楼。办理杂事。接六日士敄信,知将赴洪结束分店并解除纠纷事,且告或偕熊、鹤等同来上海也,书中并言得诸张静庐告语,瑞卿言洗人有倦勤意,已提出书面云云,诚不知来自何所耳。总之,空穴来风,殊非佳兆也。寄书臧云、以中,分别答复一允竭力设法配屋一允收印《中国地图史纲》,皆经前日经室会议所决定者。图书馆移书事风雨无阻,虽前日假期亦未停,已什九搬定矣,仅余一卡车物明后日当可迁讫,一俟竣事,润儿即可专心整理,不必往还于衍福、怀夏二楼之间矣。看《明实录》,止于第四十卷。五时下班乘车南返,过四马路接龙文等西行,到家已将六时,少坐即小饮。夜饭后滋儿出受课于立信,润儿则会客长谈,八时三刻滋儿归,润客亦去。九时听书,十时寝。

3 月 15 日（甲辰 十六日）星期二

阴雨,午后开霁,向晚放晴。晨七时四十分车来,余与润、滋两儿附以行,至四马路,余为予同所邀,即下车入馆,盖今日上午下午俱有会议,免得出入往返也。十时许出席二二四次经理室会议,通过稿件订两起,决定圣陶、彬然、墨林即日辞职追认事并核转人事会所订疾病补助、旅费支给、例假休假等三种暂行办法,于董事会建议发函各股东,以环境不许可,暂缓结帐并召开股东会。午间洗人唤酒三斤,余及汉儿各买下酒物千圆,与予同诸公共饮。饭后少休,三时许出席十二届十一次董事会,通过经会章则三案,惟休息假一项似有窒碍,属人事会更议之,发股东信即拟俟再召开董会决行,终席洗无异状,足见外传之不确,或竟恶意中伤耳。达轩赴六家同议归后,言明日起书价又调整为二千倍矣,盖本月上半期生活指数已为一千三百三十九倍又百分之十六倍,不得不随而激增也。达君言前日星期在画苑遇道始,道始曾向之大发牢骚,并对开明深致不满云云,余为疏说本末,缓日将设法拉拢面解之。此等事本在不可言说之列,彼此既不无介介,自以剖白调融为宜。五时散候北来车附以归。润儿连日搬书吃力,今又受凉,归后早睡,不知得免病痛否。入夜小饮。夜饭后坐艮宧有所写,竟迷迷入睡,足征衰颓矣。嘉源来,九时始去。十时就寝。

3 月 16 日（乙巳　十七日）星期三

晴，向晚阴，入夜微雨。晨七时四十分乘车东行，接雪村同到怀夏楼。办理杂事。看《明实录》，止于四十四卷。下午一时前颉刚引西北兰州大学校长辛树帜来访，陈济川同来，谈久始辞去。二时出席第五次编审常会。三时半出席人事委员会。五时下班乘车南行，附车者众，因以挤甚。润儿随余同行，书已搬完，只待整理上架矣。滋儿以车挤别乘电车先归。比余等到家，已先在，入晚共饭，余与珏人小饮。夜饭后滋入立信受课，余则坐艮宦翻夏燮《明通鉴》，八时三刻滋归。十时余就卧，天气又变，颇感不舒。

3 月 17 日（丙午　十八日）星期四

初阴旋晴，终畅朗。晨七时四十分乘车入怀夏楼，雪村未往。余到处后办理杂事。纯嘉来处，十一时半即与偕乘至衍福楼午饭。下午三时出席二二五次经理室会议，决定西南、华北两区将指派专员于必要时处理一切，以资应变。五时散，六时偕洗人、雪村、雪山、予同、达君、诗圣、锡光、韵锵、世泽、隆章、宝懋赴杏花楼南厅，应国光印书局唐彦宾之约，晤坚吾、叔阳、文彬等，余与洗、村、同、诗、泽、隆、懋、山、坚同坐，是日盛设，至为丰腆，八时许始散。余与予同、隆章、雪村附达君车先后送归。达君语余钱伯恒已晤及，琴珠许婚润儿事已谐，归告珏人，皆慰悦，俟润、琴洽定，即当择日订婚焉。十时就寝。

3 月 18 日（丁未　十九日）星期五

晴和，惟风中仍感料峭耳。晨七时四十分乘车东发，雪村仍附,至衍福楼未同到怀夏楼也,予同本约午后径来川处,亦未践言,想衍福楼事忙所致乎?办理杂事。看《明实录》两卷。图书馆正在着手上架,润儿将常驻怀夏楼办事矣。下午五时散班乘车南归,润先下,与琴珠出游,余等以改变路线先送亦秀、守勤,故大绕圈子,六时始到家。入晚小饮。夜饭时汉儿来,有顷,潜儿挈顕、预、硕三孙来,润儿、琴珠亦来,余适延君宙去艮宦长谈至九时,湜儿随汉儿去,潜儿等一行及润、珠亦同去。又有顷,君宙乃去,甫坐定,润儿亦归矣。家人聚谈至十一时始各就寝。同人孟伯泉结婚未逾三月,而其外舅中风卒,倩余代撰挽联,余即拈七言两语付之云:"甫托高门资敬式,遽闻噩耗失瞻依。"自谓尚浑脱连贯也。

3 月 19 日(戊申 二十日)星期六

晴,午后阴,傍晚雨。晨七时四十分车来,即乘之而东,雪村仍未同赴怀夏楼。到楼后办理杂事。续点《明通鉴长编》,仍用《实录》校勘,彼此俱有订正处。下午三时汉儿来怀夏楼发薪水(以现钞缺半搭本票),适章嘉禾来访,遂同乘往四马路,余乃出席二二六次经理室会议,决定改变薪给计算试行办法及分店划区专管制,暂先指定北平、沈阳两店为北区,即以芷芬为沈店经理,筹备复业并兼北区专员,成都、重庆、昆明、贵阳、西安五店为西区,即以成都经理章雪舟兼专员。五时散候车西行,漱、滋、湜及弥同俱归。甫抵门,知安甫之妹(查玉衍夫人)在,正与珏人议修妹善后事,盖伊染病甚重,恐一时不起矣,为之恻然,因共商定丧葬办法以备之,时艰日亟,惟有力从简约耳。入晚,玉衍夫人辞去,乃与家人共饭,仍小饮。夜饭后良久润儿始归,以在北区受课,八时乃返也。十一时就寝。

3月20日(己酉　廿一日)星期

阴雨竟日,湿氛弥漫。上午十时嘉源偕其妻来云,翼之已允设法送宏大橡胶厂习工,将暂住于此以待之,事前已否说妥,尚未知,何便贸然唤出转以累人,太不更事矣。午饭后嘉源去,余夫妇过上海书场听书,二时半始开说,仍为顾宏伯、刘天韵、谢毓菁、杨斌奎、杨振言、杨振雄等四档,五时半始散归。冒雨出入,何兴乃尔,实亦心绪难宁,欲遁而之他耳。入夜漱石来,因共晚饮,饭后辞去,即携嘉源之妻同行,盖翼之今在铭青所挈去即可面托之也。八时半漱、滋、湜三儿出看电影,十时三刻始归,润儿留家早睡,未同往,余则于十一时后乃得睡。

3月21日(庚戌　廿二日　春分)星期一

阴寒,午后曾献昼。晨七时四十分乘车东发,接雪村仍未去。漱儿、弥同附乘,滋儿乘自由车先去。到怀夏楼后办理杂事。续校《明通鉴长编》,自谓甚勤。接藏云复书,寄所题王季思集评校注《西厢记》封签并再申配屋之请,是诚一难题也。饭后予同来处,有顷雪山、知伊亦来,遂召开人事委员会,决定招考校对员初选人数及考试方法。五时下班乘车过四马路,汉儿附以行共归家,滋儿亦已先到(乘自由车行)矣。入晚因与珏、汉、润、滋、湜及纯葆夜饭,余夫妇及汉并小饮焉。夜饭后滋入立信受课,汉即留住于家。八时五十分滋儿归,姊弟三人共商为修穆妹料理身后事宜,颇得窾要,万一有事,将照行之。十一时各就寝。大雨彻旦。

3 月 22 日（辛亥　廿三日）星期二

阴雨，午前后俱间雪霰，宜其感冷矣。晨七时四十分乘车出，过四马路接雪村，仍未同往怀夏楼，八时十分抵楼下，与同人相将登。办理杂事。点校《明通鉴长编》。下午二时半乘车赴四马路出席二二七次经理室会议，决定廿八日召开董事会，拟发通告股东书。五时散候车南归，润儿先下，告明须夜饭后乃归。到家小坐，入晚小饮，夜饭后坐艮宧作日记。九时许润儿归，言在琴珠家吃夜饭。十时就寝。

3 月 23 日（壬子　廿四日）星期三

晴寒。晨起，不甚愉快，留家休息，竟日未出。看钱子泉《现代中国文学史长编》。上午十时纯葆出看亲戚，约饭后乃归。下午四时翼之送其嫂来，谓厂中正大事紧缩，无法插新人，而纯葆迄未归，无从接头，嘉源兄妹之不更事，殊令人难耐也。五时三刻翼之辞去，纯葆之嫂即留住余家，纯葆竟不归。入夜小饮。饭后滋儿赴立信受课，八时三刻归。十时就寝。

3 月 24 日（癸丑　廿五日）星期四

晴寒，入夜微雨。晨七时四十分乘车入馆，接雪村同到怀夏楼。办理杂事。点校《明通鉴长编》。五时散班乘车南归。纯葆仍未归，嘉源来云尚须三四天盘桓也，是诚不知轻重矣。入晚小饮。夜抹牌为遣，九时许即寝。

3 月 25 日（甲寅　廿六日）星期五

阴雨下午稍止。晨七时四十分乘车往怀夏楼，雪村仍同往。

办理杂事外仍点校《明通鉴长编》。十一时半与雪村偕返四马路午饭。下午三时出席二二八次经理室会议,决定稿件等诸案。五时半明社大会改选下届干监事并举行祝寿聚餐,被祝者为余六十、调孚、达君五十,祥城二十,惜调孚病,祥城未到,仅余与达君莅场耳。八时散,乘车归。下午四时接查家电话,知修妹已病故,即由汉、润两儿赶往国华殡仪馆接洽,便将尸体迎去,同时由润走告查家,并通知濬儿等,九时五十分归报,始得就睡。

3 月 26 日（乙卯　廿七日）星期六

阴,有时雨,傍晚微露阳光。晨七时四十分乘车赴福州路总公司,予同主持校对员考试事宜,余则以须过浦应子敏之约,亦留馆未到杏怀夏楼。滋儿应考,未识能否入彀耳。此次关防严密,较从前科举犹酷,皆予同坚主之题目尤难,其真赫赫大文宗矣。午饭毕,汉儿、滋儿(已交卷)及纯嘉同往国华料理修妹殓事,珏人等由家径去,润儿亦自怀夏楼往会,余则受儿辈劝,不必临视,遂未往。下午二时坚吾来邀,乃与洗人、雪村、雪山同赴周浦,车辆由寅福供应,子敏携其子,世益亦携其子,志良携其妻并坚吾及余等与寅福、寅福兄弟十馀人共载以行,至南码头购票。车入轮渡渡登浦东公路,径驶周浦南八灶,相将抵梦岩家,时甫四时许,惜天雨,未能出游,坐其堂中聚谈,入夜各出所携肴蔬团坐,为子敏庆寿,欢饮至九时始罢。十时许安排就卧,余乃独占寅福所寝之一室,扶醉登榻,未几即入睡。

3 月 27 日（丙辰　廿八日）星期

晴朗。余上午三时即醒,其时万籁俱寂,久之邻鸡初唱,群犬远斗,有顷,鸦噪催曙,未几,朝暾射窗矣。急披衣起,推牖纳新,惜有雾,未能远眺,俄而雾散,邻室亦有声息,遂一一呼之起,梦夫人亲煮排骨面遍飨宾客。九时许与洗人等阅市,在三阳泰购得蛋糕诸物,以路湿泥泞即折返。盘桓至十二时,又聚饮并各出物品摸彩为馀兴,余出斗楂笔一支为坚吾摸去,余则摸得蛋糕一方匣,不知谁欤所出也。二时许东去一行辞梦夫妇,乘原车循原路载渡浦西,四时许已到四马路总公司,电话约晓先、叔湘、祖璋、振甫乘车出来,再邀坚吾、子敏、志良共往达君所,为其五十生辰暖寿,以人多,未能毕载,第二次放车接予同、均正,余亦顺道归家,接珏人同去。是夕朱家颇热闹,至九时许始各散归。润等将昨日料理诸事逐一禀白,甚利落,共用五十二万圆,连墓地葬费在内矣。下星期日下葬,伊等将再临视云云。十一时乃寝。

3 月 28 日(丁巳　廿九日)星期一

晴和,早晚薄寒。晨七时四十分乘车,径赴怀夏楼。办理杂事。点校《明通鉴长编》第一巨册毕矣。藏云已返沪,今来楼相晤,明日归富阳迎眷,四五天后到馆,南京则决定不再去矣。午间达君仿余前例,治面遍享同人且加菜两簋,各赠糕桃一事,是视余加厚耳。下午四时与均正、亦秀应调孚约,同过其家吃寿面,其夫人卧云善劝,以是大嗾甚饱云。连日饮嗾,都与寿字有缘,亦一可记之事矣。五时下班乘车到衍福楼,出席董事会,通过同人休假办法、提存福利金及通告股东书,散会后即楼头聚饮,洗人、雪村、雪山、觉农、育文、予同、季华及余凡八人,并诗圣而九,闲谈至八时乃乘车分送各归。明日黄花岗纪念放假一天,汉、漱、润、滋因约陶孙、宋易、得厚、琴珠等一行游昆山,滋即住汉所,就近登车,润则仍归,备明早过约琴珠同行也。十时许就寝。时局依然混沌,双方备战俱亟,而和谈代表却都提出发表,诚莫测所以矣。物价则一日三升,白米已达九万一石,其他可想而知,甚有超过米之比价者,曷胜殷忧。

3月29日（戊午　朔）星期二

晴,薄寒。晨五时润儿即起,梳洗讫,即出门,赴钱家,邀同琴珠往北站会汉等同游昆山。余竟日未出,藉以休息,午后且小睡三小时也。文权、瀋儿、预、硕两孙下午来省,知文权以兼事难顾,且体亦不胜,已辞去徐汇中学教课,故今日下午得偕来云。傍晚文权先去,以须赴青年会办事,瀋等则候润、滋两儿昆游归来,同进夜饭后乃去。余听书至十时就寝。纯葆出外,心活以读书为由将辞去,别有所图,年轻无识,恐易舛失,深为珍惜,然意强难挽,终叹徒然耳。

3月30日（己未　初二日）星期三

晴,傍晚微雨,入夜加甚。晨七时四十分附车到衍福楼治事。十时再乘车赴怀夏楼。办理杂事。看藏云《两汉政治制度论》引言稿。下午二时出席编审常会,四时出席人事委员会。招考校对员笔试已录取六卷,今日人事会当众拆弥封,滋儿居然在内,只待定期口试便可决定取舍,一切公办,于心转安耳。五时散乘车径归。入晚小饮。饮饭毕,滋儿赴立信受课,湜儿犹未归,令纯葆携雨具往校中探接之云,早已散课出门矣。有顷,润儿差往查家面治修妹丧葬诸事,俱已妥办,属伊家不必措筹,移时归,滋儿亦归,湜仍未返,颇虑遭受意外,再令润、滋同往校中切问之。归报,展转探得,已偕同学往八仙桥青年会听音乐云,甚恨此儿之无道,直待至十时乃见来,余即睡,滋儿仍陪伊夜餐,翌晨珏人训而挞之,有以哉。

3 月 31 日（庚申　初三日）星期四

晴。晨七时四十分车来,乘以东行,接到雪村同赴怀夏楼,村以路远匪便,又将治书案迁回衍福楼,即刻整理随车西移矣。办理杂事。点校《明通鉴长编》。下午岳生来闲谈。五时下班,与汉、漱、润等及镇孙同车归。到家时文权、澮儿亦在焉,以是日祀。先由滋儿在家主持,比晚,咸集饮福也。漱石、弥同、淑侄俱至,团坐一圆桌,越时乃罢。九时许权、澮、淑先去,滋又送二漱及汉、镇北归新村。十时许余始就寝。

4 月 1 日（辛酉　初四日）星期五

晴。晨七时四十分附车东行,润儿以须刊印三月份图书馆入藏新书目录,即在四马路下车,余即与均正等径抵怀夏楼。办理杂事。点校《明通鉴长编》。下午二时卅分与雨岩同乘赴总公司,三时廿分出席二二九次经理室会议,决定收稿一件,退稿两件,于存支纸张之实物储蓄办法颇有訾论。洗倡之,村、山和之,予同力赞之,余则依立法程序,主张顾及实际事情以修正之,终以多数之力予以撤除,余意虽经片面决定而明社未必能接受,事之果行否尚未定,然喜打两面光且矫饰取悦同人者,终难掩其谲诡,则为铁定事实耳。五时散,候北来车附以西行,润儿以须与汉儿商事,北住祥经里,余独归,归则滋、湜俱已在家矣。入晚小饮。知纯葆已决然携囊去,其兄嘉源适来面沮之不能回,吾恐不免蹉跌失据也,为之默叹而已。(嘉源已去未晓,知其所事已被裁后,日且携其妻返苏云。)夜饭毕,滋入立信受课,九时乃归。十时就寝。

4月2日(壬戌　初五日)星期六

阴雨兼风,淋漓竟日夕,气复转寒。晨七时四十分车来,附以东行,均正以须主持校对员口试事,在四马路先下,余等则径赴川公路。办理杂事。元龙以其曾祖抄存之《明季江阴殉难实录》见示,作者署名季维汉,恐亦遗民之假托书,虽无多,而于阎尉守城本末及澄民慷慨殉城诸状至为明白,实录云云,洵无愧斯名矣。刊本无传,或竟从未刊刻,当细为一查以报之。五时下班乘车南归。予同、均正留衍福楼参与杂志同业聚餐会,余等长驱而返,道经圣母院路、蒲石路转角,适见滋儿在雨中行,因停车唤之上,共载以抵于家。盖滋儿今亦无口试,适自杜克明医师处检查身体归,无意中偶逢者。入晚小饮。夜饭后坐艮宦闲翻,倦眼欲下,九时许即就寝。

4月3日(癸亥　初六日)星期

晴有风。晨阅报知张治中、邵力子等已到平,所谓和谈开始云者,即此是也,后果如何殊难想象耳。十时许润儿送珏人往新村,盖漱儿家清明祀先,特邀去午饭也。闻潜儿等亦全家在彼,或作竟日盘桓耳。午饭等等俱由滋儿任之。下午二时许嘉源来,谓明日午后偕眷返苏云,坐移时辞去。三时半琴珠来。五时余与滋儿出散步,半小时乃归。六时小饮,留琴珠晚饭,饭后儿辈欢谈甚乐。八时珏人自漱儿所晚饭归,翼之送来,坐有顷,翼之辞出,滋儿送之登车。又有顷,润儿送琴珠归去旋返。十时许始各就寝。

4 月 4 日（甲子　初七日）**星期一**

晴。晨七时四十分车来,附以至川处。办理杂事。以《江阴殉难实录》还元龙,告以确无刊传之本,杨凤苞《南疆逸史》十二跋中亦未之见,如得印行,固为彰幽阐微之美举。惟其中涉及常州、靖江诸地降人之处颇肆讥弹,不免触人乡邦自尊之心,非所宜云。点校《明通鉴长编》。五时下班附车过四马路接人南归。到家知嘉源已接其妻送苏,珏人感冒兼生气,熬至五时竟不能支撑,发热就睡矣。纯葆谬举致恚是主因,昨日朝夜冒风出入于霞飞路、北四川路间,道途相当遥远,益增外感,亦一副因也。且看今夜经过如何。夜勉强小饮,匆匆晚饭,适滋儿携锴孙同归,家中或可少见热闹耳。夜饭后闷坐无聊,抹牌打五关自遣,十时就卧。蛰存来怀夏楼,余面谢之。

4 月 5 日（乙丑　初八日　清明）**星期二**

晴,仍感寒。晨七时四十分车来,附以到处。办理杂事。下午二时半乘车出,诣怀夏楼出席二三〇次经理室会议,五时散,候车南归。珏人卧床未起,惟大便仍通,亦无他苦,想辛劳脱力所致耳。入晚小饮。夜饭后坐艮宦翻《历代职官表》,左下腭久摇之,臼齿忽自荦,脱然无累,至快也。十时睡。

4 月 6 日（丙寅　初九日）**星期三**

晴较暖。晨七时四十分车来附以东行,八时十分到怀夏楼。办理杂事。十时千帆见过,以所著《诗论骈枝》改售稿嫌所酬不只,请酌加,余乃与同乘赴衍福楼商诸洗、村二公,以一百六十五万元成约,旋辞去,余即留彼午饭。饭后一时许偕雪村共载返怀夏楼。二时出席第四次编审全会,历时两小时,决事不少。四时出席人事委员会,决定取录校对员四人,滋儿亦在其中。此次严格考验,虽幸中,无所于愧也,知四月十一日即须报到云。五时下班乘车南行,四十分到家。珏人已强起,而滋儿又发热卧床矣。日来为纯葆拿翘,竟致大家心力交瘁,真为德不卒,彼此俱困耳。嗣后须大戢热心,不复照管此等近之不逊、远之怨之戚串也。入晚小饮。夜饭后坐艮宦看《长真阁诗集》,十时乃寝。时局日恶,和谈全为伪装,庆父未去,鲁难当然不能自已也,终究贼吾民耳,可胜叹哉。

4月7日(丁卯　初十日)星期四

晴。晨七时四十分附车赴怀夏楼。办理杂事。今日为漱儿生辰,午过饮其家,伊且邀至善、雨岩、石宇、光暄、锡畴、王洁、守勤、亚南同面焉。五时下班附车径归。滋儿未痊,珏人复病,家下历乱矣。润晚归,知婚戒等已办就。九时半睡。

4月8日(戊辰　十一日)星期五

晴。晨七时四十分附车赴川处。办理杂事。午后二时十分偕均正、锡光、沛霖、明养、石宇、雨岩同赴衍福楼出席卅六次业务常会。五时散,候北来车附以归,福特车又须大修,暂借一中吉普应用,容坐尚宽,惟上下须缘铁梯登降,则不免累坠耳。珏、滋均仍卧床,属湜儿请假在家留侍并告知汉、漱均归省,漱亦请假留侍焉。入晚小饮,匆匆夜饭后,闷坐至九时许即寝,惟珏、滋寒热俱渐退,或即可霍然也。

4 月 9 日(己巳　十二日)星期六

晴,较昨暖,入夜尤见热,恐将致变矣。晨七时四十分车行,附以抵怀夏楼。办理杂事。润儿亦感冒,强撑前往,至十一时不支矣,就卧于汉儿所。余亦感染极强,而心绪尤恶,午饭后无聊益甚,因挟篚扶杖独循四川路南行,转由金陵、林森两路缓步以归。初拟随地雇车,终以惮烦免气,未果,似此漫漫长途,历一时五十分亦且得达,足征腰脚尚堪一试耳。漱石挈其孙弥同以玨等病来省,即留住余家。对邻陈姓介一松江老妪周妈者来佣作,昨日午后来此试用,人尚无沪上习气,不识有缘留用否。六时漱、润自怀夏楼散班乘车归,询知汉儿须明晨至,润则到家即蒙被卧,寒热未退也。入晚小饮,夜饭后坐至九时许即睡,惟一时难于入寐,鸡鸣始合眼,失眠亦旧疾引动矣。

4 月 10 日(庚午　十三日)星期

阴霾,风甚急,夜半雨。润儿卧床未起,寒热亦未退尽,仅饮藕粉及食面包片少许,且云四肢乏力、关节酸疼,盖如老年人之所谓发老伤,大抵搬迁图书馆太着力,遂因感冒发之耳。幸玨人、滋儿俱已就痊,气氛得以见澹,则犹堪自慰也。晨九时许玨人出理发,余则与滋儿散步于左近,以风大折回。今日静鹤三十初度,家下治面遥祝。十时许汉儿挈镇孙来,有顷,汉儿挈顯、预、硕三孙来,至十一时半汉率锴、镇往朝其姑于芷芬之兄君才所,余夫妇及二漱、滋、湜与潽、顯、预、硕、弥同等乃团坐进面焉。午后一时,文权来,遂与汉、漱、滋、湜及顯、预、硕、弥同一行往城内游邑庙,且憩于内园,四时始返。少选,汉亦奉其姑挈锴、镇至,漱石出访友,至是亦

还,乃合坐进面,且小饮,独润卧床未得与,不无寡欢耳。八时前
濬、汉两家俱归去,惟错孙以微热畏风,与二漱、弥同仍留住焉。九
时半余即就寝,劳倦已稍复,或不致大动旧疾也。

4月11日(辛未　十四日)星期一

　　晴,仍感轻寒。晨七时四十分车来,二漱、滋、错、弥同附以北
行,滋儿今日正式到怀夏楼编校部服务矣。润儿寒热虽退,仍感罢
软,余亦精神欠爽,俱未往,润卧而余闷坐,时时抹牌打五关也。周
妈已讲定工资,底数十五元,照生活指数发,虽乡农初出,欲望亦正
匪细矣,家下乏人,只得忍受之。下午六时滋儿公毕归。知派校中
文与一巴姓者对坐云。入晚开坛汲饮,饮饭毕偕珏人出散步。月
色尚姣,而今夕又为余夫妇结缡三十八年之日,宜少开意,乃近为
内外琐屑所困,心境转觉索然,不自知其惘惘之何来,殆毫及之征
乎。匆匆一转即黯然而返。九时就卧,仍大感失眠。

4月12日(壬申　十五日)星期二

　　初阴旋晴,仍见料峭,不类清明后也。晨七时四十分车来,润
儿尚有寒热,强起,偕滋儿从余附之行,八时另五分到怀夏楼。办
理杂事。午后一时偕诗圣夫人及雨岩同乘赴福州路晤达君,即以
润、琴挽作冰人事告之,据云已先得汉儿之托,早向钱宅说起,一切
唯命矣,为之大喜。三时许出席二三一次经理室会议,通过稿件及
人事案多起,村、山力提进用达轩之弟达江,谓须携以北行,意盖在
抑芷芬耳,可哂已。五时散候北来车各归,润、滋俱留看电影于虹
光戏院,余到家,淑侄在,因共夜饭,饭后淑辞归。余日来心绪恶
劣,殆难名状。日间曾详书以告长沙清儿诸人。入晚仍勉为小饮。

十时就卧,睡仍不好。联棠自穗飞来,下午四时到衍福楼,与晤言,知今晚即下榻开明新村云。

4 月 13 日 (癸酉　十六日) 星期三

晴,气仍微寒。晨七时四十分附车北行,八时九分到怀夏楼。办理杂事。下午一时予同来处,二时许即出席第七次编审常会,四时毕。联棠、镜波送铁观音茶及茄力克香烟各一听,受之实窘,然亦无法却之,只能既来则安耳。五时下班附车南归。周妈又病,诸儿虽共同操作,以弥此阙。晚小饮。夜饭后坐艮宧闲翻,终难掩不舒之情也。九时许即就卧,然仍未克酣睡,钟鸣鸡唱,历历在耳焉。

4 月 14 日 (甲戌　十七日) 星期四

晴,时昙,晚晴明。晨七时四十分附车东行,八时十分到怀夏楼。办理杂事。看陈鹤《明纪》。五时下班附车南归。入晚小饮。夜饭后坐艮宧翻书,为元龙查《尚书》郑注。九时听书,朱介生适来电台访友,遂与庞学庭合唱《双金锭》,殊得意外之趣。十时就卧。(稚圃寄颐和园景片十帧为余寿,迪康书来告复职,俱即复之。)

4 月 15 日 (乙亥　十八日) 星期五

晴。晨七时四十分附车东行,五十五分抵衍福楼,以上下午都有集会,遂未往怀夏楼。上午十时出席二三二次经理室会议,村、山颇有不中听之谈,余又抗之,实难自抑也。下午三时出席十二届十二次董事会,洗人又提辞职,意其实多此一举,余谓不必尔尔也。午间洗与余沽酒对酌,未饭。五时下班候北来车归家。今日生活

指数发表,为一五·一四〇倍,即以此率折算七日工资付与周妈,但
其人前日起即患病,时时偃卧,恐亦无饭缘长处耳。入晚小饮。夜
饭后坐艮宧闲翻,具书邀达君、农祥两伉俪为润儿作冰人,并拟登
报告亲友稿。十时寝。

4 月 16 日(丙子　十九日)星期六

　　晴,东风甚急,透空作声。晨七时四十分,附车东行,八时另五
分北抵怀夏楼。办理杂事。午饭顷,汉儿来处就商,谓大鸿运已洽
过,每席需大头银圆十二枚,外加饭酒小帐,另赏等须十六七圆矣,
如合金圆券所费,诚不赀云,因取进止,余惟时势使然,无可转挽,
只索听办,即允照行,但用酒另沽,既贵而乏好货,不如取旧藏坛酒
充之,遂属纯嘉从祥经里取送也。明日之宴本限亲戚,以彼此俱有
稔友相贺,遂合具四席,除大媒外并邀洗人、雪山、予同、通如、纯
嘉、芳娟、漱玉云。五时下班附车南归。六时君宙见访,因与共酌
长谈,移时辞去。乃召家人夜饭,汉又来省,饭后八时始归去。十
时就寝。

4 月 17 日(丁丑　二十日)星期

　　阴雨霏霏,竟日未霁。上午十时许润、滋、湜先往大鸿运照料
一切,十一时许余与珏人再乘三轮车前去,晤伯衡及其眷属,至十
二时宾客陆续到,除两家亲属外,到达君、农祥、雪村三伉俪,芷芬
老太太、漱石、予同、雪山、通如、至善、纯嘉、芳娟、漱玉、翼之、德铸
等,凡设四席。即由亦秀之介,与润、琴交换名戒,订婚礼成。一时
半陆续散,二时余与珏人及湜儿已归矣。润、琴随汉等北行,摄景
于艺林,四时许亦归。有顷,文权、潜华、昌预、昌硕来,因共晚饮,

夜饭后去,余多饮,不能持,即睡。

4 月 18 日(戊寅　廿一日)星期一

阴雨,午后露晴。晨七时五十四分车来,附以到处,已八时十二分。余昨日过饮,兼以奋兴宿醉未醒,强扶以出,罢软难名,抵午强饭乃稍稍自振耳。五时下班偕叔湘、藏云、明养、石宇附车到衍福楼,盖今晚假座此间,与洗、村、山、达、予合宴联棠、叔湘、藏云、明养、石宇、陶孙也。乃入席时陶孙未见,士敏适自香港来,遂代之。饮后长谈,八时始散,余与予同、石宇附达君车西行,以次送归。抵家已将九时矣,少坐便睡。

4 月 19 日(己卯　廿二日)星期二

晴较暖,前昨春浓将阑矣。晨七时五十分车来,附以到川处,已八时十五分。办理杂事。十一时半与均正、藏云、晓先、必陶、振甫、石宇、沛霖等乘大车南行,过四马路,接予同、汉儿等径往法藏寺,参与丏尊逝世三周年祭,仍公备素筵聚餐焉。饭毕,汉归省珏人,余与雪村、均正、晓先、沛霖、振甫则登楼访致觉于大藏经,会谈良久始出,乘车北返,已二时矣。余以须出席二三三次经理室会议,在四马路下车,未再返怀夏楼。三时与会,只决定穗店薪给之米布价,暂照港币合算耳。余仍多无谓之机锋。五时散,候北来车南归。润、琴订婚费用除钱家担任半数外,余竟用去白报纸十令(六百廿万圆)、美钞十圆(二百六十万圆)、袁头银圆两枚(五十万圆),其馀琐屑杂化尚未计,足征近日物价之高昂真仰不可攀矣。入晚小饮。夜饭后以积倦早睡。

4 月 20 日（庚辰　廿三日　谷雨）**星期三**

晴暖。晨七时四十分车来,附以东行,八时另五分到川处。办理杂事。饭后访调孚,大痊矣,甚慰。下午予同来川处,二时出席第七次编审常会,三时许散,予同先去,返四马路。五时下班附车南行,过四马路接予同等各归。入晚小饮。夜饭后与滋儿出散步,阅时乃返。今日潜儿生日,午间珏人及漱儿俱往吃面云。清儿来禀,正尔猜着。余日来忧愤内蕴,强持以出,日间一切受气,夜乃失眠大发,恐将有猝起之病矣。

4 月 21 日（辛巳　廿四日）**星期四**

晴似暖,实见凉也。晨七时四十分车来,附以行,八时另五分到怀夏楼。办理杂事。报载和谈已臻图穷匕见之境,共军渡江早成事实,独死硬如蒋、陈、汤、宋之流犹欲显其釜底之游魂耳。正因是故,贻祸吾民至深且烈,滥钞比诸粪土,物价遂尔脱羁,岂惟朝不保夕,抑且夜不及晨,万方多难,罪惟一人,若辈真不知死所矣。余伤时感事,忧愤交煎,萦念动乎沅湘,眠食颓于寝兴何,莫非坐此而然耶?五时下班附车南返。入晚小饮。夜饭后坐艮宦,遥听弹词播音,适北邻有荐亡,延道士礼忏者,铙钹竞作,遂夺此声,余亦安之冥心默想,至十时始就卧,竟得良睡。

4 月 22 日（壬午　廿五日）**星期五**

晨雨旋转阴,午后晴。早七时四十分附车行,八时许即到怀夏楼。办理杂事。报出甚迟,共军渡江已在安徽之荻港登陆,镇江北岸之十二圩亦撤守,宁府且有迁沪说,总之纷乱之象已朕,当前

危机恐难避免耳。以是人心又惶惶,而怙势压人之军阀游魂,方加
紧其管制,在在钤束,且以恐怖临之,悠悠长空殆将窒息乎?下午
二时,偕纯嘉车过衍福楼。三时许出席二三四次经理室会议,通过
改任芷芬为天津分店经理,予同以疾未到。六时与洗人应雪村约,
参加酒会,到子敏、坚吾、世益、心庵、锦川、达君伉俪、达轩及洗村
与余,本约伯衡同来,以事未果,而吴伯梅适自绍兴至,遂补其缺,
作不速之客,与会者人出银币一枚,又令人回忆囊日一元大武之盛
况矣,俯仰今昔,诚不胜感慨也。八时始散,附达君车归。润儿以
事留汉所,滋则归后未久即睡,盖重伤风作祟,全家轮流染及耳。
而周妈忽辞去,谓恐路断不得回松江,无法止之,听其于明晨六时
行,近来家下不安,竟无法调排之,十时就寝。

4 月 23 日(癸未　廿六日)星期六

昙旋晴。晨七时四十分附车北行,八时许便到川公路办事处。
办理杂事。共军渡江甚迅利,荻港方面已济师三十万,江阴亦已渡
登,在江中曾击沉及击伤军舰十八艘,旋即推进,丹阳及武进之南
横林镇均被占,京沪路已中断,不谓共方发动渡江命令仅四十八小
时,发展如此其速,诚措手莫及矣。据云南京已逃空,街上无宪警,
总统府且被抢一空,狼狈至此,尚死硬作战,不知谁与再从盲死耳。
怀夏楼逼近江湾,恐怖气氛特甚,人心浮动甚矣,余力释之无效,大
有迁寄箱簏于中区同人者。五时下班,晓先夫人随余车南行,寄一
大包袱于余家,因留共夜饭然后送其归。夜饭后隔半时琴珠来访
润儿,有顷,文权、潘儿及顯、预、硕三孙亦来省。八时三刻润送琴
珠归去。九时许权等亦去,九时三刻润乃返。今日宵禁提早,行路
甚不方便,大家归来后始得安心就卧。

4 月 24 日（甲申　廿七日）星期

晴。晨起购报阅之，知南京已由女金大校长吴贻芳等组会维持治安，城内军警宪全逃，秩序混乱，刻渐复常云。京沪沿线镇江、常州、丹阳俱撤守，共军先头部队已抵无锡，西行车只通昆山矣。进展如此其速。沪郊被兵事在眉睫，而安兵阻忍之徒尚悍然不顾，一味压迫，吾恐亦只气厉内荏一装镶样耳。宵遁有分，必欲拖人玉石俱焚，则妄想也。十一时许独出散步兼阅市，以霞飞路附近素称宁谧，绝无战事气息可得，闻火车站北四川路一带则纷纷迁避，大为慌乱云。午饭顷，弘宁、王洁送弥同至，谓漱华往淑贞家吃饭（贞已订婚），饭后将自来。二时，漱华至，未几，漱石亦自城中搬寄一缝衣机器来。其时天色渐阴，而珏人神疲欲睡，听二漱挟弥同北归。入夜竟雨，彻宵未停。晚饮后强与珏人、润、滋、湜等轮打马将四圈，藉自镇抑。十时乃睡。七时许道明乘脚踏车来，遍告西区同人，谓公司与新村同人协议，为应付当前环境计，即日起停止汽车使用，并将川公路大门堵塞云。是明日别有一番景象矣。

4 月 25 日（乙酉　廿八日）星期一

阴雨终日，时有大点。晨七时前亦秀来叩门询如何往怀夏楼办事，因请均正来共商，拟就住远者携件在家工作，如照常到班则车资照贴。八时许五人同出，雨中乘一路电车东行，余与均正在大自鸣钟下径到四马路，亦秀与润、滋两儿则在天主堂街下，再转车至怀夏楼。晤洗人后决定如拟办理，均正即衔命北去，余仍留衍福楼。阅报谈天，知苏州、无锡俱解放，嘉兴且有撤守之说矣。榆生见过，谈久乃去。午与洗人小饮。谣言蜂起，有谓北四川路正在抢劫者,有谓炮声机枪声甚密者,以是人心益动摇,汉儿早退北归,新村昨夜竟分班值夜,制梃以拱卫怀夏楼一带云。下午见夜报知南京市长被截获,浙省府决迁宁波,嘉兴易手恐在旦暮间,然则杭州必不能守,上海又何尝可以负嵎乎?四时三刻与予同附达君车归。六时许始见润、滋归,知北四川路秩序尚佳,怀夏楼工作亦维持至五时始散,明日起光暄、亦秀、守勤均准携件在家校对云。晚饮后夜饭毕坐艮宧翻弆架书,倦眼难撑,八时许即睡。

4 月 26 日(丙戌　廿九日)星期二

　　初阴旋晴。时局益紧而新闻受统制,无所得确讯。清晨润、滋即赴新村怀夏楼照常办事,余则俟珏人菜场还,乃徐步往衍福楼,九时卅分始到。看报外枯坐无聊,下午三时出席二三五次经理室会议,例会而已。汽车暂停而车资随以止付,余颇不谓然,仍照例应致车贴也。昨日午夜迄今午,恐怖之局又展开,各校逮捕师生数百人,周谷城闻已被拘云,上海负嵎害人或将不免耳。联棠今日下午一时到公司,谓昨夜十一时离杭地,秩序已欠佳,车站枪声时起,大半为军人驱迫三轮车、黄包车,强予服劳而起,一般观察杭地驻军即将撤离也,车中拥挤特甚,今日上午抵西站即驱下,联棠以无上海身份证留难两小时始得放行,以是狼狈之至。子恺有电报今日自香港飞沪,下午纯嘉假达君车往接,迄五时未见回,想子恺亦坐联棠同样事故而受阻,本欲搭乘此车,既不得遇,只索仍单行独步而返。六时抵车,淑侄送一佣女至,秦姓名阿凤,十九岁,宁波人,愿以十元底数佣作于此云,即留之,不识有缘久处否耳。有顷,润、滋归,潘儿先已在家,因共夜饭,余仍小饮,夜饭后潘、淑同时辞归。十时就寝。

4 月 27 日（丁亥　三十日）星期三

晴。晨七时半滋儿驾自由车先赴怀夏楼,余与润儿随发,行至金神父路上四路电车东去,在天主堂下循四川路北行,徐步以往,八时半亦到怀夏楼。据彼处同人云,顷闻炮声及机枪声甚密,或者浏河方面有事耳。撖诸报揭统一发布之新闻,固无足纪而字里行间有可搬索者,则共军已得浮梁(即景德镇有截断浙赣路之虞),其在江南者直下宜兴、金坛,逼长兴,别支亦自宁国袭广德,京沪线已越苏州至外跨塘江岸,则福山、浒浦、白茆各港俱完成登陆云云,是虽力摧学校钤人民,终难掩其惨败矣。办理杂事。下午四时与润儿先行,仍步至天主堂街附一路电车以归至老北门,均正亦至,巧遇也。到家越半小时,滋儿亦乘自由车返,乃共夜饭,余仍小饮。七时均正见过,以公司所贴车资与前诺不符,颇致责怪,盖原议家住西区而办事在北区者须加贴,今竟与中区办事者一律,是名为受贴实须赔累半数也,无怪受者生嗔耳。时至今日,不解把持者何犹死唁若此,专喜以琐碎刺戟人,岂其别具肺肠者乎?明日当往四马路据理折之也。九时许即睡,圣南午间来访,谓须寄箱来霞飞坊,俾少安心云。余力应之,且属必要时住来也。联棠今日搭机飞回广州。

4 月 28 日①（戊子　朔）星期四

晴,较昨又转凉矣。清和天气乃大不然,岂时局之象征耶?晨七时卅分独出,乘一路电车至老北门下,过衍福楼晤纯嘉,询其昨

---

①底本为:"己丑日记第二卷"。

发车贴事,据云伊正为籴米堆运,故未及知实出成才误计,即当如前言补发也。余意既出误计,似不必再致究诘。少坐复起,徐步循江西路、北四川路折入永丰坊,径登怀夏楼,在里口遇藏云夫妇,知方属其戚王君送箱二口去余家暂顿云。到川处后办理杂事。时事益紧,徒以新闻统制未获其详,仅确知昆山已急,嘉兴亦垂危,常熟之师已抵支塘耳。三时许天际云翳恐致雨,四时顷,即与均正出步,至四川路桥南塊乘十七路无轨电车南行,到大世界北首下车,相将至八仙桥,拟再附车行,而车阻难上,即决定徐步西行。五时半抵家,润儿已在,盖渠较后出,以驾自由车疾驶故先归也。入晚小饮。六时三刻滋儿归,盖在大华看电影,此时归来耳。(与漱儿等同往也。)因共夜饭。今午前绍虞来访,谓同济处境亦窘。前日发动恐怖时,伊适住外,否则将与谷城同其遭际矣。时至此日,尚复何言,浩叹而已。夜饭后在艮宧少坐,九时许即睡。

4 月 29 日 (己丑 初二日) 星期五

阴雨竟日,气复转寒。淑珍明日结婚矣,珏人与汉、漱两儿合送瓷碗匙碟各十件共一箱,晨交润、滋往怀夏楼,携与漱儿,俾专致淑珍焉。余上午未出,饭后雨中附电车至老北门,步往衍福楼晤洗、村、予、山、达诸公。三时半出席二三六次经理室会议。五时散,与予同附达君车归。傍晚滋儿归,因共夜饭。余仍小饮。润儿与琴珠看电影,七时始归。上海益乱,作任意杀人、拘人已成惯例,金融尤紊,如不及早解决,百姓真被拖死矣。军事形势京沪路通车仅至陆家浜(是昆山已撤守),京杭国道已自长兴吴兴直下武康,苏嘉运河线已达吴江以南之八坼苏沪公路,仍在支塘长江中已在崇明登陆,蒋酋虽自溪口来沪,亦已乘舰遁厦门云。凡此迹象,其不能踞沪峴守可知,然犹抵死挣扎者其为索诈民脂乎? 八时许即睡,枕上听雨,彻夜未止。

4月30日(庚寅　初三日)星期六

　　晨雨旋止,午后晴,未刻又雨即停。上午八时四十分达君车来,乘以东行,接予同共到衍福楼。未出前涵、淑二侄来,出南昌电属翻,知柱流候车即返沪矣。在衍福楼闲谈看报知武康已放、杭垣之下旦夕间耳。其他俱受封锁,殊无确耗也。下午二时黄树滋(京沪中学校长)来访,谈次颇露沪市将负峴贻祸之息,但不免有其他因素参入,则变幻真莫测云。今日发薪,倍数激增,而所合银圆仅较中旬之数之八成,从可知物价之狂涨与银圆之猛跳矣,若长此不决,五月上旬恐难照发耳。二时许漱儿到家,一行接珏人同往四马路中央菜社贺淑珍出阁,汉儿亦往。四时半余与予同仍附达君车南归。五时三刻滋儿奉珏人归来,盖路遇车过,同乘先返也,有顷,润儿亦归。入晚小饮。生活指数未发表,阿凤来此四日无法给付工资,乃暂与四十万圆结至四月底云。九时许自艮宧归寝,打五关四副然后睡。

5月1日(辛卯　初四日)星期

　　晴,风中仍感料峭。竟日未出。上午十时许燮荣来谒,请寄放樟木箱两口,允之,旋辞去。下午一时许汉、漱两儿、元镇、弥同两孙及石宇同来,即偕润、滋、湜三儿出游。致觉来谈移时去,知校经工作不中辍,路通便携女回苏云。三时,文权、潘儿及预、硕两孙来,有顷,汉等一行返,因设圆桌共坐夜饭且小饮焉。七时权、潘、汉、漱等俱去。九时即寝。是日上午九时红蕉见过谈时局,甚悉恐负嵎之虞终将噬人耳。

5 月 2 日（壬辰　初五日）星期一

　　晴，仍见料峭。昨日五一纪念,适值星期例假,故今日照章补假一天。时局拖拉累人欲死,凡百无聊也。十一时只索携酒出,与珏人、滋儿同往濬家,汉、漱两儿及元鉴、弥同俱在,文权亦归饭,因共饮啖。午后余复与珏人及濬、滋过沧洲书场听书,计五档,一,陈莲卿、祁莲芳《绣香囊》,二,吴剑秋、朱惠珍《玉蜻蜓》,三,潘伯英《刺马》,四,杨斌奎、杨振言《描金凤》,五,刘天韵、谢毓菁《落金扇》。至五时卅分散,先偕珏人坐三轮车归,濬则归去,滋旋步回,润儿如琴珠家晚饭而后返。晚仍小饮,九时后即睡。

5 月 3 日（癸巳　初六日）星期二

　　晴,日中尚煦,室内仍须着绵也。晨七时许与润、滋两儿同出,在金神父路口乘四路电车到天主堂街,车资较昨突涨六倍,（每人须十一万圆）,倾囊并付始克济,竟有中途被迫下车者,诚怪状矣。步至怀夏楼办理杂事。近午纯嘉来处,饭后余即偕同乘三轮车到衍福楼。三时半出席二三七次经理室会议。五时散,仍与予同附达君车南返。调孚是日到怀夏楼销假,但下午仍归休也,体气已大复矣。六时三刻润、滋始步归,盖车资早并出只得出此耳。（公司仍助贴,但未及送到。）入晚小饮。夜饭后看明余行之《说颐》,九时半即睡。时局依然,外围日紧矣。

5 月 4 日（甲午　初七日）星期三

　　晴,较昨大暖。晨七时五十分出,独自乘四路电车,到天主堂街，仍缓步北行，于八时三十余分走抵怀夏楼，晤洗人（今日未往总公司）。办理杂事。为杂志稿费发银圆，以孙头代袁头事，楼头又起哄。（此事本已通融而仍不获谅。）可笑若辈斤斤锱铢之无厌，雅道转成市道，而犹忝颜以文化人自命，吾真为之恶心矣。下午三时开第五次编审全会，除雪村、予同未到外，余俱出席，洗人亦列坐焉。决定出一套实用技术丛书，原则虽定，书名及细目尚未拟妥也。四时五十分与均正离楼出坊，适北来十一路电车到，便相将登之，直至五马路外滩，再换乘廿二路公共汽车西行，六时到家。（计费六十万圆，人摊三十万。）有顷，滋儿骑自由车返。又有顷，润儿亦自衍福楼归。今日在彼刊印图书新目分发。入晚小饮。夜饭后打五关三盘，九时许即睡。报载杭州已撤于潜、昌化、淳安、遂安，俱状况不明，联络中断，沪杭车仅达嘉兴，支塘之军曾东扑浏河云云。

5 月 5 日（乙未　初八日）星期四

雨，闷热，初卸棉衣，御袷衣，昼略见晴，旋复阴，入夜又雨。竟日未出，翻书而已。午啖炊饼啜粥，饮予同所馈之温州老酒汗，甚香冽。下午假寐一小时。报载赣州万年、贵溪均有接触，兼以浙赣路缺煤，途中又为兵车所拥塞，是则交通已断，包围又成矣。六时许，润、滋始归，因共晚饭，余复小饮。夜听书，九时许即寝。

5 月 6 日（丙申　初九日　立夏）星期五

晴，略有夏意，仍御重袷。晨九时许出乘一路电车到老北门下车，步往衍福楼，晤洗、村、山、达诸人，予同下午始来，知其子光岐旧疾复作，须入院疗治，以是心境殊常云。下午三时出席二三八次经理室会议。近日军事日紧,汤、陈诸酋行动益狂悖不成话,杀人于市,略无顾忌,老北门及成都南路莲花寺门前俱枪决所谓罪犯,附近居民更感惴惴,而市区民房亦多有被兵占住者,步步荆棘,已入倒悬之境,来苏望切,自在人人意中矣。五时许与予同、汉儿附达君车归。有顷,漱、润、滋三儿亦自怀夏楼公毕遄返,乃团坐合饮,在苦难中强度此立夏佳节。夜饭后润儿送汉、漱到潜家,接元鉴同返新村,而润乃归。九时许即寝。今日在总公司称体重,仅一百廿七磅,较去年轻减矣。

5 月 7 日（丁酉　初十日）星期六

　　晴和。晨与滋儿出,乘一路电车到外滩,适有十一路,遂转附北行,八时卅分即到怀夏楼。洗人未出,终日相晤。办理杂事。馆中方为许季茀裒辑寿裳全集偶于稿中阙题之题辞一首（想为黄季刚追悼会而发）,涉及章太炎最初在日本东京小石川民报馆讲学时事,知当时仅有朱蓬仙（宗莱）、朱逖先（希祖）、龚未生（宝铨）、钱中季（夏）、周豫才（树人）、周起孟（作人）、钱均夫（家治）及季茀八人,黄季刚（侃）、马幼渔（裕藻）、沈兼士已稍后矣。世多托章门以自重者大氐云仍耳,因亟张之,俾识其朔。下午五时与均正及滋儿离楼出里口,适有一路电车自北来,乃附以西行,至爱文义路麦特赫斯脱路口下,步行南归。抵家已六时矣。润儿晨骑自由车先出,午后以钱家有喜事,又往斜桥路美华酒家应酬,至是亦归。因共夜饭,余仍小饮。晚听书,至九时许即寝。时局益糟,上下午均有杀人事,警车之发鬼啸者络绎于途,行人为之不安,是诚最后之挣扎乎?

5 月 8 日（戊戌　十一日）星期

晴和。凌晨即起，盥洗后与珏人出，思欲于坊口园东食府吃鸡肉馒头，市晏尚未生炉，乃蹀躞于道周，良久始得入坐，两人共吃五枚，计价已一百五十万圆，每枚合卅万，直为咋舌不止。（较日前涵俭所奉又涨五倍。）食后即归，竟日未再出也。珏人偕滋儿往看组青，兼访葆真，九时许即去，至晚七时乃返。盖在组青所午饭然后与葆真同过瀋儿，复在瀋所晚饭耳，归来即邀葆真同来小住云。君立本约今日来访，期而未至，午后三时许致觉来谈，抵晚始去。夜小饮。润、琴至，乃由钱家晚饭而后归也。移时润复送琴归去，九时乃返。报载太仓以东直塘等处已有战事，沪杭车仅通松江，上海市中公私卡车及吉普征用一空，事急矣。

5 月 9 日（己亥　十二日）星期一

晴暖，夜半大雷雨。晨七时五十分乘一路法商电车东行，由河南南路下，步往衍福楼，时为八时廿分，以下午有集会，遂留驻焉。浙赣路两端俱失，共军将在衢州、萧山之间会师，浙西已全部解放矣。报载如此，其实或且更急也。午沽酒与洗人对饮。下午三时许出席卅七次业务常会，予同午后始来，雪村竟连缺多次矣。五时散，余偕均正、予同附达君车归。到家良久，滋儿始自怀夏楼归，知润、琴、汉、漱等将往光陆看电影，须九时三刻乃返云。入晚小饮。夜饭后坐打五关数盘，俟润归乃睡。

5 月 10 日（庚子　十三日）星期二

晴暖。上午未出，看毕《说颐》。饭后一时许乘二路电车到老北门,步入四马路,径上衍福楼,洗人未出,仅晤村、山、予、达四公,本为赴经理室会议而来,佥谓且须后,遂致坐谈而已。五时半仍偕予同附达君车归。六时三刻,润、滋亦归,乃小饮且夜饭。九时半就寝。是日骤热,举家汤浴也。报载战讯已无可取证。(全为统制捏造故。)惟国际新闻及本市官报则有足记者。欧洲局面已好转,柏林封锁解除,德意志联邦共和国成立,宪法亦已颁布。宪法之特色为绝对禁止检查新闻及废止死刑。我上海则警局制定纠察赏罚条例,赏为奖励告密。在此时已不足异。罚则之首条乃大可骇,凡策反有据者处死外并杀戮其全家云。此一对照,岂止讽刺,直判人禽矣。吾民何不幸而罹此鸟兽之毒乎?宛转哀号之馀,必将有以自处耳。

5 月 11 日(辛丑　十四日)星期三

昙,午后细雨时作,夜半大雨。晨出,步至麦特赫斯脱路,途遇均正,因共立待西来之一路电车。历二十五分始得乘,比到怀夏楼,已九时半矣。予同早在,备出席第六次编审全会,迓雪村不至,十时半乃开,十一时三刻毕。饭后一时余偕予同坐三轮车往衍福楼,知今日发薪,计算又有波折。专打小算盘而态度又不光明,宜乎同人不快耳。三时后本拟与洗、村等往国际饭店十四楼贺五良嫁女,以天适雨,未果。洗、村则仍行焉。警局又绑人过市,赴宋公园枪决,又兼官方列车主战大游行,途为之塞,真不知人间何世矣。报载浏河收复。是尝失于前。嘉善、枫泾均紧,沪杭线军只通松江,浦南、平湖、金山俱震云。五时,与予同步至老北门,伊乘十路,余乘一路各归。到家,淑侄在,润儿亦骑车先归。有顷,滋儿亦返,适贝缄三来访,因共小饮。晚间具面焉。餐后淑侄先辞去,缄三则畅谈至八时许始去。听书至九时许,十时就卧。

5 月 12 日 (壬寅　十五日) 星期四

初阴旋晴。未到馆。看报听炮而已,真消息得不到矣。珏人至甲长陈兰九所洽取米证,晤其夫人,谓霞飞坊房屋征借供军眷住用事确接到过通知,刻尚婉拒未决中,且征派丁役至漕河泾筑防御工事势在必行,通知单即晚可送达云云,聆之十分愤恚。午后小睡,三时许独出散步,见街头摊贩林立,多上等货而价又大贬,盖人人自危,且不谋夕,亟欲脱货求现取,充日常食用耳。情实可悯,然而贪便宜之徒利用机会以吸货者,亦大有人在,是诚人相食之时矣。六时半滋儿始归,据告润儿今晚宿汉所不归云。入晚小饮。夜饭时甲长果饬人送通知来,须按时应卯到工,惟纳银圆一枚可免,乃迫出一元,暂安目前也。九时许即寝。

5 月 13 日 (癸卯　十六日) 星期五

阴,旋雨旋止,傍晚加甚。晨八时与均正同行至北京西路麦特赫司脱路口等候一路电车,历时许久始得登攀立至江西路,乃得坐,比到四川北路怀夏楼,已九时十五分矣。办理杂事。炮声甚密,自出门至返家间作未停,报载消息已难凭据。四郊逃入市区之人言北面已及杨行,西南已抵莘庄间,且听到机枪之声云云,或者解决之期不远乎?午后一时,余与叔湘乘三轮车同到衍福楼,三时许出席二三九次经理室会议,盖为明社抗议此次算薪事,特邀叔湘列席也,决定此次须照公式算清,以后则仍照公式演算,但得按照当时情况参酌公司支付能力及同人所需最低维持费用斟情增减,勉度难关。即将此意书面答复明社,不再另发通告也。五时出,与予同附达君车归。坐定未久,润、滋骑车同归,乃同坐夜饭。余乃小饮,时听清晰炮声,或者今晚将加烈焉。九时就寝。一时后西南炮声甚震,既而寂然,其时雨早止,月色至为皎洁也,平明又有巨响。

5 月 14 日(甲辰 十七日)星期六

晴爽,又须御重裘。晨均正见过,余告以将径赴衍福楼,渠乃先行赴怀夏楼。九时许缓步以出,沿途摊贩错列,至难行路,徐徐串过,到四马路已十时余矣。洗人未出,闻之雪山谓怀夏楼同人希望渠二人必留一人在彼,俾急要时有所禀承云。然则余可无往矣,因留衍福楼看报闲谈。炮声稀疏,飞机转多,或者加紧疏散乎?报载杨行、月浦剧战,火车只通南翔及莘庄,松江、昆山、太仓、嘉定诸城俱失,闵行亦已电话不通云。五时仍偕予同附达君车南返。葆真来小住。有顷,润、滋两儿亦归。六时许小饮且夜饭,君宙之大女公子村函来谒,承送来汪亚旧画寿星一轴、大克雷斯香烟一条,补祝余六十寿,受之甚愧,少谈即辞去。夜开机听书,至九时许即睡。元鉴由汉儿送来小住。文权一家来,八时许去。

5 月 15 日(乙巳 十八日)星期

时阴时晴,气仍凉爽。晨购报读之,知月浦、杨行仍激战中,是未能打出也。金山卫、全公亭已有共军登陆,车站已无业务,殆包围圈日益抽紧矣,以是炮声较昨见密,下午尤甚。上午十时良才见过,谈移时辞去。饭后珏人偕葆真往大陆书场听书,余则受达君之属为其尊公、尊姒书墓碑。漱石来,指令往大陆会珏人。润儿九时出,十二时归,下午三时半,余偕之出,散步附近旋归。滋儿挈元鉴往候濬儿,五时许偕文权来,珏人、漱石、葆真亦归,遂合坐晚饮,余与文权且小饮焉。饭未毕,琴珠来。七时半润送琴归去。八时,文权亦辞归。阅半时,润儿归来。十时就寝。

5月16日（丙午　十九日）星期一

晴,午后渐阴。四时五十分遂雨。风甚急,呼呼有声。晨八时许独自出行,徐步到衍福楼。晤洗、村、山、达、予诸公。报载刘行激战,杨行、月浦似仍未解,浦东、南汇已失,沪西虹桥机场山南园有战事,黄渡、南翔俱放手,武汉亦已撤离,是全局皆震,实无可为,乃负嵎沪陬,强作大言,真所谓糜烂其民而战之徒苦吾民耳。谷城来谈,知无妄之灾实出学生卖师,不暇致叹矣。下午三时开十二届十三次董事会,经室同仁外到五良、守宪、桢祥三人,对时局闲谈而已,方议论间有巨响发自东北隅,旋见浓烟直冒,似即在外白渡桥附近,飞机轧轧,穿烟翱翔,且闻机枪声,或者共军推进浦东,此项飞机即掷弹殃民者乎,事虽未得究明,所亿殆不远耳。四时许散会。四时廿分独走老北门赶电车,已值雨,幸攀路拖车西行,挤轧殊甚,到亚尔培路口下、冒雨入坊,急行归家衣且濡湿矣。有顷,润、滋归,珏人亦送葆真后归,乃共夜饭,余仍小饮。九时许就寝。夜半雨声间炮声,彻旦未止。

5月17日（丁未　二十日）星期二

晨雨旋止,午后朗晴,夜月甚皎。今日本约新修之福特来接,乃迟迟久久,至十时尚未见来,或者又生故障乎？均正及润、滋遂行,余则午饭后始出,乘法商一路电车到老北门,步入四马路,径登衍福楼,晤雪山、予同、达君,知洗人、雪村俱未到。二时许觉农来访,彼此深叹时局之沉闷而已。下午本须开经理室会议,以人数不齐,且亦无事可谈,只索作罢。四时半仍与予同附达君车归。福特下午即已修复,正备使用,乃纯嘉督道明开赴亦秀所洽寄,途中竟遭散勇出枪胁拦,幸纯嘉机警,嘱道明疾驰以免,遂决闭置有恒路货栈中暂停使用,惟道远,同仁不免感颠顿之苦耳。报载浦东、周浦已失,川沙被攻,且有白龙港登陆直攻高桥说,是括囊之势已成,只待缝口矣。乃游魂残魄犹肆凶锋,不自知其如鼠之处囊,反笑共军之扑杨行直类铁丝笼外徘徊之耗子,拟议无伦,可嗤已极。入晚小饮。夜饭后南面一带炮声转密,飞机掷弹亦隐约可闻。十时就寝。十二时后机声、炮声在明月之下大吼,彻明未已。

5 月 18 日（戊申　廿一日）星期三

晴。晨七时五十分与润、滋两儿出步至金神父路,乘法商四路电车至天主堂街下,复步行而北,径到怀夏楼,已八时卅五分矣。予同继至,十时许均正乃至,遂开第十次编审常会。午饭讫予同先行,余俟至二时许乃行,步往衍福楼,晤洗人、雪山、雪村、达君。报载杨行仍在激战（是肃清之说为捏造）。浦东已抵东沟、周浦之已抵三林塘,恐今夜炮声将更烈也。五时偕予同仍附达君车归。潄石以胆小先挈弥同偕潄儿来我家,将小住数日也。淑英亦将箱笼等物寄顿前来,但愿地灵有护,太平无事,则不枉人之相地而托迹矣。六时半润、滋归,乃合坐夜饭,余则小饮以遣之。八时半听书,十时就寝。

5 月 19 日（己酉　廿二日）星期四

阴雨旋止,闷热湿润,午后略晴,既又阴合。申刻竟雨,入夜未休。晨八时漱、润、滋三儿联袂出,乘电车径往怀夏楼,余则于九时后步到金神父路乘法商二路电车至老北门下,徐行诣衍福楼,晤村、山、达三公,洗人、予同俱未到。炮声、炸弹声不绝,虽在雨中,未尝少寂也。报载杨行、月浦仍胶着,东沟及东三林塘一带俱急,杨树浦居民逃难向西南来者络绎不绝,八路电车仅开至临清路而止,是战火已侵市区,黄浦东西已隔断矣,无怪今日菜场已无鲜蔬及黄鱼诸物出售耳。下午三时良才来衍福楼谈移时去。四时半附达君车西行,达轩、龙文共载焉。六时许滋儿归,知漱儿以雨仍留新村,润儿亦以课事即宿汉儿所矣。入晚小饮。夜饭后听书至九时,润儿仍归。据言四川路桥北路灯欠亮,行人亦稀,恐须提早宵禁也。十时后南邻白俄家无理取闹,忽歌忽笑,时杂喧嚷询谇,极扰恶,直至一时后乃已,余为之失寐,顾四周寂然,终夜无炮声及机声,致足讶异。

5月20日(庚戌　廿三日)星期五

晴时昙。晨九时出,徐步往衍福楼,晤洗、村、山、予、达诸公,闲谈看报。今日起自沪东杨树浦复兴岛,沿黄浦而西南,至南码头一带,凡滨浦马路一律断绝交通,除军车外,行人车辆概禁通行,各大厦中驻军已大部撤去。报载新闻俱系前昨陈迹,竟日沉寂,未闻炮声,虽有飞机,亦似为侦察或逃遁之用,或者解决之期不远矣。予同见告,昨夜半辣斐德路一带落下炮弹四枚,一在派克公寓,一在茄勒路口,一在杀牛公司后面,一在陈英士纪念塔附近。余以邻妪哭吵,竟为所扰,未之闻也。午间沽酒市脯,与洗人、予同小饮之。下午三时出席二四〇次经理室会议,决定时局紧张行路不无危险,除指定本住四马路之若干人暂维门市外,明日其他各部均暂予放假。公司所有之大车今日已为军方征用,列入第二批,限二十二日报到云。但愿时局速决,或可免此恶役乎?三时五十分即与予同附达君车归。六时半漱、润、滋始返。入晚小饮。夜十时睡,竟夕沉静,岂真实现宵遁耶?

5 月 21 日（辛亥 廿四日   小满）星期六

阴。晨起阅报,所有新闻一如昨日,仍以黄花充数,其实无可报道矣。惟李思浩、黄延芳等组立救济总机构,推颜惠庆仍名誉主席,及警局改任蒋剑民为副局长两事较为新鲜,略可玩味耳。上下午俱出散步,行道之人往来如故,殊无特异征象,至感沉闷。文权全家来,近晚去。润、滋、湜俱出看电影,润六时归,滋、湜直至八时半乃返也。两日来不闻炮声,傍晚又突发于西南方,虽断续,仍感稠密,或负嵎之虎忽又横心,共方不得不仍出兵攻之一途乎?警局又杀人于途,亚尔培路口亦毙一人,据云为顷间所拘之银圆贩,共有七人,沿途被杀也。丧心病狂至此,殆猛兽之不若矣。入晚小饮。夜十时后炮声大作,间以机枪及手榴弹声。既密且近,甚感不安。中宵二时后电作,初疑照明弹,旋即闻雷,且来大雨,枪炮声仍有,为雷雨所掩耳。平明炮声特响,屋窗俱震,先后半小时内续闻三响,无法卧床,即披衣急起,并唤诸儿俱起。

5 月 22 日（壬子 廿五日）星期

晨雨。七时后始购得新闻报阅之,顷间之炮声究在何所,当未及载,但传浦东、月浦等处仍相持中,民航各机则昨日竟日无开出龙华机场,人员俱撤退云云。八时许润伴漱北返新村省视,兼令汉等出来。十时许均正见过备道宵,未闻警之苦承加慰藉。有顷,石宇至,谓从新村来,传汉儿之言,以当地尚安,且邻右多牵制决,不南来小住,因属带信云云,询以晤及漱、润未则道左未之遇也,谈移时俱辞去。滋儿骑车往省潜家,十一时亦归,皆平安也。十二时许漱、润从新村归,谓一路电车仍得通外表,并无若何惊慌之象云。漱石自菜场返,言今晨之巨响为高昌庙,刻尚火烧未息,然则官方自毁海军设备耳。饭后珏人、漱石及漱、滋两儿打牌,余则假寐片晌。三时购夜报阅之,新闻封锁如故,高昌庙事竟绝口不提。文权、潜儿来省,五时辞去。竟日绵雨,雨中偶有飞机及远处隐隐炮声,较之早间沉寂多矣,不审夜间究如何耳。六时许小饮。夜饭后坐艮宧闲翻。九时就寝。终夜尚静,无遽裂声。

5 月 23 日(癸丑　廿六日)星期一

　　阴,午前后微露阳光。昨夜平静,今日又无公司续示,故漱、润、滋三儿仍依时往怀夏楼,余亦于九时后缓步到衍福楼。今日公用事业费用俱加三倍,而银圆价硬压与实际差四倍,蔬菜之涨,奚啻倍蓰,于是居家主中馈者,莫不叫苦连天矣。在衍福楼晤雪村、达君、予同、洗、山未出,余意既无事可办,当正式停休,不当令人朝朝而候焉,因决仍照上星六例无期延长,俟须正式办事,再行通知云。少坐,余与龙文行,适均正亦出,漱、润、滋复自怀夏楼来,乃同道南归。余与均正行缓,不免落后,乃到家后,漱等犹未归。而汉却在家,盖晨来省母兼陈新村近状,只索留彼不迁矣。有顷,漱等返,谓过雪村家访士文也。午饭讫,汉辞归新村。漱偕王洁出,光暄、守勤来访漱未值,有顷,漱、洁返,座谈许久,洁辞去。余饭后假寐片晌,三时许出散步,由亚尔培路、辣斐德路、拉都路、霞飞路而还,总觉人情历乱,且远处炮声隐隐不绝,散兵游勇增多,各里弄口多临时增装木栅。报纸消息依然,五里雾真象难窥也。琴珠来,夜饭后润儿送之归,八时前即返。余午晚俱小饮,以苦闷故竟难怡然。夜十时寝。炮声断续又终宵不绝。

5 月 24 日（甲寅．廿七日）星期二

阴,午后渐晴。空气窒息,报端已无确耗,上下午均曾出外散步,藉觇市况,乃仅见道旁地摊仍有点缀,店铺俱呈半开门状,较大者且牌门紧塞,只通一小门耳。漱、滋挈弥同往看濬儿,即留彼午饭。午后润儿往看琴珠,顺过濬所匆匆即归,谓西区一带特别戒严,各学校俱提早放假,电话促家属领回学生,预、硕两孙都归来,汉亦在彼,惟己与濬、漱同出看电影,只留滋代彼照料云。余因走访均正及龙文,彼此俱感闷损,偶出徘徊,见里弄口新装之木栅门,亦已闭上,仅留一扇启阖,而市街各店,却由警局关照,遍插国旗。诘其何因,则人各一词,有谓庆祝浦东大捷者,有谓欢迎台湾开到新兵者,莫名其妙,奉行而已。有顷坐龙文家闲谈,得见晚报,知当晚六时即不许电车等行驶,八时断绝一切交通,苏州河上各桥八时俱阻止往来,居民希少出外云云。余猜度其情,当为故示镇定掩护撤逃也。傍晚漱、滋归,知汉已过桥返祥经里,沿途情形极紊乱,静安寺路、霞飞路等处俱有大批军车及兵队自西向东,张家花园各大洋房皆列有马队等强占入住,益可征报纸之宣传,实为讳败掩饰之计矣。入晚小饮,情绪更劣,夜饭后听书,已九时许即睡,盖炮声益急,间闻机关枪声忽远忽近,殊难久坐也。十二时许炮声中忽杂猛烈枪声,渐密渐近,至二时许,闻之几若即在里门之外矣,远处又炮声隆隆不绝,待至天微明,枪珠犹清脆如裂帛也。珏人以次皆甚惊惶,惟阿凤以酣睡,竟未之知。

5 月 25 日（乙卯　廿八日）星期三

　　晴朗。黎明即起，枪声渐稀，而里弄内外寂然，日高后枪声几乎不闻矣。漱儿继起，披衣出外探视，遇西邻陈四，据告其戚在警局任事，顷归来，知解放军已开入市区，即由愚园路、霞飞路等大道东来，常熟路区、嵩山路区等警察分局俱已接收，门悬白旗矣，方悟昨宵紧密枪声之由来，确在里口门外也。连日紧张骤获此讯，大为奋兴，即出访均正与龙文，转相告语。有顷，购得《新闻报》及《申报》阅之，最前之大标题赫然："上海今晨解放也"，不暇细读，即为狂喜，如梦初醒，奈之何不大快也耶！润儿骑车往候潘家并到琴珠家慰问，漱、滋则至红蕉家探望圣陶老太太兼慰江氏，移时皆返，润儿沿途看到国党遗弃之装甲车，每一十路路口皆站有人民解放军，是积日真空之忧可以立释矣。漱儿告曾在江家打电话与新村，线路未坏而话机咕咕作声，不得通，惟清晨绍铭曾与至善通话，谓彼处甚安谧云。纯嘉有电话来，均正适在余家，乃与偕往巴金处听之，谓虹口甚紧，国党残馀军队踞守苏州河各桥图抗，新村电话不通云云。吾思亦不过掩护图遁而已，决不致久延耳。饭后石宇来，谓晨与汉通话，一切安谧，惟不能出门通行为闷损，甫谈次，巴金来，唤有电话待听，急趋之，则汉来之话与石宇所言同，坚属勿念也。三时许与润儿出散步，见行人尚多，三轮车、黄包车仍颇多，解放军驻守路口外，别有人民保安队维持交通，环龙路、马斯南路一带之国党军队俱遁去矣，一切安谧，惟传闻阻河以南各路如北京路等处仍有抵抗，今晚或再有剧烈之枪声可闻，庶北入虹口扫荡残部乎？近晚小饮，饭后出里闲眺，组青来投，谓福建路老闸一带正对峙中，或尚有战事发生，故暂避来此也。漱、滋午后往看潘，薄暮携昌顯同来,亦住余家。湜儿晨出,参加工作,至晚未返,润、滋往其校中觅之,据云当晚赶事或不归矣,甚念之。入夜东北隐隐闻炮声,好事者升屋望之,红光烛天,或已发生纵火情事矣,遥念怀夏楼诸人,殊萦回难释也。十时许各就睡,积郁暂舒,俱得安眠,且夜中固甚静谧耳。

5 月 26 日(丙辰　廿九日)星期四

阴。晨起,购《新闻》、《大公》两报阅之,外埠消息渐畅,关于本市者,只有安民布告及约法八章,反复详陈而已,桥北仍有残部负嵎,沿苏州河南侧各路时有流弹,致南京路以北一带行人极稀,有数段竟绝迹焉。汉儿处数打电话不得达,润儿往四马路总公司探询,十一时前偕纯嘉来,谓从南京路外滩直南经由金陵路西行绝平稳,浦东交通已复,法商电车公共汽车亦行驶,要道口红绿灯亦恢复云,谈移时纯嘉以须往报达君辞去。午刻湜儿归饭,饭后仍出,旋以雨散队返即卧,倦睡彻宵,所谓连底冻也,童稚热忱忘劳至此,足征人心向好,统治者纵肆横暴,终无能压抑之耳。二时许润送昌顯归,顺访琴珠,即在其家与汉通电话,知当地残军已大部解决,并在里口已见到解放军,惟枪声尚密,不敢冒险出来也。余与滋儿出散步,徜徉于辣斐德路、贝当路、巨福路、霞飞路一带,境殊静,适摊贩行人已如往日所异者,沿途有解放军担饭分饷站岗之士,朴诚之气,诚令人感动欲涕耳。步抵家门,天已下雨,君宙适在家候余,润亦自外返,即追踪寻余,相左未值,及余与君宙谈有顷,润乃归也。君宙四时三刻去。六时小饮。纯嘉又饬人送信来,谓洗公有电话出告,永丰坊东面高房尚有残部抵抗,坊中竟落有手榴弹,幸新村全安云。并附来北平、南京、杭州、汉口、西安电报,均询问及慰安者。夜饭后少坐即睡,竟夕大雨作倾盆之势者,前后凡三次,垂明犹檐瀑直注也。

5 月 27 日(丁巳　三十日)星期五

　　阴雨延绵,时一献阳,闷湿奇燠,殆非梅天气也。晨起看报,知昨晚河北残部已肃清,上海全部解放。八时许漱、滋即往祥经里探视,组青亦辞去。九时许余偕均正及润儿乘法商二路电车到老北门,步往四马路衍福楼,至则汉儿、锴孙及漱、滋等俱在,新村同人亦大部出来矣,相见欢然,惟悉各地地下特务尚多潜伏,时有冷枪袭人,行路仍多危险云。有顷,汉、漱、润、滋、锴等归霞飞坊午饭,余则与洗、村、山、达、予诸公叙谈,先发付昨接各地之电报。近午,余与予同、均正附达君车南返,与家人共饭,濬儿适在,颇热闹。饭后汉、漱、滋、锴北返新村,濬亦归去。均正、柳静来,谈移时去。自午后迄申初,又颇闻炮声,期间雷雨频作,仍难砰訇之袭耳也,深致疑讶。未几德铸来谒,告顷得其尊人翼之电话,杨树浦一带虽多缴械,而青年军之一部及特务连等,犹阻断提篮桥等处,顽抗一时,伊不能南来云云。然则此炮声或竟出自若辈之兽行耳。夜饭后德铸乘雨隙辞去,外面甚平静,少坐即就寝。是夕滋儿留新村未返。

5 月 28 日(戊午　朔)星期六

　　阴雨,午后止,旋又雨,连绵彻夜未休。晨起只购得《大公报》,据报贩云,《新》、《申》两报俱停刊矣,然则此二报之命运不出封禁或改组二途耳。明日商营之新闻事业,连遭日伪之摧残、国民党之接收,一再变质,终沦恶趣,亦堪吊也。江湾、吴淞、杨树浦等处,一律肃清缴械残部达两个师以上,围攻迅疾,幸未久拖,否则桥北居民受累将更不堪也。九时半达君车来,因挈元鉴同乘北去,顺接雪村、予同俱往怀夏楼。沿途车辆已甚拥挤,行人亦熙攘如昔,四川路桥两侧如邮政局资源大楼,及海宁路口凯福饭店等处,枪弹射孔累累,尤以资源大楼之门窗破坏为甚,永丰坊口铁门之钢皮亦穿孔不少,想见顽抗时新村紧张之情况为何如矣。晤洗人、雪山、晓先、锡光、调孚、藏云、沛霖、元龙、锡畴诸人,知在彼同人兴奋已极,昨日雨中结队游行,虽淋漓沾濡而不恤云。谈次村、洗颇以此等游行为可虑,而于新筹设之书业职工会村尤忧形于色,若有来日大难者。然余默察之,余不禁失笑,予同则仍处其间,思欲两面打墙耳。凡此得失现形,诚利害关头,实难勘破哉。十一时许仍附达君车归,决定后日星期星一照常办事矣。琴珠来共饭,饭后翼之来长谈,知留杨树浦两昼夜,饱受虚惊,星一将返苏一视其家,四时许辞去。漱石挈弥同下午三时乘三轮车北返开明新村。余出散步,购得今日创刊之《解放日报》,即《申报》设改者,关于解放文献刊载至详,殆中共之党报矣。途遇陆不如,紧握余手,谓吾辈经愁多矣。不图又是一梦,其言深刻,足发猛省。五时润送琴珠归去,六时许归,因共夜饭,连日人多,颇热闹,漱等归去骤形冷静矣。夜听播音,十时就睡。

5 月 29 日(己未 初二日)星期

阴雨。阅报知上海市军事管制委员会已成立,陈毅为主任,粟裕为副主任,人民市政府已接收伪府,即日视事,市长陈毅、副市长曾山、潘汉年、韦悫,人民银行华东区行及上海市分行亦俱成立,区行经理曾山,副经理陈穆,分行经理陈穆,副经理谢寿天、卢钝根,从此本市政治、经济当得渐臻上理乎。滋儿昨仍留新村未归,今日下午三时始返。湜儿亦仍上下午出去参加学校活动云。润儿十一时出，下午五时归，以毛振珉来沪，晚饭后即往访，移时归，知工作虽辛苦，精神却愉快也。下午三时后，余与珏人出散步，在远东食府吃馒头，每客人民券百廿元，合金圆券一千二百万圆。（金圆券限至六月五日止严禁使用。）足觇物价之一斑。夜听弹词播音，十时始寝。

5 月 30 日（庚申　初三日）星期一

阴霾。晨八时廿分道明驾福特来接，车过四马路放下同人一批，即径往怀夏楼，盖今日起照常办事，正式复业矣。至善出其母北平来书，谓即将返沪，在彼生活习惯无法适合，急欲摆脱南下也，惟彬然日见胖硕，兴复不浅耳，颇可想见近况为何，如果能即日南归，把晤匪遥，亦甚欣慰也。晚报载此间军管会命令，暂时封锁保险库，冻结支付，停止仓库提存，候查定夺，是殆清算豪门之先声乎？四时三刻汉儿自四马路来怀夏楼，分发五月下旬薪给，以端午在迩，提前两日发付也。五时半下班仍乘福特过四马路，接予同、龙文等南归。润儿以汉将北行，今晚留祥经里商略诸事。正午在漱儿家吃黄鳝烧肉，晓先生日，送来肉面一大碗，饱餐餍饫，近日所罕遇也。入晚在家小饮。夜饭后滋儿往省潘儿，余则听弹词播音，九时许滋归，十时就寝。

5 月 31 日（辛酉　初四日）星期二

阴，时有微雨。晨阅报知人民市府布告恢复标准时制，明日零时起校正，积年缪误为之一正，亦授时要政也。八时廿分乘车出，即在四马路下，登衍福楼，以下午须出席经室第二四一次会议也。

日来天气忽冷忽热,又兼情绪兴奋,竟中感冒,初未之觉,到馆后渐坐渐冷,渐感不舒。十时刘炯来访,十一时仲华来访,梓生来访。十二时洗人沽酒市脯,邀余及达君、予同与仲华共酌长谈。仲华近自南京来,在本市军管会任新闻管制事,谈至下午二时许始去。三时半余出席会议,竟感难支,至四时许毕会,即与予同附达君车先归,到家即睡,量体温为卅九度五,当晚煎神曲服之,昏睡而已。

6 月 1 日（壬戌　初五日）星期三

阴霾,时有细雨。头痛身楚,不得起,体温仍高,为卅八度云。晨均正见访。晚文权、濬儿、昌预、昌硕、汉儿、漱儿俱来,并珏人及润、滋、湜三儿共饮端阳酒。余上午饮藕粉一盏,下午啜薄粥一碗而已。九时许权等去。

6 月 2 日（癸亥　初六日）星期四

阴霾。晨醒后仍觉百骸无措,移时滋儿下楼来省,为量体温,已退至正常。乃强起盥漱,颇觉瞑眩,还卧片时,复着衣起坐,啜粥一碗,大解一通。看报后入民宦补记两日来日记,自维此次之病虽不甚重,而积因不为不深,盖大局迫害为一大窒息,中局小局亦时蒙不快,未尝非阴翳,最近十日来恐怖日增日烈,一旦解放,骤感奋兴,不无过喜,遂尔中寒耳。午进葱油面一碗,体渐舒,惟头左偏仍岑岑作痛也。午后偃卧。纯葆来,似所主非人,颇悔,即将归苏云。绍虞闻余疾来视,谈移时去。晓先夫人来取物,傍晚去。今日开明召集员工大会谋组职工会,以故润、滋两儿七时始返,余已夜饭后将就寝矣,询悉明日投票选举筹备委员,尽两月内组成之。

6月3日(甲子　初七日)星期五

阴霾。在家休息。十时潏儿来省,十一时去。十一时三刻汉儿来省,午饭后去。一时许继文来,将其父命问余疾,顺询代撰挽联事,盖中华王瑾士丧母,文彬于初四日在衍福楼面托者,以小病惮思,实未忘怀也。移时继文去,余即入民宦勉拟一联,备明晨交润儿带出送去。五时半滋儿归。谓润儿在四马路下车访琴珠,须稍后始返云。六时晚饭,饭已润始来,再具餐焉。余体中渐复,惟偏头痛仍剧,入夜尤烈,坐卧为之不宁,恐非佳兆耳。润儿告开明职工会筹备委员已选出,为叔湘、知伊、锡畴、至善、必陶、晓先、光仪七人云。滋儿夜出看电影,八时三刻归,余已睡矣。

6月4日(乙丑　初八日)星期六

初阴旋晴,颇暖。竟日未出,只看到《解放日报》,知青岛已于六月二日解放,是华北敌侵基地肃清矣,所系实匪细也,但其他消息无多,未能厌欲耳。接佩华解放前后甬信,幸亦仅受虚惊,一切无恙也,其父新设一面粉号,营业尚佳,且将续弦云。又接薛氏表侄女东桥来信,知伊子中立近亦自苏北随军南返,现任事于无锡电讯处,此子浮荡,得一着落,亦可慰也。傍晚滋儿先归,谓夜报载明日北站自上午八时至下午三时之间无车辆开出云云,岂情报所得匪方空军又将受嗾肆毒乎?可恨极矣。有顷,润儿归,携到藏云所拟《廿五史外编拟目》及凡例,谓伊下周内即将赴南京中央大学云。又告芷芬之同学翁闿运明日将见访一谈。夜饭后听弹词播音。八时许汉儿、锴孙自亦秀所归,盖闻伊等将北行,预为设饯耳,即住下闲谈,至十一时乃各睡去。

6 月 5 日（丙寅　初九日）星期

阴,时有濛雨,湿闷。上午十时许与润儿出散步,由毕勋路、辣斐德路、迈尔西爱路折回,到家,则藏云在已久候矣,甚歉,因与长谈,且留与共饮,午后二时乃辞去,返校之举恐不可回矣。送藏云出未久,君立见过,又与长谈,历三小时乃辞去。下午琴珠来,夜饭后八时乃去,先是滋儿伴锴孙往潸儿所,及润送琴归返道顺接滋、锴同来。九时听亚美灵记电台广播弹词大会串,直至十二时始罢,本卧床收听,及是扭闭电门贴枕安睡。翁君迄未见来,想口头寒暄耳。

6 月 6 日（丁卯　初十日　芒种）星期一

昙闷热,午后阵雨倾盆旋晴,夜有月色。病虽去而仍无力气,遂未出,属汉、润、滋等分头为余道意。饭后呼汤入浴。薄暮小饮天津五茄皮酒一杯。夜饭后听弹词播音,九时即睡。润、滋归报,馆中无事,劝再摄养。余以藏云拟目事及接致觉洽译报酬信事,俱非自行商决不可,明日即须照常到馆矣。

6 月 7 日（戊辰　十一日）星期二

晴,仍时有细雨,夜月色尚好。晨七时四十分强出乘福特东行,即在四马路下,登衍福楼,晤洗人、雪山、予同、雪村、达君诸公。午与洗人、予同小饮,买肉面两碗分啖之。下午三时出席二四三次经理室会议,通过藏云所拟《廿五史外编草目》,属余主其事,又通过致觉、幼希编译英文辞典报酬率。五时散,候北来车附以归。职工会筹委出布告,首先规定该会会员不包括董事及经协、襄理,其意盖出晓先，此君诪张成性，惟恐无事迁流所届，吾真不知其伊于胡底耳。阎运午后来衍福楼，谈次颇露自荐意。归家时君宙适来访，与闲谈至六时半去。夜饭后听弹词播音，九时即寝。

6 月 8 日（己巳　十二日）星期三

晴，午后微昙，夜月甚姣。晨七时四十分乘车径赴怀夏楼。放车接致觉来，并约幼希同至，因与叔湘、均正、调孚共谈，商决编译凡例及报酬率，近十二时仍车送致、希二翁返法藏寺。达君偕得厚、天民并挈元锴，于昨晚十二时夜车赴南京，将转道直赴平津，藏云亦同车返中央大学矣。元锴先去，汉等即将北迁，藏云同行，或将留校不返耳。午后二时与均正、明养、沛霖、石宇、锡光、雨岩同车往四马路复轩，出席卅八次业务常会，洗、山提出折薪减膳除车等办法，征同人之同情，此等张皇措施宜无结果也。五时散，候北来车归。入晚小饮。珏人往视濬儿，饭后在沧洲听书后余归，同进夜饭。余衰微日剧，竟日仆仆，又感头眩及踝酸，总之气力不逮耳。八时半即睡，然睡眠殊欠佳也。

6 月 9 日（庚午　十三日）星期四

晴较昨暖。晨七时四十分乘车过接予同到怀夏楼。上午九时出席十一次编审常会。十一时予同去衍福楼。幼希来看叔湘，商译例，知致觉日内即返苏矣。午饭于漱家饱啖烧樱桃。五时下班附车南行，仍接予同、龙文等归。到家，知致觉曾亲来送余香烟六听，甚歉，将何以报之耶。入晚小饮，珏人以清蒸鲜鲋进，久不啖珍，今乃午晚俱得鲜腴，诚大快朵颐矣。滋儿留汉家未归。余右脚里踝酸楚，下午增剧，比归家，扶杖亦感困惫，岂流火耶，以是夜饭后即偃卧。

6 月 10 日（辛未　十四日）星期五

晴暖如昨，夜月色姣好。晨七时四十分乘车过衍福楼即下。上午十时出席二四四次经理室会议，决定门市拒收银圆，同人薪给亦一律以人民币支付。洗、山对各部分小组会议颇有戒心，彼等惟务减缩，惧怕开展领导之力，恐已达饱和点矣，牵掣其间，殊难为怀也。午后一时许隐隐闻飞机，旋即闻爆炸声，先后凡三响，继又杂以机枪声，是蒋匪又嗾无灵魂之空军前来作祟矣，愤怒万分。道路传说在浦东，莫得而详也。五时散班候北来车归，汉、漱、润、滋偕返。入晚，余小饮，共进夜饭，俱唉杜打面条耳。夜饭后汉、漱、润、滋奉珏人往视潴家，九时三刻乃归，汉、漱则径返新村矣。湜儿为学联动员宣传拒用银圆事，夜饭后再入校，候至十二时竟未归。傍晚饬滋儿往法藏寺候致觉，顺道便物数事。以中来衍福楼见访。君宙书来询颉刚住处。

6 月 11 日（壬申　十五日）星期六

晴暖。以右踝尚未复原，遂未入馆，留家休养。阅报知取缔金银作价及自由买卖办法，已由军管会颁布，且动员各界宣传，昨日证券交易所中拘获兴风作浪之徒百馀人云云。下午四时余与珏人策杖徐步里口左右，银牛已绝迹，交通亦渐复正常，可见人民自发之力量。五时半润、滋归，漱石亦挈弥同偕来，据滋言，银圆已由指定银行挂牌收兑，今日牌价表头兑人民券一千二百元，孙头船洋一千一百四十元，鹰龙洋九百元，其馀杂版不收云。润儿告，今日下午编审会小组与各杂志社小组已联合开过，余被举为编会代表云。

余维所处地位关系,代表似难接受,将于星一到馆时面辞之也。六时小饮即夜饭,饭后听弹词播音,至十时就寝。湜儿为参加学联宣传取缔银圆贩事,仅午饭一归,夜仍未返。漱石、弥同即留住余家。

6 月 12 日（癸酉　十六日）星期

晴,下午阴有微雨,入夜淅沥有声,彻旦未休。竟日未出,右踝酸楚已大减,明日当可照常到馆矣。十时均正见过,告昨日小组会情形,以国文月刊社无人可推,故属余承乏代表云。有顷,济华、闿运至,均正遂去。济华告语其家近况,知致觉已由济昌伴送返苏,闿运托事拟在开明谋一席,余以近情直告之,恐难措手也。具餐留饭,饭后复谈,二时始辞去。润、滋饭后出看电影,傍晚归。湜午饭归,饭已即行,夜饭乃返。珏人偕漱石、弥同于午后往江家候叶老太太,兼访绍铭,四时乃归。入夜小饮。夜饭后听弹词播音,至九时即寝。

6 月 13 日（甲戌　十七日）星期一

阴且微雨,午后转晴,较昨为冷。晨七时四十分乘车径到怀夏楼。调孚、均正、叔湘为宋易事与余商量,盖开明少年登记有问题云,姑定仍由至善复编,徐议其他。编审会小组座谈纪录经调孚示余,颇见积极,对一般悲观气氛力予辟释,闻编校、出版、图书馆各组所谈亦甚有见,极是正办。惟当局不省,莫之奈何,如升工须六月底始发,此次座谈会中亦为议题之一,各小组会期尚未届满,乃突于今日用经理室名义（其实山等一二人之意）发布通告,将无期延付,同人骤尔遭此（余辈皆未之前闻）,无异受侮,当即掀起轩然大波,签名拒绝,吾恐对立冲突之局将从此展开也。打草惊蛇,徒滋纠纷,正谓若辈矣。下午五时下班,车过四马路接龙文等归。车中闻传述洗、山等议论,殊悠缪,令人难忍也。予同竟日未到,不审何故。潘、汉及昌顯等在家午饭。入晚小饮。夜饭后润儿出,参加书联职工会,十时归。湜归夜饭,遂未出。余听书至九时即寝,万感交并,竟失眠,三时后始朦胧合眼也。

6 月 14 日 (乙亥 十八日) 星期二

晴,傍晚阴,入夜雨,更深益甚,彻旦未止。晨七时四十分乘车径赴怀夏楼。允中来访,知由无锡匡村中学来,谈解放后情形至悉,移时始去。下午二时离川处,徐步往四马路衍福楼。三时半出席二四五次经理室会议,颇致疏解之力,俾洗、山等紧张之绪得少缓和,一切俟各小组联席会议开过后,平情致度以决之云。五时散调孚乘南来车至,盖今日约端先、伯昕、仲华来衍福楼叙谈,洗人、雪村、雪山、调孚及余共酌也。予同应新联之邀赴新村讲话,比返楼,余等已席散矣,同谈至九时乃乘车先送仲华(端先、伯昕已先行)、洗、村、孚、山归,然后转辕而南送予同及余各归。十时半就寝。

6 月 15 日 (丙子 十九日 入霉) 星期三

阴雨晚晴。晨七时四十分乘车出,过接予同偕赴怀夏楼。九时许出席十二次编审常会,洗人未出,亦邀与共谈。午间与予同过饮洗所,谈次颇感灰心,有将总席推与予同意,不图情绪激越、纠纷错杂至于如此也,难以言说,只得静待局势之演变耳。二时离洗所,予同径赴衍福楼,余则复返怀夏楼。五时下班乘车南归,汉儿、琴珠偕返,少坐即小饮。夜饭已,汉、润、琴、滋同往兰心看话剧《捉鬼传》。余偕珏人在里弄外散步,见交通秩序更佳,惟店多打烊,不免萧条之感耳,即返。九时半汉、滋归,十时润亦送琴归后折返家门矣,十一时乃睡,汉即留住焉。

6 月 16 日（丁丑　二十日）星期四

凌晨浓雾,旋放晴。晨七时四十分乘车到怀夏楼。九时前后匪机又临空滋扰,良久乃去。午刻有人且闻东北方有炮声云,然则潜伏匪特,非严加搜歼不足安定矣,公安局连日破获劫匪等案,殆已提高警觉乎。午后晓先就商历史编撰问题若干,余力陈所见,勉促其成,不审后果何如耳。五时下班乘车径归。六时小饮。夜饭后润、滋出参加书联职工会,余则与珏人在霞飞路一带散步,未久即归。九时半润、滋归,余已就寝。

6 月 17 日（戊寅　廿一日）星期五

昙,时晴。晨七时四十分乘车出,过四马路即下,登衍福楼,晤洗、村、山、予,知天津有电至,达君等已抵津,今日或可转平矣。午后与洗、山、诗圣、汉华阅市,至国货公司及丽华公司一巡而出,顾客寥寥,他店亦萧条殊甚,而正兴馆、五福斋等吃食店尤感清淡也。一时许返衍福楼。有顷,叔湘、均正等自怀夏楼至,应召开各小组代表联席会,余被推为国文月刊社代表,只以处境关系,函叔湘转同仁,辞不出席,盖代表名义无妨忝居,而列座昌言似有未便,不如留以有待,俾在董、经两会时,得痛陈利害之为愈也。是会由予同代表经理室召集,致词后即退,闻当场推叔湘主席,锡畴司纪录云。今日本须开经理室会议,以小组联会至四时半始毕,遂未及举行也。五时散候北来车南归。傍晚小饮。昌顯来,遂共饭,饭后滋、湜、顯同往杜美看电影,润则偕琴珠过其家,九时半后始先后归,余已就卧矣。

6 月 18 日(己卯 廿二日)星期六

昙,时一显晴。晨七时四十分车来,偕同珏人、润、滋及昌顯俱附以东发,八时十二分径到新村,盖今日为笙伯生日,珏、顯应邀以往,余与润、滋则登怀夏楼分头办事焉。午刻与滋过漱家吃面,晤铭青,因共小饮。一时返楼,与叔湘、均正、调孚阅定联会纪录。看马振理《诗经本事》。五时下班,与润、滋附车径归。珏则与昌顯留住汉、漱所矣。入晚仍小饮。夜饭后听弹词播音,九时即睡。淑侄来言柱流已归,约后晚来谒。

6 月 19 日(庚辰 廿三日)星期

晴,时有阴翳。晨起阅报。十一时许滋儿往新村接珏人,余则偕润儿出散步。午后琴珠来。湜儿上下午俱到校,谓已报名参加文工队,或可核准,则将先赴北平受训云云。余惟正规教育总应修毕,而伊执志甚坚,一再以试离家庭,俾自己训练为请乃允,俟打听明白然后定。琴珠留此夜饭,饭毕,珏人、滋儿亦至,询悉已在汉所晚饭矣。有顷,润送琴归去旋返。夜听弹词播音至九时许寝。

6 月 20 日(辛巳 廿四日)星期一

晴较暖。晨七时四十五分车来,乘以东行,九时十二分到怀夏楼。叔湘往市教育处出席语文组教本会议。予同、明养俱为复旦今日被接管而未来。士贤以生产久假,今日始到处销假。各小组联会纪录今午整毕送出,先交洗、山诸公审阅,不识明日经会如何发付耳。午后正写信寄西谛,匪机又来打扰,前后历半小时,东南近郊有爆炸,或高射机枪之声,凡五次,最后余立露台谛视,见两机飞甚高,自东折南而去,声遂寂,其所谓仓皇遁去耶。因将所经叙告西谛,顺致候圣陶诸兄焉。五时下班乘车南归。六时三刻柱流来谒,因共小酌,长谈别后情形,夜饭后复谈,九时始辞去。十时许就寝。

6 月 21 日（壬午　廿五日）星期二

晴暖。晨七时四十二分乘车出,径到衍福楼下车,比登楼,甫八时也。九时许予同至,盖昨在江湾,今自复旦来耳。匪机又来侵扰,先后历二小时,高射机枪四鸣,东北闻爆炸声三四次,旋遁去。此等暴行至堪痛恨,然扫穴犁庭,不足根绝此患矣。下午本须开二四六次经理室会议,各小组联代表叔湘、必陶、光仪、汉华俱应邀参列谈话,乃临时改由村、山、予三人与四代表专谈其事,经室会议未果行,事后微闻毫无结果,一切俟董会开后及达君南来（有电不日即返）再定,然则此次之轻发,实不能自掩其多事矣,任尔卖弄,不见售于人人,奈何哉。五时二十分乘车南归。汉儿以送其姑往戚家,顺来省视,适淑英来省,因共夜饭,饭后淑英辞归,汉则留住焉。夜与汉谈,十时乃寝。

6 月 22 日（癸未　廿六日　夏至）星期三

晴热,大有盛夏气象矣。晨七时四十二分车来,乘以东行,八时十分到怀夏楼。九时许予同来,遂同出席十三次编审常会,于《廿五史外编》进行事有所讨论,属余先阅定后,再征馆外专家意见,俾求完善也,十二时始毕。饭后予同仍去衍福楼。闓运来访,以前假《十批判书》见还,谈至一时半始去。蛰存来,谈移时乃去。接藏云信询《廿五史外编》迄止。金才自衍福楼持片交余,盖尤月斧到彼见访未值,约明晚七时来家看我也。此君剌剌不休,语殊无味,颇惮见之。入晚小饮。夜饭后听弹词播音,十时就寝。珏人今日午前往潊所,偕之同过衍福楼看汉同出,在七重天午餐,餐后仍过潊所,傍晚乃归。

6 月 23 日(甲申 廿七日)星期四

昙热。晨七时四十分乘车出,八时十分即到怀夏楼。车中晤予同,便以昨接藏云函交托阅览,并转洗人、雪村共决,盖函中有以《廿五史外编》进止为去留意,似非妥加考虑不办也。下午五时下班仍乘车归,予同语余洗、村意颇模棱,《外编》进行并无停止,藏云去留事属个人,应听伊自己考虑云云。余深不谓然,明日经会当剖陈之。到家不久即小饮。夜饭后琴珠来,八时许润儿送之归去,九时三刻归。月斧七时见访,谈至八时半始辞去。十时寝。

6 月 24 日(乙酉 廿八日)星期五

晴转爽。晨七时四十分车未至,候过十分乃来,盖接守勤未着延误耳,乘以东行,在四马路下,即登衍福楼。九时三刻有飞机自北向南掠空过,无他异动,亦无防空部队声息,岂解放军自己之机出市侦察耶?午后与雪山、予同过商务书馆二楼廉价部,购得影印皮鹿门《经学通论》五册,价仅人民币三百六十元,合出书时之原定价一折耳。日来书业大都设廉价部,足征资金周转之难。三时半出席二四六次经理室会议,《廿五史外编》进行一时恐难与经济现状配合,公意属余函复藏云直告之,俾作考虑云。五时下班候北来车归。入晚小饮。饮后与珏人出散步,绕复兴路、襄阳路以归。
润儿以事留汉所未返,湜儿亦以参加学联宣传事未归睡,十时寝。

6 月 25 日（丙戌　廿九日）星期六

阴,午后阴,入夜更甚,彻旦未休,气遂大凉,较前数日不啻换
季矣。晨七时四十分乘车东发,八时八分到怀夏楼。写长信寄藏
云。下午被邀列席于编审会小组座谈。达君今晨返抵沪,以阻雨
未克与晤,想此行必有珍材携归耳。五时下班,仍附车归。湜儿今
日午饭始归,据云前请北去未果,兹已改请南下,学联亦核准,即将
出发。余以其年太幼而生活能力甚弱,颇尼之,不识考虑后能回意
否也。入晚小饮。夜饭后润儿出席书联,九时半乃返。英商《字林
西报》以连续布谣,谓吴淞口外匪舰设置水雷致航行受阻,经军管
会严重警告,该商已郑重道歉,并保证此后不再有类似事件发生,
且在报端将道歉书及处分命令揭载之,足见人民力量之不可侮。

6 月 26 日（丁亥　朔）星期

风雨竟日夕,气凉如深秋。上午十时许达君车来迓,同过予
同、雪村,遂北驱至永丰坊,晤洗人、雪山,即怀夏楼下客室中长谈,
经彼此叙述沪平情形后,达君出平中座谈会纪录遍示同坐,盖西
谛、圣陶、彬然、云彬、达君、芷芬等洽谈之笔录向公司建议者,其中
二事最关紧要,即在平设置公司办事处及编译分所,并征调青年干
部也。兹事体大,非片言可决,拟明日在衍福楼再行商谈。午饮洗
所,午后复谈,至三时半乃散,仍乘达君车雨中疾驰归。君宙上下
午俱来访,未得接晤,至歉。入晚小饮。漱石、漱儿、弥同均来省,
夜饭后去。湜儿经漱儿详为解说,已放弃南下之念矣。夜听书,十

时睡。

6 月 27 日（戊子　初二日）星期一

雨甚，傍晚始止，道衢滂沱，气凉，较昨略回。晨七时四十分车来，乘以东行，即在四马路下，径登衍福楼。达君偶谈平中琉璃厂萧条状，不但旧书成捆论斤斥卖，文房古玩亦大遭厄。有端砚一方，索价五百元，无人问津，后为一理发匠所见，将购归，两截之作磨刀用，达君闻而亟买之，以为救得一旧物云。以此推之，概可知矣。下午三时出席二四七次经理室会议，于组织店务管理委员会事有所决定，推雪村起草章程，定三十日召开董事会，通过后再召全体店员大会讨论此事云。五时散，候北来车附之以归。六时小饮。君宙过访，谈至七时半始辞去。夜饭后滋儿出看电影，十时半乃返，余已睡矣。

6 月 28 日（己丑　初三日）星期二

阴，近午复雨，入暮未已。晨七时四十分车来，乘以东，八时五分径到怀夏楼。处理杂事。看马振理《诗经本事》。五时半明社即楼召集全体会，欢送参加南下解放工作之同仁陈贤辉、沈黎明、韩桂珍、屠者衣、鹏飞翔、曹永锐六人，先后发言者十二人，皆慷慨陈词，热情挥洒，殊激动。达君报告北行观感，尤资鼓励。七时许散，附车南归，润儿留汉所未归宿，归后即进夜饭。九时三刻就寝。

6 月 29 日（庚寅　初四日）星期三

阴雨，午前后略止，入夜加甚，彻旦未休。晨七时四十分乘车东行，八时五分即北抵怀夏楼。予同同车北行，九时许出席十四次编审常会,会次已有匪机盘旋,偶闻机枪数声即杳。十一时散会,予同先行。午饭讫,约另时二十分左右匪机又至,在怀夏楼附近投下四弹,最近一弹即落川公路新村之北数十丈,烟硝四起,弹片散飞于广场者亦有多片,同人眷属群奔楼下伏避,有未及进饭者,情极狼狈,幸未有所损。一时后又有机声及落弹声起,自东南角略远,扰攘至二时半乃定。洗人是日适未出,因亦来楼晤谈也。五时下班,仍乘车南归,润儿至四马路下,应约参加集会。到家接硕民廿七日黄埭信,托为其女及婿留意,盖原服务之运输处恐裁并云。末言日见老耄,去死想已不远,一生未遇一快心事,憾憾也,不禁为之心酸难任,竟无语以温慰之,殊痛苦!入晚小饮解愁,夜饭后强坐至九时三刻就卧。回忆日间所历,弥恨蒋匪之无聊无耻,愤怒之情转过于恐惧,愧未能执戈前驱,与人民大众共戮此獠耳。十时半润儿归。十二时一刻湜儿归,盖今日偕师友往解放剧场看《白毛女》,十一时三刻始散,本令住汉、漱所,以时晏,仍随大众归。周身濡湿,急令濯足易衣而睡。

6月30日(辛卯　初五日)星期四

阴雨。晨七时四十分乘车行,八时到衍福楼即下车,未赴怀夏楼也,与洗人闲谈外看报索坐而已。下午二时半出席十二届十四次董事会,到觉农、育文、荫良、季华、桢祥之子及洗、村、山、予、达等,决定由职工选举代表参加店务委员会组织,即请筹备委员会起草章程,交全体职工会议通过后,提经董会同意后组织之,本拟商谈北平分编所问题,故邀请调孚、均正列席。乃洗人提出辞职书,表示倦勤,经在场一致劝说,勉予收回,而时间已促,对北平事竟未及提。五时散,余与雪村、调孚附达君车先行,盖村、孚应他约六时在逸园有宴会,故先过余家,少坐,届时再往也,到家坐谈,六时一刻乃去。入晚小饮。润、滋以参加学习小组七时半乃归,余等先进夜饭,俟伊等返再具餐焉。九时就寝。

7 月 1 日（壬辰　初六日）星期五

昙闷,入晚雨,淅沥通宵。晨七时五十分车来,乘以赴衍福楼。文叔来馆,候军管会交际处信,盖应圣陶之聘,将北上佐编教科书也。据云已两次往见未得晤,约在此间候信者,但下午四时犹未有闻,适乔峰夫人来,乃转属之而去。饭后高谊来,四年未见矣,闻伊由港转平,此次与达君同车南下也。三时许出席二四八次经理室会议,决定加股,此间联合出版社及对北平设分编所事暂不考虑。（人手难于移调,费用亦无力负担,则实情也。）又于同人北上参加彼处出版社事似有鼓励意。（此事雪山主之最力,予同、达君等赞成之,余意此实变相之裁员耳。）五时散,候北来车归。入晚小饮。夜饭后听弹词播音,至十时寝。十一时许润、滋、湜始自四川路青年会归,盖参加欢送南下同人歌咏会,即在汉、漱所夜饭,及是方归也。（湜儿晨附余车去,在漱所盘桓竟日。）

7 月 2 日（癸巳　初七日）星期六

阴闷湿。清晨七时卅分许,突闻爆炸声二响,以其遥远,方向莫辨。有顷,又闻飞机声,其为匪方投掷无疑。七时四十分车来,乘以东行,八时五分径抵怀夏楼,新村同人以惊弓之鸟又麋集楼下,且在场上检得散下之印刷传单。（署名陆海空军革命委员会专向银行职工恫吓,谓将日夜轰炸云,无聊无耻真不如鬼畜矣。）移时稍定,乃劝令各归,俾便办事。接藏云复书告中大休假或将根本取消,过日来沪面谈云。但知其眷属一行已于前日赴宁,是返沪之日又难预必矣。五时散班,乘车南归,漱石、弥同附乘同归,汉儿及元鉴亦来,中途转西省其姑,滋儿则留漱儿所,将于晚饭后同看电影也。入晚小饮。珏人感冒小卧,以漱石来勉起陪同夜饭。候听亚美电台广播俞振飞夫妇之《长生殿·小宴》,至九时后始守到,其间滋儿先归,漱儿继带元镇亦来,最后汉儿挈元鉴到家,共听《小宴》毕,乃各就寝。

7月3日(甲午　初八日)星期

阴闷热如昨。早起阅报,知昨晨之炸声,确为匪机在龙华机场之南黄浦江面所投,炸弹所发,盖其地泊有待修之船三艘,匪图破坏之也,但空落江中耳。八时半转晴,又突闻匪机投弹二声,仍在遥远处,但盘旋市空,殊深愤激。九时许颉刚见过,长谈至十时三刻,在嗡嗡匪机中,不减话绪,声稍止,伊乃辞去。甫送出,君宙继至,竟与颉相左。自此至十二时四十分许,匪机之声不绝,因留君宙便饭。明日为滋儿生日,乘今星期故邀潏、汉、漱等来家吃面,乃弥同忽患唇疗,亟由汉陪同漱石挈之往杜克明医师处诊治,须注射配尼西林,因即由漱石伴归新村,汉儿即匆匆来告,午面后即挈镇、鉴去,备照料弥同也。漱、润、滋本在衍福楼参加学习小组,至是漱亦赶归,只润、滋归面耳。午后君宙去,文权与余闲谈,润又出参集会。四时权、潏、顕、预、硕去,六时润乃归。据告庆祝解放大游行必然举行云。夜饭前饮冰啤一瓶,饭后与珏人、滋儿出里小步,希冀纳凉,不图奇热陡增,竟无少风也,一巡即返,浴身就卧,终宵汗沈未干,今岁第一次热潮也。

7 月 4 日 (乙未　初九日) 星期一

晴热。晨七时五十分乘车东发,八时十二分到怀夏楼,知弥同寒热已退,肿势亦消,现代医药之奇效如此,诚足珍已。八时半匪机又来滋扰,分次掠空,遥闻落弹较昨为多,午后始寂也。报载昨日之炸,大部在真如迤北国际电台一带,在南市扫射居民亦有死伤,疯狂至此,真鬼畜不若矣。下午孙平、润华等筹备参加大游行事甚热烈,虽面临空袭之险,决无少馁,亦足多也。五时下班,与滋儿共乘以归,润竟留汉所漏夜赶办矣。入晚小饮。夜热甚,十一时许犹难入睡,一时左右又闻匪机扰空。日间归家时途经霞飞路,适遇文艺工作者协会大游行如火如荼,当令匪特辈褫魄。

7 月 5 日 (丙申　初十日) 星期二

阴。晨五时半,匪机又突来扰空,闻炸一声。七时四十五分车来乘以东行,八时在衍福楼前下,即在四马路办事。天转晴。下午三时出席二四九次经理室会议,决推村、山、达、予四人为代表,会同职工代表协订店务委员会章程。五时散,候北来车同归。入晚小饮。天转雨,淅沥终宵。九时半睡。

7 月 6 日 (丁酉　十一日) 星期三

昙,午后晴,傍晚雨,入夜加甚,中宵大雷雨。晨七时阅报,知昨晨匪机在龙华附近投弹两枚,其一未炸,无死伤,该机且为地上高射炮火击中尾部,冒烟遁去云。七时四十分车来,乘以东行,八时八分到怀夏楼,九时半出席第七次编审全会。十一时得到今日下午大游行通知,同人之参加者即于十一时半集合,在预装之卡车向指定地点驶去。余十分兴奋,目送鼓掌以遣之。午饭时人甚少,于是两席并一席,团坐以餐,予同亦与焉。午后一时许,游行各组已有向北四川路底集中者,永丰坊口观者麇集,余亦偕叔湘、予同、亦秀、晓先、光暄诸人往看之。有顷,遇青轩,谓衍福楼同人已放假早退,怀夏楼诸位亦可先行,刻下车尚可通,因即属道明驾以南归。二时半即到家。告知珏人亦奋兴,以未悉何时过霞飞路,乃频出探之。傍晚未得见,竟值阵雨始折返。六时夜饭,余仍小饮,饭已,雨未止,余偕珏人张盖备雨具以出,立霞飞路俟之。其时,解放军步兵行列自亚尔培路至金神父路,密集未有间,其两端尚未能究其竟也,各组游行行列,虽在大雨中不减声容,与解放军歌唱相酬答,至七时许正式部队行列始自西来,先骑兵,继以机械化队、炮车、坦克、装甲车等陆续通过,绵延络绎,历两小时始毕。每过一辆,余辄鼓掌赞之,不觉红且痛矣。九时半目击保护行列之步骑撤去,始与珏人归。在雨中竟立两时许,余激动至于进泪,生平罕遇也。到家时,润、滋两儿亦甫自游行行列中散队归,皆濡首湿裳,因再具饭,且促濯足更衣焉。惟湜儿尚未至,不识能胜长路徒步否? 颇念之。十时许乃归。询之尚未饭,遂更具餐,属更衣,至十一时许始各就寝。睡至一时许,忽闻巨响如落弹,惊醒,视窗外电鞭大闪,知为雷,其后霹雳交加,大雨倾盆,阅一时许始稍定,余亦重复入睡。

7月7日(戊戌　十二日　小暑)星期四

阴,时有濛雨。军管会发布昨日下午一时起至今晚止,各机关部队学校工厂均为纪念七七放假,故余等遂未入馆,馆中亦有电话来通知也。午后滋、湜均赴汉儿召,饭已即出,润则晨分即去矣。二时濬儿、预孙来,知润等俱在永丰坊,亦追踪往。女佣阿凤亦假出访戚,家中惟余与珏人驻守而已。傍晚小饮。阿凤归。夜饭后余偕珏人出里散步,居然看到法商电车职工之特装游行,汽车凡三辆,先为遍缀电灯之解放号,次为卢沟桥模型即罩在大汽车外,最后为寻常客车,载办事、救护等人员,亦大方庄严也。九时滋、湜归告,芷芬尚未到,润则留彼下榻矣。睡至中宵,对门白俄老妪吵家,继又牵及其西邻,余为惊醒,莫辨所以,而飞机轰轰之声掠顶过,时正十二时钟鸣也,未几遂寂。

7 月 8 日 (己亥　十三日) 星期五

　　阴冷类深秋。晨七时四十分乘车出,八时到衍福楼,知芷芬尚未归。盖阻水于徐州也(有徐州来电)。上午十时出席二五〇次经理室会议。下午调孚自怀夏楼至,同出席卅九次业务常会,出圣陶寄余书,知北平将有社会科学工作者代表大会之召集,贱名已被提列该大会之史学组,劝余如接通知必北行一晤云云。友情可感,其如老去无成、愧乏建树何。五时散,候车南归。入晚小饮。夜饭后与润、滋出散步,未几归。九时许即睡。

7 月 9 日 (庚子　十四日) 星期六

　　阴旋昙,晚略晴,入夜有雷,中宵大雨。晨七时四十分乘车东行,均正病假未同载,八时六分到怀夏楼。处理杂事外,写信四封,分寄藏云、致觉、硕民、聿修,除致觉为通候及询问译稿外,余俱为答函。《文汇报》今载北平通讯,新史学会已于七月一日成立筹备会,沫若被推为常务主任委员,余名已列入发起人名单中,沫若外,西谛、予同、伯赞、辰伯、觉明、心田、谷城、仲沄诸人俱列焉。平中办事之明快如此,不能不令人感动已。下午一时许叔湘、必陶、至善、锡光俱到衍福楼会同知伊,共应经室之招,与雪村、雪山、达君、予同协商店务委员会之组织云。五时下班乘车南归。傍晚小饮。夜饭后与珏人、滋儿同出散步。是日闷热甚,归后即濯身就卧,颇感不舒。接致觉函,知患痢。

7 月 10 日(辛丑 十五日)星期

凌晨日出旋阴,午前后雷阵频作,向晚晴,于是闷热湿蒸,殊难措身。晨起阅报知平沪通车,昨晚已到,芷芬偕陈铭枢等同行亦见报,想已安抵祥经里矣。有顷,漱石来,谓已晤到,今日即来请谒云。午饭已,龙文来小坐即去,盖探候芷芬者。一时半芷芬、汉华、漱华、元鉴、弥同偕来,芷、汉匆匆出,遍访里中识友,至五时许乃复来,其时二漱、昌预(饭后来欲随漱华往看《白毛女》者)、弥同以久待不及,先行矣。余与芷、汉小饮,谈平津沪三地近状,阻难重重,都无好怀也。酒半,文权、潘华、昌硕至,因拉文权再饮。六时三刻芷汉引去,元鉴留,权、潘等则八时半始去,余乃听弹词播音,至十时三刻方睡。彬然托芷芬携紫端匣砚一事,琢云曰龙珠诸文,甚精,极感厚谊。

7 月 11 日(壬寅 十六日)星期一

阴,午后晴,向晚复阴,入夜雨,宵深转大。晨七时五十分车来,乘以东行,八时十分到怀夏楼,元鉴附乘焉。均正仍在假。芷芬在楼与诸同人闲谈,十一时去衍福楼。看马振理《诗经本事》。下午五时下班仍乘原车返,润儿以须参加会议,先在四马路下车。入晚小饮。夜饭后湜儿出受课。九时许湜归。近十时润乃归,重开夜饭焉。余九时半即寝。在馆时书复致觉。

7 月 12 日 （癸卯   十七日）星期二

晴偶有濛雨,仍感闷湿。晨七时四十分乘车东发,八时到衍福楼,未再北行。上午十时出席二五一次经理室会议,听取芷芬报告北平联合出版社成立经过及平津近况。十二时与洗人、达君、予同、芷芬过饮于高长兴,二时乃返衍福楼。叔湘、必陶、锡光、至善、知伊与经室协商店务委员会事,余与芷芬俱被邀参座,章程原则已定条文即属雪村、叔湘整理之。鞠侯来访,晤谈移时。接颉刚信,询教科书编纂要点。五时散,候北来车归。入晚小饮。夜饭后与滋儿出散步旋返听书,十时寝。润儿在外看电影,九时后乃归。

7 月 13 日 （甲辰   十八日）星期三

阴雨,午后晴,风中颇冷,夜须拥被。晨七时四十分乘车东行,与予同偕八时六分到怀夏楼。九时半出席十五次编审常会,于一般工作情绪之隳恶,颇究得其原。夫己专欲败,由一二人耳。午饭后予同往衍福楼。下午与叔湘、调孚谈。五时下班乘车南返,滋儿偕漱儿往美琪看电影,未同归。入晚小饮。夜饭毕过访均正,问疾知咳呛甚剧,仍有寒热,谈移时归。于时润、湜皆出,余乃与珏人听书候门焉。九时许润归,有顷,滋归,尚未饭,复具餐,近十时湜始归也。就睡后剥啄声喧,滋儿出视,盖甲长持条属签印本户不隐藏逃兵散卒及匪特也。此本应有之义,乃必俟夜深为之,似未协宜耳。

7 月 14 日 （乙巳   十九日）星期四

晴,不免闷湿,时有云翳。晨七时四十分乘车行,八时五分到怀夏楼。办理杂事。看《诗经本事》。店务委员会章程已由叔湘、雪村会草完竣,俟职工大会通过后经董会决定施行,该项草案亦送余阅洽矣。下午二时半及上午七时均有匪机掠空,惟未闻有其他声息。五时下班乘车南归,至四马路芷、汉附乘到我家,因共小饮且长谈,昌顯、昌预亦在,夜饭后顯、预先归去,芷、汉则坐至九时半乃行。润于夜饭后即出,芷等去后始归。十时就寝。

7 月 15 日(丙午　二十日)星期五

破晓大雨旋止,午前又大雨,绵延至下午三时始稍止,气凉而闷,殊损健康也。晨阅报,知昨来匪机又散发反动荒谬传单,冀图摇惑人心,仍是无聊之极思耳。上午七时四十分车来,乘以东行,八时即抵四马路,径上衍福楼。洗、村、山、予、达、芷均在,谈今后大计,山一仍旧风,无可谈而止。下午三时出席二五二次经理室会议,村又无的放矢,故为抑扬,几致不欢。五时散,附达君车南归,公司之福特车以须俟同人学习小组毕会(晚九时)始西开,故余与予同改乘焉。入晚小饮。夜饭后过访均正,已大瘥,惟力气未复耳,与谈移时乃返。润、滋均以参加学习小组,在汉所晚饭后九时半乃归。湜本住漱所,至是偕还。十时就寝。

7 月 16 日(丁未　廿一日　出霉)星期六

晴,尚不甚热。晨七时四十分乘车行,八时十分到怀夏楼。处理杂事。下午五时下班,仍附车归。公司原存汽油已告罄,排队挨加日仅两介仑,下周将不能使用,势必停驶矣。写信寄觉。今晚达君请芷芬、汉华、叔湘、知伊、至善、润华在家吃夜饭,余与滋华先归。入晚小饮。夜饭后偕珏人、滋华出散步,未几即归。文权、潴

华来,九时半去。润华十时半始返,谓席间颇论及店务云。十时
乃睡。

7 月 17 日(戊申 廿二日)星期

晴热。上午润、滋、湜俱出,独湜归饭,润下午三时返,滋下午
二时返。午后芷芬来,以今午在衍福楼宴蒋瑞山等,及伯嘉、农山、
季湘等谈华中联合出版社事,饮罢来谒也。据谈酒后雪村又表现
失态,伯嘉等几同受训,大家不快云。此君予智自雄、愎戾日恣,一
再发展,恐将及祸,为之奈何,怅叹而已。有顷,燮荣伉俪至,又有
顷,乃乾至,燮荣等坐谈移时辞去,乃乾则久失晤谈,不觉言多,直
至六时半始别去。余与芷芬匆匆晚饭讫,即赴逸园参加聂耳逝世
十四年纪念大会,开明有歌咏团列入,汉、漱、润、滋俱与,以是润、
滋已先往,湜亦别在学联南二区更早出去矣。余与芷芬到门,寻得
开明歌咏团,随同入场,即坐草坪上。八时宣布开会,节目甚多,以
千人大合唱始,以万人大合唱终,其中最精彩者为新安旅行团之腰
鼓及大秧歌与育才学校之连相舞。十一时三十分始散会,余偕润、
滋就近归,湜亦先我到家矣,汉、漱等则随队北返也。濯身就卧,已
十二时许。

7 月 18 日(己酉 廿三日)星期一

晴,午前后俱有阵雨,夜闷热。晨七时四十五分车来,均正病
痊,偕乘而东,余即在四马路下登衍福楼办事。下午五时偕汉华乘
三轮车赴潘、权家。有顷,芷芬、漱、润、滋亦至,珏人及湜华则已先
在矣。又有顷,琴珠至,盖今晚文权、潘华预先约期邀请聚餐也。
六时许即开饮,七时半始罢,夜饭后复团坐欢谈,九时许余与珏人

先归。儿辈狂欢未休，犹不肯行，直至十一时乃见润、滋、浞归来，余早就寝矣。在馆接刚主、致觉、沧祥、志良信。

7月19日（庚戌　廿四日　初伏）星期二

晴热，上下午阵雨频作。清晨五时有匪机扰空，下午三时雷雨中又来两架，市西郊有炸声杂雷而作。匪帮绝不悔祸，是促人民解放军之速掘其根耳。现在武汉之四野军已解放宜沙，三道入湘，西安之一野军直下宝鸡，此间之三野军已将南下，工作之人员分头出发，是全闽解放为期亦不远矣。区区扰空之匪机，其为无聊可笑，诚不值顾而吐之也。上午七时四十分乘车出，八时到四马路，仍在衍福楼办事。下午三时出席二五三次经理室会议，仍不脱斗争意义，可叹弥甚。作书复刚主并致书以中代转刚主信。五时下班候北来车归。雪村在地摊上为余购到中华书局旧印《清史列传》七九册（原八十册，缺第廿五册。）价仅四千五百元，衡以战前原值，只百之二耳，可谓便宜矣。入晚小饮。夜饭后少坐便入浴，八时即寝。

7月20日（辛亥　廿五日）星期三

晴热。晨七时四十分乘车出，八时八分到怀夏楼。九时半出席编审常会。宋易今日起请假，开少纠纷暂得解决，亦一疏理之事也。雨岩偕徐生、吉堂今晚赴开封，所有怀夏楼管理事务即交经室第四组统一办理，调朱成才入内接管。宝懋派赴北平选货，今晚与雨岩偕行。十一时三刻余与予同自编常会出，偕雨岩同赴衍福楼，约同洗人、雪村、雪山、达君、芷芬、诗圣、予同、宝懋、雨岩偕往大新街悦宾楼午饮，盖公钱雨岩、宝懋并宴芷芬也。二时返衍福楼。五时下班候北来车至五十分始到,以福特又坏,改驶他车,再来南也,余与予同、龙文附以行,到家已六时半矣。小饮后少坐,即濯身就卧,终宵汗浃。接苏州纯葆信,知秋凉后有意复来。

7 月 21 日（壬子 廿六日）星期四

晴热,午后有雷阵。晨七时四十分乘车出,八时十分到怀夏楼。午后参加编审会小组会议。知伊约均正、调孚、锡光、韵锵、叔湘、至善、芷芬下午二时在永安饮冰室有所谈,大概关心开明前途,不能不有准备耳。受文彬托,为撰挽轶程母联一付,即送去。五时下班乘车南归,润儿在四马路下,将过琴珠家晚饭,余与滋儿径返。入晚小饮。夜饭后与珏人出散步,归即入浴就卧,比润归,余已睡矣。

7 月 22 日（癸丑 廿七日）星期五

晴热。晨七时四十分乘车出,八时到衍福楼,未赴怀夏楼。午前与洗人、雪村、予同闲谈,午后三时出席二五四次经理室会议,四时许匪机又来市空扰乱,殊可恨。（报载建阳大轰炸及各地滥炸情事颇多,美国流氓陈纳德且公然在穗入籍,参加帮凶,事态益恶。）但我辈镇定以处之,则亦行所无事耳。五时散候北来车归。入晚小饮。与汉、漱共饭,盖随余偕归者,饭已,文权、濬华来,儿辈欢笑,遂尔益纵,直至九时半乃相将辞归。湜儿出,参晚会,十时始归,滋儿亦出看电影,仅先湜半时归来也。十时余就寝。

7 月 23 日（甲寅 廿八日 大暑）星期六

晴热。晨七时四十分乘车东行,八时九分到怀夏楼。匪机适窜空扰攘，坐定不久又归沉寂，无聊极思，不足污笔矣。调孚、明养下午俱出参加集会。蛰存来谈。五时下班乘车归，漱儿携元镇、元鉴从至四马路，琴珠亦附乘焉。今夜治肴置酒，召文权、濬儿、漱儿、滋儿、湜儿及昌顯、昌预、昌硕、弥同来，为芷芬、汉儿、润儿、琴珠、元镇、元鉴、祖道，盖将偕赴北平，当有一时别离也，并邀农祥、亦秀及漱石同饮，漱石且专为治肴焉。六时许开饮，七时半饭毕。饭后纵谈至八时半，农祥、亦秀辞去，权等盘桓至九时三刻始归，独二漱及弥同留。余濯身就寝，已十时半矣。

7 月 24 日（乙卯　廿九日）星期

早晴，旋阵雨，时作时辍，傍晚暴风雨至，竟夕狂风撼户，骤雨倾盆，不知多少危屋罹斯灾难也。竟日未出。午后晓先夫妇及其女士秋来，士秋考入华东军政大学，将离家出门，特来话别。四时半芷芬来，有顷晓先等先去，芷芬谈至五时三刻亦去。今晚均正、调孚、叔湘、振甫四伉俪在新村治酒，为芷芬、汉华、晓先夫妇及润华、琴珠钱行，润儿清晨即出，及是晓、芷等先后赴之。六时半小饮，以风雨故仍留二漱及弥同暂住。夜饭后听书。余九时许就寝。润儿十时许始归。

7 月 25 日（丙辰　三十日）星期一

狂风暴雨竟日不戢，沟浍皆盈，道途积潦，窗棂难开，行人稀少，公共交通之具近午即停，近年罕有之事也。晨八时十分冒雨出候车未得，旋接电话，知水大，车不能驶，到班与否可听便，遂未出，仅与均正坐谈一时而已，微闻同人对村印象至劣，恐有非常表示突发云。愎戾自恣，不图众叛亲离至于如此，诚痛心也。专欲难成，众怒难犯,虽在爱亲,莫能援手矣,为之不怡累日。漱石等仍留饭,饭后与珏人打牌八圈。入晚小饮,以无菜可买,开罐头食物下之。夜饭后欲听书,电台亦多停放也。闲谈至九时许皆就寝。

7 月 26 日[①]（丁巳　朔）星期二

晴热,积潦未退,交通仍艰。晨候车不至,而电话又不通,大概线路受风有损也,至十一时后始得与纯嘉通话,谓福特开出,未见下落,当派摆司于十二时后来接云。时光暄亦在余所候讯,乃留与同饭。午后均正、龙文亦至,闲谈候车。一时许纯嘉始与宝昌驾摆司来,乃与均正、龙文、光暄、漱、润、滋相将而登,漱石及弥同附乘焉。先往巨福路接亦秀,道明亦驾福特从,盖初为抛锚而止,刻已推出也。二时许到四马路衍福楼,余与龙文下,均正等仍长驱往怀夏楼矣。三时三刻出席二五五次经理室会议,予同以有他会缺席,余竟未之晓也。四时半下班仍乘福特南归。润儿以应佩霞之招饮冰其家,与汉儿偕,今晚即住汉所矣。入晚小饮。饮后入浴易衣偃卧,手《东轩笔录》阅之,九时许即睡。

7 月 27 日（戊午　初二日）星期三

昨夜三时大雷雨,彻旦未休,连绵终日,向晚略霁。晨八时十分车来,乘以出,接予同同赴怀夏楼。十时出席第十七次编审常会,均正、调孚、叔湘出示十六人联名信致雪村者,属予同及余谅解,衰然居首者均正、调孚、锡光、韵锵,余则叔湘、至善、知伊、必陶、振甫、文彬、通如、纯嘉、芷芬、炳生、沛霖（已忘其一）也。信中

---

①底本为:"己丑日记第三卷"。

大意劝渠功成身退,暂息仔肩云。此事积因甚远,非一朝一夕之
故,苦心调护,终等空花,不图其遽发一至斯也。后果如何,殊难设
想,总之,痛心万分而已。饭后予同先行,允于明晨先往看章解释
之。下午四时半下班,偕怀夏楼同人齐赴衍福楼开会,欢送北上同
人,五时开始,余亦致辞。六时半散,余与予同偕行,至爱多亚路各
乘三轮车返,同人等则接开全体职工大会,故润、滋皆留焉。入晚
小饮。夜饭后濯身偃卧。八时半润、滋等归,复具餐,九时许就寝。

7 月 28 日 (己未　初三日) 星期四

　　昨夜三时雨又大作,平明未止,辰刻放晴,竟日好气略转热,夜
仍大凉。晨八时十分乘车东行,廿八分径到怀夏楼。十一时半予
同来,谓已与雪村谈过,约明日上午九时均正等与村当面畅谈,如
获妥协,可不发此信矣,然则或可免除难堪乎?下午四时半下班乘
车径归。今晚同人就衍福楼举行晚宴,为北上同人饯行,滋儿亦参
加,即在四马路下车,余独返。入晚小饮。夜饭后独出散步,片晌
即还。芷、汉来家午饭,饭后珏人偕之同往澪所,芷、汉返公司,珏
则携昌预归,明晨将同赴芷、汉家也。九时滋先归,有顷,润亦归
(盖送琴珠归去)。询知参加晚宴者五十馀人,凡五席,洗、予、晓、
山等俱与焉。十时许就寝。

7 月 29 日 (庚申　初四日　中伏) 星期五

　　晴不甚热,傍晚又有风兆,海关虽有台袭信号,幸未波及。晨
八时十分乘车出,珏人、湜儿、昌预俱载,盖应汉、漱之招,将午饭漱
家也。余先于四马路下,登衍福楼晤耕莘及子恺,移时辞去。均
正、调孚、锡光、韵锵、叔湘、振甫、知伊、芷芬今日上午九时与雪村

在一家春恳谈,村拉予同同往,十时许调孚来楼,谓顷间谈话已散,
村表示甚佳云云,惟信仍索去也。接汉、润电话,请到新村午饭,乃
偕调孚共乘三轮车以赴之。先到怀夏楼视事,至午始就饭漱所,珏
人及濟儿、昌预、昌硕、润、滋、湜、芷、汉、纯嘉、漱玉俱在,一时许
毕,余再过怀夏楼,与叔湘、均正、调孚、锡光谈,二时一刻偕芷芬乘
三轮车再到衍福楼。三时出席二五六次经理室会议,雪村托代向
董事会陈明被迫退休云云,揆以午前调孚之言,似有距离,恐前途
暗礁尚多也。四时半散,候道明车,仍与珏、湜等同归,昌预则被留
住漱所矣。入晚小饮。夜饭后少坐即濯身就卧。润应琴招在外晚
饭,湜则饭后出参会,至九时许始先后归。时已风起天末,黯淡无
光,但未扩大,安渡此宵。

7 月 30 日（辛酉 初五日）星期六

晴热,不甚,入晚风绝,乃转见燠感。晨八时十分乘车出,廿九
分径抵怀夏楼。润儿已将图书馆事务移交庄似旭接管,主任一职
亦交与调孚接替矣。下午道明放车到,北上同人家接集行李,汉儿
因将寄存吾家之木器等件,乘空便之车先送来家,于是润之行装即
附以去,俾集中于新村,届时可齐运北站也。四时半下班乘车南
返,叔湘附车拟访予同,以予同有他约外出,余乃邀与俱归。因共
小酌夜饭,谈至七时行,余亦伴之同出,藉以散步兼送一程。九时
十五分濯身就卧。

7 月 31 日（壬戌 初六日）星期

晴热。上午未出。饭后十二时半道明即来,因与均正共乘以
东,接予同后径到衍福楼。有顷,达君、洗人、调孚、耕莘、育文陆续

至。二时许雪山自村所来，携到村致董会辞谢书。最后五良至，几经研商，并由均正、调孚陈述与雪村面洽经过情形，遂于三时后开十二届十五次董事会，通过店务管理会章程，并照章选派洗人、雪山、余及达君、予同、世泽为委员，会同职工会委员组织之，关于雪村事，以店务管理委员会既经成立，一切大计当经该会协商解决，常务董事自可不劳躬亲庶政，所请解除常务不加考虑，复请勉回高执，一面录案通知均正、调孚两代表转达同人洽照。会场空气虽不无紧张，终得顺利解决，亦大幸也。五时始散，附车各归。组青来，权、潜、芷、汉及昌硕、元鉴俱来，因共晚饭，余与权、芷小饮玫瑰酒。七时许芷、汉、鉴去。九时半权、潜、硕去。组青留宿。十时始濯身就卧。

8月1日（癸亥　初七日）星期一

晴，午后有雷雨旋止，热不甚，夜深仍须拥被也。晨八时十分乘车出，即到衍福楼办事，诗圣患疾须入院诊疗，余所任主任秘书名义尚存，义难坐视且亦责无旁贷，因将所遗董会记录经室常务统为摄行。自早至暮，办出函件达十起，窃喜虽感老至，犹克自奋焉。芷、汉、润、琴今日偕贤辉、黎明、漱玉及傅氏家属同车赴平。二时前集中在新村，三时许赴北站，漱、滋等送之，惟仅及站门而止，不得阑入也。闻五时即发轫云。以中来衍福楼谈，明后日即返无锡矣。四时半下班候车南返。入晚小饮。潜儿以送行亦来，遂共夜饭，饭后组青与潜等长谈，八时三刻潜、组各辞归。九时就寝。

8月2日（甲子　初八日）星期二

晴热。晨八时十分乘车出，廿五分即抵衍福楼。办理杂事。

下午出席二五七次经理室会议,邀叔湘、调孚、知伊、士信、世泽、子如、沧祥列席,子如未到,剖商当前经济局面,决定先将七月下旬薪津普发,底薪五十元,超出部分容另筹补发云。雪村有信致董会,仍执前说,当别求解释也。四时半散,候车南返。入晚小饮。夜饭后濯身偃卧,听弹词播音至十时始睡。

8 月 3 日 (乙丑　初九日) 星期三

晴热。晨八时十分车来,乘以东行,二十二分即抵衍福楼,以须参加编审全会,仍驱车至怀夏楼。十时出席会议,十一时半散,与予同乘车仍返衍福楼,以诗圣入院疗疾,经室事务无由不问也。午十二时正在进餐,匪机又突扰市空,在南郊投弹多枚,浓烟四起,惨不忍睹,意者又在龙华或高昌庙附近大炸造船厂乎?下午发通启,说明先发五十元底薪之由,请同人签洽,乃薪津尚未送出,怀夏楼之质问已至,诚哉多口之为患匪细矣。不识连启带钱送到时,伊等又作何想也。雪村来衍福楼理书,将若干图书馆借出者,属余转还之。为辞退试用工友事,一部不明大体之人竟从而兴风鼓浪,此事不能不责当事之无私有以纵之耳。似此情形,若难纠正,则真有牛羊何择之叹矣。四时半下班候车南归,漱儿送昌预附车来。柱流来谒,因共小饮与谈家常,不无慨叹。夜饭后再坐闲谈,至八时辞去。漱、滋、湜偕弘宁、王洁出看电影,十一时始归,昌预仍留住我家。余与珏人听弹词播音,至十一时候滋、湜归始睡,知漱已偕宁、洁同返新村矣。

8 月 4 日 (丙寅　初十日) 星期四

晴热,南风甚烈,呼呼作声,夜月色姣好。晨八时十分车来,乘以东发,仍到衍福楼办事。匪机十时后又来侵扰,散发传单,移时逸去。职工大会选举揭晓,吕叔湘、王知伊、顾均正、唐锡光、金韵镭、徐调孚六人当选为店务管理委员会,业由职工会筹备会函知经理室,当即商定于六日下午开成立会,函会复照。四时半下班候北来车归。入晚小饮。夜饭后听书濯身,十时乃寝。昌预仍住我家。饭后接今日上午十一时四十八分北平电报,芷芬一行已安抵,至慰。

8 月 5 日(丁卯　十一日)星期五

晴热,南风仍劲,晚转北风。晨八时十分车来,乘以东行,仍至衍福楼办事。午与守宪、洗人、达君、予同、雪山约雪村在杏花楼恳谈,余等仍持董会立场,村亦坚执贯彻夙志,乃以各行其是结局,二时许始由杏花楼出,返衍福楼。三时许出席二五八次经理室会议,决定要案二:其一为店务管理委员会既已成立,原有经室会议即改为经室工作会议,由各组同人共同参加,另制纪录。其二诗圣病假,派陶孙暂代一组主办秘书。致觉寄稿一批来并附致意。四时半下班候车南归。入晚小饮。夜饭后昌顯来,农祥、亦秀来谈,至九时半亦秀、农祥辞去,又有顷,滋儿送昌顯归。十时十分滋归,遂各就寝。

8 月 6 日(戊辰　十二日)星期六

晴热,风仍大。晨八时十分乘车出,仍到衍福楼办事。第一组事务经交陶孙暂代。下午二时出席第一次店务管理会议,到叔湘、锡光、均正、知伊、韵镭、调孚、世泽、洗人、雪山、达君、予同及余十二人,除洗人为法定主席外,当推叔湘为副主席,余与知伊为书记。

四时半散,尚未触及具体问题也。报载长沙已于四日和平解放,由程潜率部起义,当将顽梗之傅正模等匪特全部逮捕云。因电询长店安否,电虽收发,惟未获复电耳。想明后日或可得详报乎。散班后候车南归。入晚小饮。夜饭后为猫扰书房,料理桌面,费时不少。八时始入浴,浴后少坐便寝。

8 月 7 日(己巳　十三日)星期

晴热,时有云翳,晚间风止。竟日未出。上午九时佩霞来,王洁来,帮同漱、滋作饺子,午间即留与共饭。十时许君宙来谈,十一时半辞去。午后听昆曲播音,小卧片响。三时许晓先来,至善来,五时许各辞去。入晚小饮。夜饭后漱、滋、湜送昌预归去,适文权、濬儿来,途中相左,竟未遇,坐有顷,漱、滋、湜亦归。九时许权、濬辞归。漱石傍晚来,夜饭后先归。十时始濯身就寝。(《大公报》下午出号外,衡阳、衡山、邵阳国民党军起义。)

8 月 8 日(庚午　十四日　立秋)星期一

晴热。晨八时十分车来,仍到衍福楼办事。接长沙平安电,去衡阳、邵阳之挂号信件,邮局已予收寄。雪村夫妇携女士文乘今晚沪平通车去北平,饭后余与达君、予同、洗人同往其家送行,谈至三时,俟其登车诣招待处时始别,仍相将返衍福楼。以中来谈。四时半下班,在场候车,晤乃乾及咸生,立谈片刻,仍附车南归。漱儿及弥同今晨附车归去。入晚小饮。夜饭后听书,九时即濯身就寝。

8 月 9 日(辛未　十五日)星期二

晴热,傍晚微阴,偶飘细雨,大有秋象矣。晨八时十分车来,附以东,廿八分径抵怀夏楼。处理一周来积事。以中午前来谈,叔湘留之饭,饭后辞去。写信分复月斧、致觉,并致翼之。下午与叔湘、锡光、调孚研讨公司改善组织事,移时始罢,粗具条理,即属调孚写定备提店管会决定之。四时半下班乘车南归。入晚小饮。夜饭后与珏人、滋儿出散步,在花树店购得小盆景松下楸声一具,费人民币二千五百元,携归,灯下赏之,亦殊悠然自得也。九时濯身就寝。

8 月 10 日(壬申 十六日)星期三

凌晨雨旋转晴,较昨略热。上午八时十分附车出,廿五分到怀夏楼。办理杂事。写信复迪康。饭后与叔湘、调孚、均正、锡光、至善、沛霖、纯嘉、明养同车赴四马路衍福楼。二时半出席第四十次业务常会,决定下期起改为业务会报。三时出席第二次店务管理会议,讨论改善薪给发放办法,略有结果,所拟组织新系统却以时间不及未提出,即席约定后天再开会议云。四时半下班候车归。在怀夏楼接汉寄漱信(四日发),告途中经过情形,俟平中同人安抵妥贴后再回天津。到家后接润四日禀(五日发),亦详告途中情状,惟究住何处尚未确定也。入晚小饮。夜饭后与珏人出散步,不久即返。听书至九时濯身就寝。

8 月 11 日(癸酉 十七日)星期四

晴热。依时乘车入馆。在怀夏楼办事。晨七时及下午三时卅分顷俱有匪机扰空并闻爆炸声,鬼畜行径,益激人民加速奸除之决心耳。迩来谣言颇多,匪夷所思,一般欠缺常识及意志薄弱之流每为动摇,其实潜伏匪特有组织之放谣企图破坏而已,过而信之,不且自陷愚渊乎。下午四时半下班仍乘车南行,并接衍福楼同人分段送归。入晚小饮。今日清儿生日,夜餐即以面当饭。滋儿以参加小组学习检讨,八时乃还,再煮面作食焉。九时许濯身就寝。

8 月 12 日(甲戌 十八日)星期五

晴热。晨六时即有匪机掷弹声,八时前又续闻四次,可恨已极。依时出,径到四马路衍福楼,续开第二次店管会,自九时至十二时休会后,同赴一家春进餐,下午一时又接开,委员到齐始终不懈,直至四时十五分许始毕,计通过组织系统金华、蚌埠试设代办分店及同人子女教育津贴等多案,会后工作亦正不鲜也。四时半下班候北来车附以归。晓先夫人来访珏人,因共夜饭,饭后辞归,珏人送之登电车。夜听书。九时濯身就寝。坊邻喧哗,家猫肆打,颇扰清眠,一时后始入睡。

8 月 13 日(乙亥 十九日)星期六

晴热。晨七时许有匪机掠空,旋闻人云又在散布传单耳。八时十分车来,附乘以出,径抵怀夏楼办事。接汉儿九日平发信,知润、琴将转新中国书局云。近日人事殊为烦恼,丁之行否,波澜层折,宋之欲返,诡谲多端,余厕身其间,摆脱无由,至感乏味也。藏云拟目淑荪今方抄好交还,少暇当细为校订之。复致觉,谢关心。下午四时半下班附车南归。入晚小饮。漱儿、王洁适随余同车来,因共夜饭,饭后得余与珏人、王洁、漱、滋、湜三儿偕出散步,移时始归。漱儿与王洁亦辞返新村矣。听书至九时许濯身就寝。

8 月 14 日(丙子 二十日)星期

晴热,起阵未果,入夜尤闷。清晨纯葆来,谓昨夜十一时在苏州开出,今日黎明始到,呕令盥漱就卧将息,午后乃起进餐焉,询知故乡情况亦正难言,艰辛之会,端赖各地自起奋斗以克之矣。淑侄、顯孙先后来,饭后辞归。滋晨往濬儿所探省,竟未逢顯孙,盖途中相左耳。湜竟日在外参加义卖劳军纪念章,夜深始返。余则竟日未出,亦无客至,听书偃卧打五关而已,十时后寝。

8月15日(丁丑 廿一日)星期一

晴热时昙,傍晚起阵未果。晨八时十分乘车出,径赴怀夏楼办事。写沪竹一号信,寄汉、润两儿。九时许及下午四时许俱有匪机侵扰。四时半下班乘车返,漱儿、王洁均附焉。六时夜饭,饭后珏人偕漱、滋、湜三儿及弘宁、王洁往兰心大戏院看秧歌剧《血泪仇》,惟余与纯葆、阿凤在家。九时纯葆等归寝,余独息灯听书应门焉。至十一时半珏人等始归,锡畴、弘宁、王洁皆下榻余家,料理安排,已十二时半矣。

8月16日(戊寅 廿二日)星期二

晴热,上午日下细雨即止,傍晚阵雨亦旋止。依时出,在衍福楼办事,漱、滋、锡畴、王洁则径往怀夏楼也。为宋易事殊伤脑筋,其人外漂亮而内实粘滞,且受人唆挑,颇使当事为难耳。晨七时五十分及下午三时半俱有匪机扰空,高射火力亦殊发挥,以此不敢低飞,盘旋后即逸去。志良来,属为题扇,谈次颇不满现状,盖已深中特谣之毒,无法涤除之矣。余饱聆之馀只得报以一笑。四时半下班候车南归。入晚小饮。夜饭后与珏人、湜儿出散步,值雨折返,已颇沾濡,归后感热,即濯身偃卧,听书以遣之,十时入睡。

8 月 17 日（己卯　廿三日）星期三

　　阴霾竟日，傍晚及夜间俱有雨。晨八时十分车来，珏人偕乘，径抵开明新村，伊过访丁、徐、吕诸家，憩漱所，余则登怀夏楼办事。予同以赴会亦同乘到此。九时半出席十八次编审常会，十一时三刻始毕。午间托漱石治馔，为晓先家饯行，余夫妇同莅新村，假座于阅览室，并邀调孚、叔湘两伉俪及予同作陪，谈至一时许乃散。予同赴商船学校看卷子，余仍返楼视事。四时半下班仍偕珏人附车归。漱接汉、润信，知汉已到津，润、琴则同入三联书店分任图书管理及校对云。五时半小饮。夜饭已，与滋儿同出散步，至襄阳路雨忽至，无所避，乃雇三轮车遄返焉。连日所遭略同，亦巧适矣。八时濯身偃卧，听书至十时乃睡。

8 月 18 日（庚辰　廿四日　末伏）星期四

　　晴不甚热，风中颇凉矣。晨八时十分车来，乘以出，径到衍福楼办事。接雪村平发书致洗人、达君、予同及余者，告到彼后晤友甚忙，正觅屋备住云。午与洗、达、予小饮。午后二时均正、调孚、叔湘、锡光由怀夏楼来，乃共同出席第三次店务管理会议，解决人事数起，以时不足，宣告于下星一续开。四时半散，候车南归。方开会时（三时十馀分之顷）匪机又来侵扰，在四马路一带盘旋，颇危险，嗣在黄浦江中投弹两枚而去，可恨之至。傍晚小饮。夜饭后与滋、湜两儿出散步。七时听书至十时寝。

8 月 19 日（辛巳　廿五日）星期五

　　晴凉。晨八时十分车来，乘以出，径赴川公路办事处视事。写信寄敫、清,托二组附号信去,复五月十七、廿一两信,详告近状并询熊、鹤确讯。午后为公司结束夏氏字典排版事,函复韩佑之。报载确息,赣州、福州俱已解放,广州势已岌岌,鄂西三斗坪及秭归、兴山均解放,川东门户已启,西北大军已迫近兰州,是军事形势全胜在握,而动摇分子偏信谣言,实不可解,岂小资劣性未拔,惧失既得之享受乎。四时半下班,适陈岳生来,因附车同返。滋、湜接润平沪二号书,告在三联生活状况甚详,至慰。傍晚小饮。夜饭后与珏人出散步即返。七时听书至十时始睡。

8月20日(壬午 廿六日)星期六

晴热,入夜尤闷,殆将变矣。晨八时十分出,乘车径到怀夏楼办事。写沪津一号信与汉儿询近状。接诚之十九日常州来书,告返乡近况,并属为其女翼仁留心翻译俄文工作。四时下班乘车归,与漱儿、弥同偕行。汉有信寄漱、滋、湜,告津店情形与余书适逗过也。文权、濬儿、顯、预、硕三孙及女佣均在余家盘桓,因共小饮夜饭焉。饭后长谈至九时许权等辞去,漱及弥同留,十时始得濯身就寝。

8月21日(癸未 廿七日)星期

阴雨,近午晴,午后复阴,薄暮又晴,气遂转闷热,殊难受也。晨十时漱、滋、湜三儿及弥同俱往濬儿所,雨中车行,亦甚念之,近午滋儿返,以濬属坚邀余及珏人同往一饭,遂乘三轮车以往,至则漱石亦在焉。饭后谈至二时三刻先与滋儿归,余步行,滋推自由车从至福煦路,属伊跨乘速返,余仍徐步而归。四时半翼之来,乃属滋再往濬所速珏人及湜儿归,已五时许矣。少选,即与翼之小饮。

夜饭后正与翼长谈,宋易来访,延晤移时,九时辞去。翼则先已引
归宏大厂矣。翼告九曲港坟粮催夏征即托代完。宋告已提辞书交
均正转,是其事亦告一段落矣。十时濯身就寝。滋儿以仆仆乏力,
又兼过食,颇不舒,当夜或且发热也。

8 月 22 日(甲申　廿八日)星期一

　　昙闷,入晚雨。晨八时十分乘车东迈,到衍福楼办事。滋儿寒
热略退,仍强起随余出,径赴怀夏楼工作。午后二时出席第三次店
管会续会,组织大纲已二读通过,略有修正。今日起仍复八小时工
作,上午依旧改午饭于十二时半,落后半小时,下午则自一时半迄
五时半,较前落后一小时矣,为滇发行所耳。散班后附大车往怀夏
楼,参加明社欢送丁晓先北上大会,被推讲话,颇致诤规。七时一
刻始散,仍附车遄归小饮,夜饭已八时矣。饭毕少坐,即濯身就寝。
在馆接致觉二十日书并附辞典续稿,当为开寄稿费,仍由中国银行
汇去。到家后接清儿十六日书寄诸弟告长沙近状,匪机滥炸市区,
颇为耽心耳。

8 月 23 日(乙酉　廿九日　处暑)星期二

　　阴闷,热,时有细雨。晨八时十分车来,附以出,径抵怀夏楼办
事。写信复致觉。寄沪竹二号与润儿,径递平三联。寄清儿,致
慰,附长店号信去。下午幼雄来谈,下班时与同乘南行,伊于河南
路桥即下,余等则长驱归家。纯葆、湜儿先后到新村,即住漱儿所。
傍晚小饮。夜饭后小坐至九时濯身就寝。屋内燠闷,竟夜不舒,又
不敢洞开窗户,至恚也。霞飞坊房租已解决,不订约,每月付三十,
折实单位。八月前欠租,照八月分两个半月清了此次交涉。端赖

联谊会代表之力,意外完满。昨日美业地产公司已将此项租金收去,计共八万一千九百元,业已付至八月底止矣。此亦近来释虑之一快事也。

8 月 24 日（丙戌　朔）星期三

晴热,凌晨偶有细雨,夜间尤为闷燠。八时十分车来,乘以东行,至大世界,交通警横加干涉,谓福特只可坐八人。数年以来从未听到此等说法。事出奇特,显有竹杠之意,以理与辨,仍不脱旧时恶腔,乃由滋儿及龙文下车步行始得开动,到怀夏楼已八时四十五分矣。九时半出席十九次编审常会。十一时往新村视诗圣疾。诗圣入院二十天,前日归来,借住新村客室藉以清养,故余得就近往问之。所患已痊,只待葆摄已。近午复返怀夏楼,诚之一昨书来,谓隋唐五代之部已有成稿,询仍能照前约否。今后之仍请照约履行也。昨日予同转到西谛一函,告整理古文物大计画。下午三时许有匪机掠空。五时半下班仍乘车归。傍晚小饮。夜饭后与珏人、滋、湜两儿出散步纳凉,有顷归,濯身就卧,汗出如渖,竟夕未干,甚难堪也。

8 月 25 日（丁亥　初二日）星期四

晴,加热,远胜伏天,器物触手皆温。清晨六时即有匪机扰空,并在附近盘旋约一刻钟之久,遥闻爆炸声三四发。下午三时见晚报,知在沪东黄浦江边投弹,死伤数人,似此无聊肆恶,人性全失,若辈飞贼之肉不足啖矣。八时十分车来,乘以东迈,即在衍福楼办事。下午二时出席第四次店务管理委员会,组织大纲三读通过,今后安排只在人选之配合得当耳。叔湘、锡畴皆提出辞职,光暄亦有

1949 年 8 月

动摇意,开明消极气氛之为害,将有不堪设想之虞,为之奈何。接上海市大专学校教职员团体联合会聘书一件,被聘为该会新史学研究会会员,并定廿九日下午二时举行研究会议云。五时半散会,候车南返。到家知丁家寄物一批来,明日即须离沪北上矣。傍晚小饮。漱儿附车来,夜饭后与珏人往访绍铭兼省叶老太太,八时归,漱儿仍北返新村也。九时濯身就寝,仍竟夕浴汗。

8 月 26 日(戊子　初三日)星期五

晴,较前昨为爽。晨八时十分乘车出,径抵怀夏楼办事。十一时三刻匪机扰空,盘旋至久,并在正西方向之郊外投弹甚多,遥测当在真如等地也。下午为蛰存之父次于先生七十寿制颂一首。五时半下班乘车南归。傍晚小饮。夜饭后昌顯、振珉先后来谈,至八时三刻振珉辞去,昌顯则至近十时始由滋儿送之归,余滋返然后睡,已将十一时矣。

8 月 27 日(己丑　初四日)星期六

晴热。晨六时一刻匪机又来侵扰,盘旋半小时许,仍闻郊外有炸声。八时十分车至,附以出,径抵怀夏楼办事。叔湘引去,事或有转圜,拟公开与反动分子讲话,如若辈坦白承认不再捣乱,可以放弃去志,仍旧努力云云。余素主直率,闻之颇以为然,苟恶直丑正之风无法改变,则拂袖而行者,正不限叔湘诸人也。寄竹沪津二号与芷、汉,切属锋芒不宜太露,免遭他人算计。(以平中已播谣言,谓芷鼓弄反对王稚圃,同人未之应云。)下午三时晓先挈眷成行,余等在新村广场送之登车,今日五时五十分当由北站发轫也。四时许宽正、大沂来访,谈市博物馆近状甚悉,五时许始辞去。五时半下班乘车南归。傍晚小饮。夜饭后偕珏人、滋儿出外散步,未久即返。湜儿与淑侄同往新村,即住漱儿所。九时许濯身就寝。

8月28日（庚寅　初五日）星期

晴热。竟日未出。看《豆棚闲话》。闻老太太来,知其子云章为匪帮封锁所阻,怡和船一时滞港不得返沪,颇感睽隔之苦,恐重蹈抗战时远阻印度之旧辙云。珏人力慰之,即留此小住。午晚俱小饮。夜饭后与滋儿出散步。湜儿仍留新村未归。九时许濯身就寝。

8月29日（辛卯　初六日）星期一

昙,午前阵雨,午后阴,傍晚一露阳光而已。晨八时十分仍乘福特东行,径到怀夏楼办事。今日起四马路与新村间之摆司同人自请放弃即日停驶,住在西区而身在新村办事者,路实太远、时间不及,故福特仍照行。闻叔湘言,已与山、信诸人谈过,初虽推诿,终得坦白,亦大幸事也。下午二时往中州路商学院出席新史学研究会,晤子敦、厚宣、予同、尚思、守实诸人,由尚思主席,定每两星期开会一次,均于星一下午二时举行云。四时许散,与予同仍返怀夏楼。五时半下班附福特南归。到家,纯葆已先返,滋儿则偕漱、湜、淑往大光明看电影矣。傍晚小饮。夜饭后看毕《豆棚闲话》,向者不甚措意,及之比看了,殊惬心也。八时三刻滋、湜归饭,知淑则径归八仙桥矣。十时濯身就卧,今夜凉,不觉引被自覆也。

8月30日（壬辰　初七日）星期二

晴热如昨,早晚凉。晨八时十分出,乘车赴衍福楼办事。下午二时出席十二届十六次董事会,通过店务管理委员会所订公司组织大纲,及修订同人子女教育津贴章程。五时半下班候车,至六时车坏未得来,乃偕予同、龙文步至老北门乘电车以归,已黑矣。小饮至半,滋始至,遂共夜饭,饭后小坐,九时濯身就寝。儿辈接汉、润、琴信详告近状,转到清信,知熊、鹤一行已安抵赣乡也。

8 月 31 日(癸巳　初八日)星期三

　　昙热,下午有阵雨。晨八时十分车来,径到怀夏楼办事。九时许出席二十次编审常会,十二时方罢,多半为《进步青年》与《中学生》合并事,明养粘滞,文彬标,以此纠缠,遂乃延长难决耳。谷城来访,知将北行就政协代表,九月十五日即须开会云。予同、明养留渠同饭,饭后谷城去,予同亦行。上午十时前及下午三时许俱有匪机扰空,惟未闻其他声息,而《大公报》等载有广州中航机有起义驶归华东者,匪方窘态日增,丧钟早鸣矣。写信与锴、镇、鉴三孙,备明日附天津,属汉儿转付之。五时半下班仍乘车归。傍晚小饮。夜饭后小坐听书。九时许即濯身就寝。

9 月 1 日(甲午　初九日)星期四

　　晴热。晨八时十分车来,乘以东迈,即在衍福楼办事。下午二时出席第五次店务管理委员会会议,为版税事直拖至五时廿分始散。五时半下班仍候车南返。接润儿信(八月廿八日发,不列号)。傍晚小饮。夜饭后昌显来,亦接润信,属伊来伴珏人小住者。湜儿自比乐复校后,又大见活动,今日竟日在外,晚间又参加逸园青年节大会,直至十二时半始归,余等亦待其归后始入睡。

9 月 2 日（乙未　初十日）星期五

晴热。晨八时十分乘车东行,车至福州路四川路口,适遇匪机扰空并在东郊轰炸,但地上交通依然,余等亦惟有疾驶而至怀夏楼。办理杂事。午间以锡畴即将离沪改就教职,与洗人、雪村、叔湘、调孚、均正、必陶、至善、锡光假座新村阅览室公饯之,每人煮菜一事合餐焉,余即属漱石为具虾饼一器参加肴别,至下午一时半始罢。三时许又有匪机掠空声。五时半下班,仍乘车返。傍晚小饮,闻老太来,因共饭,仍留住焉。夜饭后与滋儿出散步,阅时乃还。九时许濯身就寝。

9 月 3 日（丙申　十一日）星期六

晴热。晨八时十分乘车出,径到怀夏楼办事。书复千帆,允言千帆,询《诗论骈枝》排印进程,允言为次婿属事云。上午十一时许及下午二时许,俱有匪机扰空掠旋甚久,在沪东区沿浦投弹多枚,颇有死伤。蒋、阎诸匪垂死挣扎至此,设非美国帝国主义者从后策画支持之,曷由致此,时至今日,对帝国主义犹存幻想,诚为至愚矣。写沪竹三号信寄润儿。下星期起办事时间仍改为上午八时至十二时、下午一时至五时,今日仍于五时半下班,漱儿挈弥同附车同归,至则柱流在,因共小饮,夜饭后谈至九时乃辞去,余亦濯身就卧。

9 月 4 日（丁酉　十二日）星期

晴热,较前昨转闷燠,秋暑难逭,亦一苦也。清晨,与珏人出,进面于巨鹿路之北万馨,顺在菜场饺鲜肉肝油及毛豆归,备午间作饺子当餐焉。十时许岳生来访,承送昆剧入门券两张,谈移时去。
午前淑来。午后昌预来,漱、滋领头,遂挈同顯、预、湜、淑与弥同出
游,二时五十分许,文权、潜儿挈昌预来,守、漱等归,未几,漱石来,
至六时许漱、滋、湜、淑、顯、预、弥同始归,询之则先在黄浦荡舟,继
乃饱游兆丰花园,以是延引垂暮耳。伊等返,即团坐夜饭,余与文
权则小饮焉。九时许始先后陆续辞去,仍留昌顯及漱儿弥同住。
淑侄亦留。十时后余适得濯身就卧,亦颇感牵率之苦矣。

9 月 5 日(戊戌 十三日)星期一

晴热。晨七时四十分车来,与漱、滋、弥同偕乘以出,余于四马
路下,到衍福楼办事,伊等则径往怀夏楼。上午子澄来谈。下午三
时调孚亦至衍福楼,将偕洗人赴八仙桥青年会,出席出版工作者协
会。五时下班候车归,知淑侄、顯孙俱各归去矣。小饮讫,六时即
夜饭,饭后命滋儿奉珏人往大世界观昆剧,余以积倦惮暑未出,呼
汤濯身,偃然就卧,开机听弹词播音,至十一时珏人、滋儿返,少坐
便各归寝。

9 月 6 日(己亥 十四日)星期二

晴热,竟日夕浴汗。晨七时四十分乘车以东,径赴怀夏楼办
事。复梦九,以昨接徐州来函,知已安返家乡矣。五时下班乘车
归,滋儿以出席职工大会,即在四马路下车。余到家即小饮,夜饭
后直待至九时许始见滋归。问其何以忍饥延待至此,据告有一部
分不明事理之同人,在马孝俊领导下故意捣乱,虽经在场同人纷起
说服,已拉延三小时许矣。余心知其意,实为难过,不图好好开明,
竟为若辈掊撤死耳。十时濯身就寝,皓月窥窗,畏热如余。竟似吴

牛望之而喘矣。秋老虎之馀威,洵可畏哉。

9月7日（庚子　十五日）星期三

晴热胜昨。晨七时四十分乘车东出,径到怀夏楼办事。九时出席第十次编审全会,十一时始散。午后看《社会发展简史》。写沪湘竹新三号书与敩、清。五时下班乘车南归。傍晚小饮,柱流来,因与共之夜饭后,谈至八时辞去。九时许濯身就寝,终宵浴汗也。下午四时三刻匪机四架扰空,在浦东投弹,旋为高射炮火逐去。

9月8日（辛丑　十六日　白露）星期四

昙闷,阵雨时作,傍晚霁,仍热。晨七时四十分车来,乘以至衍福楼办事。下午二时出席第六次店务管理会议,通过房屋竞选得标各同人。四时半匪机又来扰空,仍有破坏声。接五日汉儿津发九号信。五时下班候车南返。小坐便小饮。夜饭后闷坐打五关以求谊暑,九时许濯身就寝,仍浴汗。

9月9日（壬寅　十七日）星期五

晴热,午后有雷阵,无大雨,夜抽电。晨七时四十分乘车出,径到怀夏楼办事。接晓先、士方三日、六日来信,知已安抵燕京,与圣陶、彬然、云彬合住一院,在东四牌楼八条胡同三十五号有现近设备云。下午为《进步青年》看稿子。五时下班仍附车归。今晚《进步青年》假座宁波路钱庄公会宴客,宣布与《中学生》合并兼拉稿也,均正、调孚、明养、至善、文彬俱往,余与予同畏热未与焉。到家时柱流在,因共小饮。夜饭后谈至八时辞去。九时许濯身就寝,仍通宵浴汗,秋老虎之馀威洵可怕矣。

9 月 10 日(癸卯　十八日)星期六

晴昙兼施,北风较烈,气转凉。晨七时四十分乘车出,径到衍福楼办事。与洗、达、山诸公商定新组织名单,并修正统系表备揭布。予同往交通大学口试,考生据闻自晨八时起,须至下午九时始结了,亦牵率甚矣。光暄已决北行,今日漱、滋两儿及王洁钱之,兼拉亦秀、守勤作陪,即在新村午饭云。下午五时下班候车归。湜儿学费已付计九十八折实单位。(每单位八三三元。)向公司援章请得津贴五十单位,外尚贴出四十八单位也。私立学校学费负担相当严重矣。傍晚小饮。夜饭后与滋儿偕出散步,移时乃返。九时许即寝。

9 月 11 日(甲辰　十九日)星期

晴热殆甚于前数日,风微,日炙,又终宵不能贴枕矣。清晨六时半与珏人出,向菜场购办蔬物,顺在北迈馨进面,移时乃归。九时许匪机又来扰空,仍闻在东南角投弹。十时半君宙见过,谈至十一时三刻去。濬儿挈硕孙来,午饭后偕珏人、滋儿同出,先送硕归,然后再往新新公司等处购物,余则偃卧暂息,不觉入睡。二时半翁閶运来访,唤起应接,谈至四时许乃辞去。有顷,珏人偕滋儿归。傍晚小饮。夜饭后葆真偕女友来省珏人,谈至十时始归去。湜儿竟日在外听演讲展览照片、看电影,自晨七时三刻出,直至夜十时后乃返,中间仅午间归饭一度而已。余惮燠热甚于蛇蝎,偏偏缠绕不休,苦极,十时半濯身就寝,仍浴汗彻旦也。

9 月 12 日(乙巳　二十日)星期一

晴较昨稍和,仍感热。晨七时四十分车至,乘以赴怀夏楼办事。下午一时许偕调孚、均正、锡光、明养乘电车到南京路、山西路口步往衍福楼,先后出席店务会议及业务会报,宣布新组织各部门负责人名单。五时散仍候车以归。傍晚小饮。夜饭后与珏人、滋儿出散步,移时乃归,濯体。十时寝。

9 月 13 日(丙午　廿一日)星期二

晴热。晨七时半匪机来扰,掷弹数响。七时四十分仍乘车出,径抵衍福楼办事,编定通讯录,先将新组织各部门负责人员公布。下午三时四十分许匪机又掠空,低飞扰攘廿分钟始去,似此蚍蜉罪积,然扫穴犁庭,不足除涤腥秽矣。五时下班候车归,漱儿挈弥同附乘偕返焉。傍晚小饮。夜饭后闷坐打五关,至九时许即入浴就寝。

9 月 14 日(丁未　廿二日)星期三

晴热又复前数日旧观,终宵浴汗也。上午七时四十分乘车偕漱、滋、弥同出,径抵开明新村,余即上怀夏楼办事。九时出席第一次委员会,九人到齐,推定叔湘为主席,调孚为书记,定两周开会一次,即在星三下午举行日常工作,即推主席、书记及均正、锡光任常务委员处理之。会时,匪机又扰空,盘旋良久乃去。下午热甚,伏案难宁,时起走动自疏焉。五时下班乘车径归,柱流在,因共小饮,夜饭后去。八时许就浴归卧,意趣索然,挥扇至腕酸乃已。

9 月 15 日（戊申　廿三日）星期四

晴有风,午前略雨便止,仍怪热。晨七时四十分乘车出,到衍福楼办事。各部门应刊新图章均发出,备明日起正式启用。下午二时出席第八次店务会议。五时散,仍候车归。潘儿在家,因共夜饭,余仍小饮。夜饭后谈至八时许潘乃去。卢家湾区召开居民大会,滋儿赴之,归言主持讲话者颇不得体,听众大多厌倦云。十时濯体就卧,仍浴汗终宵。致觉昨有书来,告其女患病需钱,今日为预支稿费十二万元,交中国银行汇去。

9 月 16 日（己酉　廿四日）星期五

晴热有风,入夜风绝,浴汗彻晓。晨七时四十分乘车出,径赴怀夏楼办事。复致觉兼询款到未。秋暑转酷,挥扇不停,坐立难宁,极为苦痛。下午五时下班乘车径归。傍晚小饮。夜饭后小坐,即入浴偃卧。湜儿夜出参加学生活动,十时始返。接润十三日来信。

9 月 17 日（庚戌　廿五日）星期六

晴热甚,室内温度达九十六度,几感一切窒息矣。夜半始有雷雨,略得苏松。晨七时四十分乘车出到衍福楼办事。发钞新名录,即由文书组缮印。写沪竹新四号寄清儿,旋于下午得长店附来清八日发旅长四十九号详信,知静鹤一家确已安抵赣乡,惟解放后未得续音耳。又写信复润儿,编列沪竹四号。四时一刻许匪机又扰空,良久在浦东投弹。五时下班候车遄返,热不可忍,即小饮,亦感乏味也。匆匆夜饭讫,即入浴就卧,静听弹词播音以遣之,直待电掣雷作、雨打窗户,始得合眼暂休,今年秋暑亦太奇异矣。

9 月 18 日(辛亥　廿六日)星期

阴霾。晨八时半即有匪机掠空过,以气压低,声甚震耳,蒋魔垂死挣扎,犹欲痛其馀毒,其奈如秋热之不可以久延何。九时许良才见访,谈移时去。十时许君宙来,谈至十一时去。午后滋、湜两儿往解放剧场看《升官图》,六时始归。余饭后偃卧,四时后与珏人出散步。傍晚小饮。夜饭后又与珏人及滋儿出外散步。时飘细雨,气遂大凉。十时就寝。

9 月 19 日(壬子　廿七日)星期一

晴凉。晨七时四十分车来,乘以东出,径到怀夏楼办事。九时许又有匪机扰空。下午五时下班仍附车归。漱石、弥同午前来我家,漱儿则随余同归,淑、苏偕来,因共夜饭,余仍小饮。饭后与珏人、漱、滋、苏同往逸园看广场剧《怒吼的中国》,晤韵锵、炳生、明养、文彬等,剧情演英舰炮轰万县事,甚紧张刺激。七时半起,九时一刻毕,余与珏人、滋儿步归,漱儿、淑苏则与开明同人偕返新村。漱石与弥同早已先归矣,余等归后犹及听书,十时后始就寝。

9 月 20 日(癸丑　廿八日)星期二

微阴,偶有细雨,夜深甚凉。晨七时四十分附车出,即到衍福楼办事。陶孙忽被雪山派赴联营书店帮办计政,事前并未向余说明,似此行径,不但丝毫未改往日作风,抑且变本加厉,洗人依违迁就,实不能令人无气,经争议后暂许陶孙前往,于是文书组事务遂不得不问。下午看到平店两信,一为稚圃负气佯辞,一为同人攻讦李统汉,暗示拥王,轩然大波,分明对卢,间接打范,信稿想出某公也。若然,则开明毁矣。五时下班附车归。傍晚小饮。夜饭后与珏人、滋、湜两儿同出散步,归来听书,十时睡。

9 月 21 日(甲寅　廿九日)星期三

　　晴和,偶见细雨。晨七时四十分乘车出,以陶孙出差,即在衍福楼下车视事,应出席于怀夏楼之生产委员会,遂尔缺席。下午写沪竹五号书寄润儿,附去湜儿信,兼属就近致言于汉儿,妥慎应付当前环境,勿躁勿嚣,其实对芷芬下箴也。五时下班候车归。傍晚小饮。夜饭后与珏人出散步,返后听书,至十时就寝。人民政协代表名单已由各电台转播矣,明日报端当能见之也。

9 月 22 日(乙卯　朔)星期四

　　晴,较昨略热。晨七时四十分乘车出,到衍福楼办事。九时出席第九次店务会议,通过薪给折减办法,函工会筹备会征同意后将于十月起实施。余为陶孙事公开抗议,出席人颇持正义,使侵越者受到批判,但习性已成,恐难望悛改耳。而某公态度模棱,尤感棘手也。当开会时匪机两架扰空,高射炮火齐发,仍投弹而去。若辈飞贼,诚狗彘不食其馀矣。人民政协昨晚七时半在北平举行,全部名单今披露报章,多套印红色以示庆祝者,以是出版较迟,西区住户八时犹未见到也。下午处分杂事,五时下班仍候北来车附乘以归,漱儿挈弥同从。傍晚小饮。夜饭后湜出开会,余则与珏人、漱、滋、弥同出外散步,有顷即返,漱儿、弥同住焉。湜九时三刻乃归。淑侄为就学近便计,今起住霞飞坊。十时就寝。

9 月 23 日（丙辰　初二日　秋分）星期五

晴热如昨。晨七时四十分车来乘以出，与珏人、漱、滋、弥同偕，余先在四马路下，登衍福楼办事，伊等径往开明新村，盖翼之夫人自苏来，今午在漱石处饭，特邀珏人往会也。处分杂事。复致觉。下午五时下班候车返，珏人仍附乘同归。纯葆今晨偕其母自北站来，盖由苏乘夜车抵此也，小住于余家，想有事麻烦矣。傍晚小饮。夜饭后与滋儿出散步。九时即寝。连日匪机狂炸宁波，损害甚大，一时难得详信，颇念戴家，因命滋儿往叶家一探之，亦无要领也。

9 月 24 日（丁巳　初三日）星期六

晴热。晨七时四十分乘车东行，仍在衍福楼办事。知伊交余汉儿函，阅悉平店播弄状，幕后有人，难望宁静矣。人民政协既开，气象陡新，动摇者稍得安定，反侧者憬然思悟，其有助于解放大业至深且宏也。下午五时下班候车径归。傍晚小饮。夜饭后珏人为纯葆事，偕滋儿出访葆贞及组青（葆贞未晤），面为拉拢。组青以受挫于前，坚不接受，只得回绝，免牵萦。珏人归告之，或将决然引去乎。听书至十时寝。

9 月 25 日（戊午　初四日）星期

晴，时昙，颇热。晨六时半与滋儿出，同往巨鹿路北万新进早点，食已，滋赴四马路天蟾舞台印总大会，余则径归。八时许颉刚见过，谓日前自平返，平中景象殊盛，已超越抗战前旧观矣。出所著《浪口村随笔》六卷相贻，皆抗战时浪迹西南、西北诸地之见闻，及随时读书所得之笔录也。剧谈良久十时乃去。十时半达君车过,邀与同乘接予同共赴永丰坊,约同洗人、调孚、振甫、雪山合乘往四达路黄苑庄卅六号必陶之新居,必陶近与汤家庆结婚,卜完于期,今日请余等便饭也。下午二时始辞必陶归。先送永丰坊诸公,然后送达君,最近始及余,予同则先已赴江湾矣。余到家小憩,傍晚仍小饮。夜饭后与滋、淑、湜同出散步。十时就寝。

9 月 26 日 (己未 初五日) 星期一

阴雨霏微。晨七时四十分乘车出,径到怀夏楼办事。写沪津三号书寄芷、汉,告此间近状,属妥慎应付。下午五时下班乘车径返,天骤凉,衷袷已感难御矣。傍晚小饮。夜饭后听书至十时就寝。滋儿散班时未偕归,在漱家夜饭,出看缝工催制衣,八时乃返。

9 月 27 日 (庚申 初六日) 星期二

晴热,早晚凉。晨七时四十分乘车出,即在衍福楼办事。午后与雪山、达君同乘电车往永丰坊,在怀夏楼出席第二次生产委员会。予同连日忙于集会,下午三时始赶到。四时三刻散,余与达君、予同乘车先归。诸同人以开工会会员大会改选筹备委员,正在怀夏楼齐集也。接廿四日芷芬津书,拟离店,专就北平联合出版社事征余意见。傍晚小饮。夜饭后出散步。八时许滋儿始归,湜儿亦夜出参会,十时乃返也,时余已睡矣。

9 月 28 日 (辛酉 初七日) 星期三

晴和,夜半雨,达旦未止。晨七时四十分车来,乘以出,即在衍福楼办事。昨日工会选举揭晓,马孝俊辈以未逞,又往印总捣蛋,谓有人操纵云云。若曹只知目前,不望将来,本无足惜,而背后竟有人指嗾之,则可恨甚矣。写信寄芷芬,属勿辞,稍感困难,即萌退志,殊不可为训,因敦励之,使为正义奋斗也。谢辰生来访,属划款二十万元与西谛,因即付联络组转平帐,且作书附平店属转西谛。下午五时下班仍立广场候车归。纯葆及其母已辞归苏州,珏人以万三千元为赠。傍晚小饮。漱儿挈弥同自杜医处来,盖为弥同诊病,就便归省也。因共夜饭,饭后出散步,即住焉。农祥、亦秀夜来闲谈,即将北游兼辞行。湜儿夜出参会,九时半乃返。十时就寝。

9 月 29 日（壬戌　初八日）**星期四**

阴雨,气转燠。晨七时四十分乘车东行,径到衍福楼。九时出席人事委员会,即在新村阅览室举行,就诗圣倬可共参,当场推周予同为主席,余为书记,议定各部门得就需要,可指荐员生进修,经本会通过后申请公司津贴,其细则推均正详拟,下次开会时提出讨论决定之。十一时散。午后一时半偕叔湘、调孚、均正、锡光同乘往衍福楼,出席第十次店务管理委员会,四时半散。五时下班候车归。傍晚小饮。夜饭后湜仍出参会,近十时始归,余俟其返乃就睡。中华人民共和国国旗已制定,为五星红旗,甚庄且辉,得见者均极鼓舞。

9 月 30 日（癸亥　初九日）**星期五**

凌晨浓雾旋晴,继又日中下雨,午后时晴时阴,气乃大闷燠。七时四十分车来,乘以出,即到衍福楼办事。关于生产人事两会最近决案俱办清。九十时间匪机又在云层中盘旋,至死不悟,此辈诚鬼畜不若矣。《中国人民政治协商会议共同纲领》、《中国人民政治协商会议组织法》及《中华人民共和国中央人民政府组织法》今日各报俱已揭布。《共同纲领》凡七章六十条,首冠序言,第一章总纲,第二章政权机关,第三章军事制度,第四章经济政策,第五章文化教育政策,第六章民族政策,第七章外交政策。《人民政协组织法》凡六章,第一章总则,第二章参加单位及代表,第三章全体会议,第四章全国委员会,第五章地方委员会,第六章附则。《中央人民政府组织法》凡六章,第一章总纲,第二章中央人民政府委员会,第三章政务院,第四章人民革命军事员会,第五章最高人民法院及最高人民检察署,第六章本组织法的修改权及解释权。洋洋大观,包罗周至,诚中国人民之大宪章矣。明日起全国放假三天,后日起遍悬国旗三天,十日内得尽情狂欢以志庆祝。下午五时下班候车南归。滋儿以在怀夏楼帮同赶制新国旗,在潄儿所夜饭,八时半始归。淑侄、湜儿俱为庆祝事留校晏归,淑八时归,湜十时始返。余傍晚小饮,以惮热,祖裼呆坐,濯身后待儿辈归,来后始就寝。

10 月 1 日①(己丑岁八月初十日　甲子)星期六

阴郁烦热,近午遂雨,延绵未休,通宵及旦,竟成秋霖。今日起放假三天,同申庆祝。尝于雨前偕滋儿出散步,阻雨折回,竟日未再出。午后偃卧片响。听电台转播北京庆祝节目,并当地联合庆

①底本为:"更新日记第一卷"。原注:"一九四九年十月一日开始,十一月廿三日追暑,是日适值润儿廿四岁初度之辰。晨方寄书北京,晚乃与在沪诸儿女及四女夫达先共饮欢笑,同进汤饼,食竟怡然,遂记之如此。巽斋老人灯下书。余自写日记以来,历年已多,称署屡更,咸有所托,即系年书月亦每臆定,或用民朔,或遵岁阳,要皆对时局示抗议、葆坚贞也。今得解放,豁焉重睹天日,中国人民政治协商会议又适圆满告成,中华人民共和国于焉诞生,中央人民政府亦同时成立,五星国旗既制定颁布,文书纪年亦采用世界共行之公历。万象更新,斯为实证,遂以公历系我日记,并以'更新'名我日记云。"

祝广播。傍晚小饮。淑、湜均仍到校准备游行庆祝事,惜天雨不能尽情,且沾裳而返也。夜看默存《谈艺录》,十时后睡。

10 月 2 日（八月十一日　乙丑）星期

霖雨竟日夕,气遂大凉。候报纸至十一时始送到,盖待一日北京喜讯耳。中央人民政府全体委员于一日在庆祝中华人民共和国中央人民政府成立典礼时就职。即由主席毛泽东宣读公告,并由外交部长周恩来公函送达各国在北京旧领事馆领事,请其转交各国政府。（在北京无领事馆而在南京有大使馆或公使馆者,则送达南京各国旧大使馆或公使馆。）爰录公告于左,以志开国盛谟:

中华人民共和国中央人民政府公告

自蒋介石国民党反动政府背叛祖国,勾结帝国主义,发动反革命战争以来,全国人民处于水深火热的情况之中,幸赖我人民解放军在全国人民援助之下,为保卫祖国的领土主权,为保卫人民的生命财产,为解除人民的痛苦和争取人民的权利,奋不顾身,英勇作战,得以消灭反动军队,推翻国民政府的反动统治。现在人民解放战争业已取得基本的胜利,全国大多数人民业已获得解放。在此基础之上,由全国各民主党派、各人民团体、人民解放军、各地区、各民族、国外华侨及其他爱国民主分子的代表们所组成的中国人民政治协商会议第一届全体会议业已集会,代表全国人民的意志,制定了《中华人民共和国中央人民政府组织法》,选举了毛泽东为中央人民政府主席,朱德、刘少奇、宋庆龄、李济深、张澜、高岗为副主席,陈毅、贺龙、李立三、林伯渠、叶剑英、何香凝、林彪、彭德怀、刘伯承、吴玉章、徐向前、彭真、薄一波、聂荣臻、周恩来、董必武、赛福鼎、饶漱石、陈嘉庚、罗荣桓、邓子恢、乌兰夫、徐特立、蔡畅、刘格平、马寅初、陈云、康生、林枫、马叙伦、郭沫若、张云逸、邓小平、高崇民、沈钧儒、沈雁冰、陈叔通、司徒美堂、李锡九、黄炎培、蔡廷锴、习仲勋、彭泽民、张治中、傅作义、李烛尘、李章达、章伯钧、程潜、张奚若、陈铭枢、谭平山、张难先、柳亚子、张东荪、龙云为委员,组成中央人民政府委员会,宣告中华人民共和国的成立,并决定北京为中华人民共和国的首都。中华人民共和国中央人民政府委员会于本日在首都就职,一致决议:宣告中华人民共和国中央人民政府的成立,接受中国人民政治协商会议共同纲领为本政府的施政方针,互选林伯渠为中央人民政府委员会秘书长,任命周恩来为中央人民政府政务院总理兼外交部部长,毛泽东为中央人民政府人民革命军事委员会主席,朱德为人民解放军总司令,沈钧儒为中央人民政府最高人民法院院长,罗荣桓为中央人民政府最高人民检察署检察长,并责成他们从速组成各项政府机关,推行各项政府工作。同时决议:向各国政府宣布,本政府为代表中华人民共和国全国人民的唯一合法政府。凡愿遵守平等、互利及互相尊重领土主权等项原则的任何外国政府,本政府均愿与之建立外交关系。特此公告。

中华人民共和国中央人民政府主席毛泽东

一九四九年十月一日

午间自裹馄饨与家人共食之。下午二时许,燮荣来谒,告其妹佩霞将于十六日在一家春结婚,请余为之证婚。谈移时辞去。傍晚小饮。夜饭后听广播庆祝节目。十时许就寝。

10 月 3 日（八月十二日　丙寅）星期一

阴霾,上下午均有间歇雨,入夜又转甚。十时许,珏人率滋、淑、湜往濬所,道有积水,乘三轮车以涉,盖今天为文权生日,应邀往面焉。伊等行未久,为章来访,多年不晤,突承见过,真有风雨故人之乐,谈至近午始辞去,于上海中学近况言之甚详。亦珍之去,与春台之来,移形易貌,颇致沧桑之感云。饭毕独出散步,锣鼓声喧,行人熙攘,虽在雨后,而五星红地之国旗遍揭于市,迎风招展,亦如火如荼之观矣。随步至思南路,东望一片汪洋,水深没胫,不得不折返,迤逦及于陕西南路,雨又作,遂掉首以避。由霞飞坊总弄入,冒雨到家,颇沾湿矣。闷坐无聊,偃卧焉,不觉入睡,醒来已三时半。四时,珏等归,为言二漱及弥同亦在彼吃面。弥同唇疾未疗,仍求诊于克明云。傍晚小饮。夜饭后听弹词唱片之播音,九时即就寝。接九月廿九日,汉寄珏禀,知余连发两信,均尚未达也。

10 月 4 日（八月十三日　丁卯）星期二

霪潦益增,殊见苦闷,天亦恶作剧哉!晨待车至八时半始来,龙文及滋华以急须到馆,褰裳而涉矣。余与均正乘之驱以东,水深没轮之道甚多,绕越始达福州路,余即登衍福楼办事,均正则直往怀夏楼也。

接九月廿四日清华信,附士敫复调孚书,为雪村事,虽彼此解释,终成遗憾矣。今日本须开生产委员会,以天雨难行,经电话与调孚商洽,改在明日上午集行。诗圣已到馆,文书组事,略得放手,因将目下经办各事扫数办清,移属诗圣。下午五时下班候车径归。傍晚小饮,饭后听广播。就卧后终宵听雨而已。

10 月 5 日（八月十四日　戊辰）星期三

阴霾,仍时有雨。晨七时五十分,车来,即乘以东行,径抵怀夏楼办事。九时,出席第四次生产委员会,十一时毕。午饭时,饭作以明日中秋,例添节菜,今以节约,故主菜改用整鸭而已。下午一时许,与叔湘、调孚、均正、锡光、予同、至善同乘到四马路,相将登衍福楼。二时半,出席第十一次店务管理委员会,商定北京办事处组织及人位,属余起草办事简章,备提董事会,四时散。五时下班,仍候车南返,漱儿偕弥同随附同归。傍晚小饮。夜饭后听广播。九时三刻就寝。我开国公告发布,苏联首先于二日电复承认中央人民政府,并即建立外交关系,互派使节。捷克、保加利亚、罗马尼亚三国,亦于三日同时承认,均宣告与广州伪政府断绝关系云。

10 月 6 日(八月十五日己巳　中秋节)星期四

晨曦初开,心神一畅,旋乍阴乍晴,终未致雨。夜月甚莹澈,积霾之后,初不料有此良宵也。新政重视民族形式,今日普遍放假,遂未入馆。解放军已在舟山登陆,歼敌两营,正追击中,是匪帮在浙东海上之最后巢穴必见破灭矣,读报为之一快。坐艮宦,遥闻锣鼓声,意其为局部游行也,三出看之,均无所见,闻之路人,则历历如绘,何缘悭乃尔耶!漱石、丽华两妯娌及德铸与铭青之子来,因共饭。傍晚文权、潛儿、顯、预、硕三孙来,德铸与铭子已先去。入夕同席小饮,约翼之竟不至。夜饭毕,儿辈鼓兴歌唱,尽情欢笑,至八时许送权等归去。因与珏人、漱石、丽华及漱、滋、淑、湜步月,徜徉于复兴路、金神父路一带,折由霞飞路归。与丽华谈家常,询悉苏州近况,至十时许余就寝。二漱、丽华及弥同俱留住焉。

10 月 7 日(八月十六日　庚午)星期五

晴爽。晨七时四十分车来,偕漱、滋两儿乘以行。余到衍福楼办事,伊等则径往怀夏楼矣。上午草拟北京办事处暂行简章,并将薪给折减办法等,属诗圣为通告知照,各部门及各分店定于十月起照行。(余将照现支打七折。)下午各团体之游行队来,人民政府示庆者络绎不绝,一片声喧,锣鼓与鞭炮齐作,闻之者兴奋昂扬,此身竟有飘飘之感焉。五时下班,候车良久始得,附乘归,盖沿途为各处游行所阻耳。到家知漱石、弥同已归,丽华亦为翼之接去矣。傍晚小饮。夜饭后独出散步,在途看到游行之一部,想见明日大游行,其规模当更振大也。珏人以连日烦忙,体遂欠佳,入晚微有寒热,且咳嗽,因早睡。淑侄归去。湜儿午饭后到校,直至深夜十一时始归,亦为明日大游行有所准备耳。余候其返乃睡。(捷克、匈牙利与我建立邦交。)

10 月 8 日(八月十七日　辛未)星期六

晴暖,时有云翳,夜半雨。晨七时四十分道明车来,乘以出,至西藏路福州路口,为警察所阻,不能东行,谓保护大游行,东起黄埔滩,西迄成都路,南自爱多利亚路,北达苏州河,不能通行车辆也。其实早已发布,须上午九时开始,及于中晚十二时解除。此时尚未到八时,执行不当,依然旧作风,至可浩叹。因与龙文下车,步至衍福楼办事,仍属道明绕爱多利亚路北趋怀夏楼,俾均正、滋、华等得依时工作。坐甫定,锣鼓四起,间以鞭炮声及歌唱欢呼声,盖参加游行之各单位已纷向指定地点集合,备汇入大行列也。十一时开明参列诸人亦出动,绍虞以到市府参加主席团,亦来衍福楼见访,谈有顷,偕予同去。其时喧嚷热闹,途为之塞矣。开明因与各同业即宣布参加游行休业半天。余与洗人、达君出,拟往南京路王宝和小酌,俾看游行,孰知抵门时亦打烊,废然折回。行至山东路解放

日报馆附近,匪机数架忽来侵扰,高射炮火即向空迸发,盘旋多时
始逸去。地上游行行列依然活动,呼声仍彻云霄也。余等返衍福
楼,呼酒饮之,下午一时始毕。二时半,余偕龙文归,循河南路、民
国路、霞飞路徐步西行,途中大游行队伍已汇成洪流矣。到家后少
息,仍出看。六时归饮。夜饭后复偕珏人、淑侄出看,八时始归,行
列犹不知何时,乃毕过耳。滋儿十一时归,湜儿竟留校未归,悬知
游行完毕,须翌晨三四时也。

10 月 9 日 (八月十八日　壬申　寒露) 星期

　　阴雨。晨八时湜儿始归,言昨夜返校已三时半矣,因留校未即
返云。因属暖食易衣,就卧偃息。近午放晴。饭后出散步,二时始
归。珏人偕滋儿出购物。淑侄归去,余亦假寐片晌,旋起看画。傍
晚湜儿始起,漱儿、弥同、昌预、昌显、濬儿先后来,因共夜饭,余仍
小饮。淑贞来,取物匆匆即去。八时许,濬挈预去,漱及显、弥俱
留。九时就寝。波兰与我缔交。(写信两封,一沪津五号,一沪湘
竹新五号。)

10 月 10 日 (八月十九日　癸酉) 星期一

　　晴爽。晨七时四十分车来,乘以出,到衍福楼办事。今日无报
纸,想方游行后,一体休息也。昨报载前日匪机肆扰时,竟在闸北
水电厂投弹四十馀枚,毁屋伤人,颇致损害云。今日自上午九时
许,至下午四时间,匪机多架先后侵扰市空凡四度,散发反动传单,
并间以投弹,最后且于南北两区各飞下降落伞一具,不知掉何玄
虚,无非垂死挣扎,播谣惑众,逞快私臆耳。下午五时下班,候车
归。傍晚小饮。夜饭后与珏人出散步。归听弹词,十时乃寝。滋、

浥出看电影《百万雄师下江南》，十时半始返。接芷京六日信，详
告北地情状。

10月11日（八月二十日　甲戌）星期二

晴爽，风中感凉矣。晨七时四十分乘车出，仍到衍福楼办事。
下午二时出席第二次人事委员会常会，三时出席第十二届第十七
次董事会，五时始散。下班后候车归。接三日清儿旅长五十一号
书，详告近状，并及托继文带物分配事，知余信新三四号俱到达长
沙矣。一事不能释怀者，熊、鹤消息解放后终未获得耳。傍晚小
饮。夜饭后与珏人、滋儿出散步，由钱家塘、环龙路等处徐行返。
听弹词播音，十时睡。

10月12日（八月廿一日　乙亥）星期三

晴凉。晨七时四十分乘车出，仍到衍福楼办事。十一时许，达
之如君来馆。近十二时，均正及调孚、叔湘自怀夏楼来馆，因约洗
人、雪山同过杏花楼小酌，藉为达君、均正祖送，二时返馆。三时将
办就应携各件交付达君均正，同乘北送至怀夏楼。四时许，由纯嘉
及达之如君送上北站京沪通车待发，余即返于怀夏楼稍憩焉。久
不来新村，南面一带已围篱种菜，虽菜仅四畦，不逮篱内之地十之
一，然陡然改观矣。四时三刻，纯嘉等车还。五时下班，即乘以南
归。滋儿今在国光校开明少年，比余返已先在家矣。接清旅长五
十二号与滋者，附来熊赣书，人好平安，而贫困几难自存矣。为之
恻然。傍晚小饮。夜饭后仍与珏人、滋儿出散步，未几即归。听书
至九时半睡。淑侄出，阿凤陪往金都看《百万雄师下江南》电影，
十时半归。

10 月 13 日（八月廿二日　丙子）星期四

阴霾偶露日光，气凉。晨七时四十分出，乘车到衍福楼办事。下午二时出席十二次店务管理会议。二时半至三时间，匪机两次侵扰，在十六铺外滩投弹，颇致死伤，似此滥肆恶虐，诚杀不可恕矣。五时散，候车归。君宙在家候我，因长谈，遂共小饮，未几即去。夜饭后偕珏人、滋儿仍出散步。归后听书，九时许即寝。寄汉沪津六号，告朱顾北上，一切详商事。寄润沪竹六号，告此间近状并静鹤音耗。

10 月 14 日（八月廿三日　丁丑）星期五

晴爽。晨七时四十分车来，乘之以东，径到怀夏楼办事。写信寄致觉，为英文辞典补充译例事。寄清敩沪浙竹新六号，复旅长五十一、二号，属敩早来沪，下午二时半，诚之、宽正、焕章来访，长谈至四时许始去。余竭力怂恿诚之完成断代史全部，并询悉丕绳已就山东大学之聘，前赴青岛矣。五时下班，仍乘车南归。傍晚小饮。夜饭后与珏人、淑侄出散步，少选即返。滋儿以参加开明职工讲习会未归。夜饭九时许始返。湜儿以参加比乐晚会，夜饭后出，十时半乃归。余听书至十时即寝。

10 月 15 日（八月廿四日　戊寅）星期六

晴爽。凌晨六时匪机即来扰空，高射火力驱之，盘旋未久即逸去。七时四十分车来，乘以往衍福楼办事。十时许，匪机又袭空，计三架，穿梭往来于黄浦江上，至三刻之久。先后投弹多起，自公和祥码头沿浦而南，迤至斜土路北票码头，死伤十馀处，在新开河一带尤烈,且引起燃烧,疯狂滥暴,非复人性所应有矣。之后全体救护人员出动拯援,惨厉之铃声,垂暮犹未停息也。接北京电,达等已安抵。广州市已证实解放,今晨九时入城,十一时即与上海之电台取得联络,此间试打一电询安否,甫发出即接来电,谓人店安,快慰极矣。五时下班,少坐后与洗人、雪山、达轩、诗圣、雨岩、韵镝、宝懋、世泽、炳生、龙文、纯嘉同应陆桢祥之邀,过杏花楼饮寿酒,席间晤包光裕,凡两席,八时半始散。与龙文坐三轮车归,适值本区停电,摸索始得门,比叩入,文权、濬华、漱华、昌硕、弥同俱在,谈有顷,权、濬、硕归去,余以多饮即睡去。

10 月 16 日(八月廿五日　己卯)星期

晴和,午前略阴。破晓五时,匪机来袭,为地上高射炮声所惊醒,即披衣起。六时半,与滋儿出往成都南路顺兴馆吃羊肉,共吃羊肉六盆,羊血汤六碗,计付人民币千四百元,缓步归。八时许,又有匪机扰空。九时许,王季仁来谒,出柬请余证婚。季仁为佩霞之婿,今日在一家春结婚,特来补礼也。十时半,匪机又来扰。下午二时半,与珏人、漱、滋、湜及弥同分乘三轮车往一家春,参加佩霞、季仁婚筵。三时半婚礼开始,四时三刻始完成。余即席致辞,勉以互相学习,共同进步,由家庭而社会,为广大人群服务。五时,茶点散,出后仍与珏人坐三轮车归。漱、滋、湜及弥同亦偕返。到家后宏宁来,以今晚逸园欢迎苏联代表晚会入场券见贻,余不能耐夜,即属湜儿随之去。六时后小饮,吃青菜烂煮面。八时,漱、滋、淑往国泰看电影《青年近卫军》,十时半归,余乃就寝,直至一时许湜始返。

10 月 17 日（八月廿六日　庚辰）**星期一**

　　晴较昨为暖,夜深微雨。晨七时四十分,乘车到怀夏楼办事。阅报知昨晨之匪机曾在北站附扫射平民,死伤三十馀人云。调孚云,今晨渠仍听得机声掠空过,惟未闻其他声响耳。匪帮垂死挣扎,回光返照,必不能久,行见随秋叶荐落也。写长信寄藏云,复谢赠砚,并顺告开明近状,于经济之窘与雪村之去,皆慨乎言之。广州解放后,此间正游行庆祝,捷报传来,厦门又于昨夜十二时解放矣。匪势日蹙,故益见倒行逆施耶。五时下班,乘车返。傍晚小饮。夜饭后与珏人及滋、淑同出散步,归购糖炒栗子与家人共啖之。九时许即睡。

10 月 18 日（八月廿七日　辛巳）**星期二**

　　晴朗。晨七时四十五分车来,乘以东行,径到怀夏楼办事。九时,出席第五次生产委员会常会。写信与宽正退稿。下午怀夏楼大多数同人前往南京大戏院,参加出版工作者协会、欢迎苏联代表会,二时即乘大车出发,过衍福楼,再接同人共赴会场。余以少穿衣服,恐深夜受凉,附车至龙门路,缓步先归。傍晚啖蟹饮酒。夜饭后潜儿来,八时去。滋儿于九时后始归,饭盖自欢迎会中散出也。湜儿以筹备明日庆祝广州、厦门大游行事,留校工作,彻夜未归。余十时寝。

10 月 19 日（八月廿八日　壬午）**星期三**

　　晴凉。晨七时四十分,乘车到衍福楼办事。九时许,匪机突来扰空,且在市东南角浦江附近掷弹两枚,其时适全市学生为庆祝解放广州、厦门及欢迎苏联代表举行大游行,并不理睬,旋即由地上高射炮火逐走之。以滋儿所致清儿书,属龙文附长店号信去。五时下班,候车归。接清儿十二日发旅长五十三号寄湜儿者,附来建昌四足岁照相两帧。傍晚小饮。夜饭后滋儿往省潇儿,近九时返。余则以白天受凉,未敢出冒风,独坐艮宧闲翻,并凝神静摄移时,然后入卧。台湾匪机群中,有两架起义来归,其觉悟渐萌,徐图自拔之朕乎!跂予望之矣。

10 月 20 日(八月廿九日　癸未)星期四

晴凉。晨七时四十分,乘车出,仍到衍福楼办事。下午一时半,出席业务会报,为结算版税事,至善致诘世泽,一再拖延,雪山乃设辞曲庇之,几见冲突,甚感无谓。三时半,出席第十三次店务管理委员会。四时许,匪机又扰空,为地上火力所驱,仅横掠而过,未闻掷弹也。五时散会。到广场候车南归。傍晚小饮。夜饭后与滋儿出散步,购热栗归,与家人共剥食之。听书至十时入睡。

10 月 21 日(八月三十日　甲申)星期五

晴爽。晨七时四十分车来,乘以出,到衍福楼办事。下班后留馆吃蟹,六时开饮,八时始毕。与其事者,洗人、达轩、雨岩、韵镕、孝俊、纯嘉、一鸣、炳生、永锐及余,凡十人。散后独乘三轮车归,抵家已九时许。本区适值停电,摸索而得门焉。十时睡。

10 月 22 日(九月小建甲戌　乙酉　朔)星期六

晴爽。晨起为佩霞、季仁结婚证书题词,制四言八句颂语,书其首叶。七时四十分,乘车到衍福楼办事。书寄达君、均正,寄空白聘书十付去,备相机填用。(此备聘设计委员之需,余戏谓此实告身札付也。)接十八日润儿京寄信,同日汉儿津寄信,十九日芷芬京寄信。(附致洗人、叔湘信。)下午五时下班,候车南归。少坐即小饮,已入暮矣。夜饭后与滋儿出散步,未几即返。听弹词播音,至十时三刻始睡。解放军已到新疆迪化。

10 月 23 日 (九月初二日　丙戌) 星期

晴爽。晨六时三刻与珏人、滋儿往巨鹿路北京新进面点,顺购炸蟹十馀枚以归。阅报知中央人民政府政务院已正式宣告成立,各会部署行均组织齐全,首次院务会议已开过,从此中枢日健,统一渐臻,人民康乐计日可待,不禁欣忭雀跃之至。十一时煮蟹温酒,与家人共擘食之。饭后独出散步,绕里四周而还。三时许,漱儿来约滋儿,同赴逸园参加印刷工会成立大会,与王洁、弘宁、元龙、学麒、明宝俱来,少选即行,淑、湜随之去。家下惟余与珏人及女佣阿凤耳。傍晚续食馀蟹,六时毕。夜饭后,余再出散步,未几即返。听昆剧及评弹,广播俱为宁波同乡征募,宁属惨遭匪机轰炸,善后救济而发。据黄延芳、邬崖琴报告,鄞县、镇海被毁民房达百分之六十,灾民流离失所,闻之酸鼻。蒋匪帮之肉,真不足食矣。十一时半,漱、滋、淑、湜始自逸园归。漱以路远即住家中,未与王洁等俱行。余安心就睡已十二时,惯例骤破,竟致失眠。

10 月 24 日 (九月初三日丁亥　霜降) 星期一

晴爽。晨七时四十分,乘车东行,径到怀夏楼办事。复芷芬寄京傅彬然转,下午接廿二日鉴孙天津来信,知芷芬已于二十日返津,然则项复之信相左矣。五时下班,乘车归。据应治言,今日上午九时许,闻匪机投弹声,予同亦云然。及到家,阿凤所言又同,惟怀夏楼、衍福楼诸人俱未之闻,亦疏略堪警矣。傍晚小饮。夜饭后与滋、潄、湜同出散步,仍周绕里外而还。午前接仲华电话,属为新闻日报写一小文,介绍舟山群岛,因搜集材料,备缀求之。九时入卧,听书至十二时始睡。盖评弹会串为流动诊疗车,募捐十分卖力,竟不能骤释也。

10 月 25 日 (九月初四日　戊子) 星期二

晴爽。晨七时四十分车来,偕珏人、滋儿附之东行。余在四马路下,即登衍福楼办事,伊等直放开明新村。盖今日为弥同诞辰,珏往吃面,滋则到怀夏楼服务也。予同言文祺以云裳离婚事所迫,在吴宫饭店服毒自杀,刻尚未脱险境云。上午无止来,下午志行来,俱为此事,恐一时难得回春也,闻之恻然。此事在文祺固咎由自取,而云裳一再紧逼,使渠无由回翔,亦太忍于处事耳。如此离合,岂真前生冤孽耶!写信与颉刚,送《辛未访古日记》单装本,即递大中国书局转去。下午五时下班,候北来车,珏人仍附乘焉,因与偕归。滋儿以参加工会福利股开会,未及同行也。接藏云廿三日复书,寄怀夏楼,由珏人携回。少坐天已垂黑,即小饮。夜饭后坐艮宧翻书,倦眼难撑,九时即归寝。滋儿在潄儿所晚饭,俟会毕,归来已十时半矣。

10 月 26 日 (九月初五日　己丑) 星期三

晴爽。竟日未出,为仲华撰文,自晨及暮,缀三千言,于舟山群岛之位置及定海设治之沿变详述之,凡报章传讹名字,不惮校正,惟阅者未必耐看耳。午、晚俱小饮。夜饭后听弹词播音,至十时寝。八时前潏儿偕文杰之子昌颐来谒,谈移时辞去。其人毕业东吴法科,现方在研究所继续研习司法制度云。

10 月 27 日（九月初六日　庚寅）星期四

晴爽。晨起作书与仲华,送所撰《舟山群岛述略》去。七时四十分车来,乘以东出,到衍福楼办事。下午二时半,出席第十四次店务管理委员会,于汉、宁、杭三分店将有变动。接士敩电,知明日去洪转沪,是两三天后必可晤及矣。五时下班,候车归。夜值本区停电,点小洋灯代明,仍小饮。滋儿以参加工会福利股干事会,九时始归。浞儿以校中忙于建团,十一时始归。余则十时已寝,惟家人尚未毕归之前,终难入睡耳。

10 月 28 日（九月初七日　辛卯）星期五

晴爽。晨七时四十分,乘车出,径到怀夏楼办事。书复藏云。寄沪竹七号与润儿。写好沪津七号,备明日附寄与汉儿。下午五时下班,乘车归。傍晚小饮。夜饭后与珏人、滋儿出散步。归后为滋儿说黄河两节,令笔受之,备缀成《我们的书》之一也。九时许就寝。

10 月 29 日（九月初八日　壬辰）星期六

破晓,红霞铺锦致艳丽,日高渐县。午后微雨即止,终阴。晨七时四十分乘车东出,到四马路衍福楼办事。看均正来书,知京中近事,或者即将南返矣。九时许,匪机来扰,投下无耻下作传单甚多。下午一时许,又掠过,总之丢魂而已。乃乾来谈,询八百孤军奋斗事,良久始去。五时下班,候北来车归。漱儿挈弥同附焉。少坐啖蟹饮酒,七时始已。夜饭后湜又入校,参加同学学生会。余与漱、滋、弥同出散步,少顷即返。十时寝。十一时许,湜儿始自校归。

10 月 30 日（九月初九日　癸巳　重阳节）**星期**

　　晴朗大凉,须御棉矣。晨起早餐,已独出散步,迎面北风已大有初冬之象,循近旁一周即返。阅报知定海桃花山东北之悬鹁鸪山已解放,湖南零陵、东安亦解放,广西门户洞开,白匪残部不难悉歼矣。又昨晨扰沪散发传单之匪机,于当日下午一时三十分,西窜江宁途中,在戚墅堰附近被我击落,生俘飞贼八名,已解送常州,而大批贼机,竟分炸杭州、金山、奉贤等处,并将戚墅堰电厂轰毁,丧心病狂,真狗彘不食之鬼畜矣。十二时许,匪机又掠空,盘旋良久乃去。饭后漱、滋、弥同往濬所,傍晚偕文权等一家来。先是三时许,翼之见过,谈笑不觉移晷,遂共小饮,始开坛,漱石亦至。（王洁、至善二时来谒,三时去。）夜饭后权、濬等先行,二漱、弥同偕过王洁共乘返新村,翼之最后去,已将九时矣。湜儿以入团礼,上午、下午均出。十时寝。

10 月 31 日（九月初十日　甲午）**星期一**

　　晴凉。凌晨六时,达先至,盖由南昌乘浙赣路通车,直抵上海。五时许到西站,即雇三轮车来我家也。询悉浙中近况,料理早饭讫。七时四十分同乘以出,皆抵衍福楼,处理杂事。午间偕洗人、雪山、达轩、达先过永兴昌饮酒食蟹。饮次,匪机来扰,据闻有八架之多,盘旋甚久云。二时许,余等返衍福楼视事,达先乃往怀夏楼访问诸长者朋旧也。五时前无止来访予同,下班后同在广场候车

共行,达先仍附车与余及滋儿同归。入夜小饮。夜饭后略谈家常,
知亦秀已自北京返,曾来看珏人致意云。九时许即睡。

11 月 1 日 (九月十一日　乙未)星期二

　　昙时黔,夜半雨。晨七时四十分乘车出,与达先、予同偕赴怀
夏楼。雪山约在彼少候,叔湘、调孚、锡光、祖璋本在新村,九时半
遂举行第六次生产委员会,达先列席。十一时散,山、予先往衍福
楼,调孚以体不甚舒,归休。午间余与达先过漱所,吃虾蟹面。下
午四时,与叔湘乘车赴衍福楼,达先则先已到彼矣。五时半,与洗
人、雪山、叔湘、达先过杏花楼。盖今日公司宴请楼适夷、沈端先、
李平心、董秋斯、金仲华,兼为雪山饯行、达先洗尘也。坐有顷,端
先、适夷、平心先后至,予同、明养近七时始来,秋斯以病,仲华以
事,卒未到。八时许散,余与予同、达先、平心共乘以行,先送平心
至玉佛寺旁,然后归,予同则最后返。滋、淑、湜、顯俱往逸园参加
冼星海逝世四周年纪念大会,潛儿在家,盖送昌顯来者,有顷潛去。
九时后,滋等亦归。十时睡。接均正信,知四日可归沪矣。

11 月 2 日 (九月十二日　丙申)星期三

　　黔雨。晨七时四十分乘车出,径到怀夏楼办事。写沪津八号
与汉儿,沪竹八号与润儿,俱备明日托雪山北上之便带去。调孚上
午未到,下午来楼略谈即归休。君宙昨晚过我未值,今接电话约明
晚来谈。五时下班,天色已黑,殆雨晦耳。附车至四马路,予同、龙
文、达先登焉,驱以西,偕达先归。本区又值停电,仍点小洋灯照
明,与达先小饮。夜饭后,达先应予同约过渠谈,十一时始返。滋
儿以建团事未随余归,九时后乃返。余以无灯只索默坐,滋归

即睡。

11 月 3 日（九月十三日　丁酉）星期四

阴雨竟日,夜深益甚。晨七时四十分乘车出,到衍福楼办事。下午二时出席第十五次店务管理委员会。五时散,叔湘、韵锵、锡光、宝懋、至善、纯嘉、知伊、振甫、公宴士敩于杏花楼,邀余作陪,余以先约君宙未克赴,仍候车归。五时四十分,君宙至,相与对酌长谈,近八时乃辞去。九时许,士敩归。湜儿夜饭后又赴校,十时始返。漱儿、弥同附车来,即住焉。接津电,均正今下午一时行。

11 月 4 日（九月十四日　戊戌）星期五

晴阴间作,午后放晴,气又转凉。晨七时四十分乘车出,径到怀夏楼办事。借调孚本校《书目答问补正》。雪山昨日成行北上,参加此间出版工作者东北参观团,预计往返需一个月,中途并□天津、北京也。下午五时下班,附车归,士敩今住永丰坊,未偕行。入夜小饮。夜饭后文权、潛儿来谈,至九时许去,余亦就寝。

11 月 5 日（九月十五日　己亥）星期六

晴凉。晨七时均正见过,盖甫自天津附车到沪也。谈京中情况甚悉,开明前途或将获一生机耳。七时四十分车来,因偕与俱出,同到怀夏楼。士敩昨住新村,遂约叔湘、均正、调孚、锡光与谈。九时许,匪机扰空,北郊闻警报。(市区不大听到,余尚初次闻警。)越半小时解除。翼云见过,谈地图绘制事。下午一时,与均正、士敩乘电车到南京路山西路口,下步往衍福楼晤洗人谈。接润儿十月卅一晚所写信(内附致漱、滋、湜信)。汉儿二日与漱、滋信,均忙甚,目前青年生活必得如此,始上轨道也。五时下班,士敫仍往新村住,余则候车归。入夜小饮。夜饭后独出散步,曳杖而行,仰视明月为状,亦自得回忆中秋之夕,与珏人、漱石、丽华暨儿女辈步月事,忽忽已匝月矣。流光如驶,洵非虚谈。返后听书,十时寝。淑侄归仲弟所省其母,即住彼处。校中月考方毕,欣然归休,亦殊得也。

11 月 6 日 (九月十六日 庚子) 星期

晴凉。清晨与珏人过巨鹿路北万馨吃面,顺购菜蔬归。八时三刻,绍虞见过,谈移时去,盖将往访巴金、未风、唐弢也。书巢图卷即属渠带去,便中乞为一题。午前校注《书目答问》,饭后仍之。三时许,伯衡长君来谒,谈移时辞去。其人仪表俊伟,言辞厚重,奇人也。五时许,士敫偕漱儿、弥同来,因共夜饭。余与敫对饮,七时方罢。听评弹界会串京剧,至十一时半始睡。夜月甚姣,一时后雨。

11 月 7 日 (九月十七日 辛丑) 星期一

阴雨延绵。晨七时四十分,乘车东出,到衍福楼办事。予同午后来。米贴事脱节,又起纠纷,补发人二千五百元始了。天阴影响身体,眼涩耳痒,呼吸不畅,至感不适。下午五时下班,与士敫候车归。漱儿附乘随返到家,匆匆夜饭已,即与敫、淑、湜同往杜美看电影,余乃独自小饮。滋儿别往看电影,七时乃归。八时半,敫、淑、湜归,知漱已与王洁偕返新村矣。余仍校补《书目答问》,九时毕,归寝,听弹词播音,至十时许入睡。

11 月 8 日（九月十八日　壬寅　立冬）星期二

阴雨。晨辨色即起，七时十分车已来，附乘以出，径抵怀夏楼。盖每逢星二、星五同人分组集体学习，提早半小时入馆也。九时许，出席第七次生产委员会，十一时散。午饭已，即偕予同、均正、必陶乘电车到外滩步往衍福楼，一时出席第四次人事委员会，予同以事先退，余等为修改给假办法及同人进修津贴办法，至三时半始散。孝槎明日在金门饭店结婚，余与洗人等合十人送四万元贺礼去。长沙附到清儿二日发旅长五十五号（附致敫信），仍为业熊职业担心。五时下班，候车归。本区又值断电，仍点小洋灯小饮。士敫以应朱家邀，未归饭，八时后返。滋儿出赴集会，十时半乃归，雨淋沾湿矣。比其返，余已睡，惟未安稳耳。

11 月 9 日（九月十九日　癸卯）星期三

阴沉时有雨意。晚微晴，气闷渐解如风燥，明日必晴矣。晨七时四十分车来，乘以东出，到四马路衍福楼办事。下午三时，洗人等往金门饭店贺张孝槎结婚，余以公司人单，且惮值雨，因属诗圣留名于签注簿，竟未前往。近来对应酬颇淡，实非至计也。五时下班，去广场候车返。士敫、漱、滋随到家，夜饭后俱往金都看电影。亦秀、农祥来省，谈久之辞去，约后日来家晚饮，八时半行。十时就寝，越半时滋归，告漱由敫陪送，返新村矣。

11 月 10 日（九月二十日　甲辰）星期四

昙，午后晴。晨七时四十分车来，乘以东行，在四马路下，径登衍福楼办事。报载香港中航、央航两公司员工四千人，由两公司总经理领导,通电宣布起义。当有十二架飞归安全地,其馀七十余架留港保护,候中央人民政府接收云。是蒋贼心膂日叛,离总崩不远矣。下午三时,出席十六次店务管理委员会,所涉较大,五时未毕,匆匆结束。下班后候车返,漱儿随归。弥同早由漱石送来矣。入晚小饮。夜饭后与珏人、士敫、漱、淑、湜、弥同出散步。滋往省权、濬,九时返。十时许寝。夜半后大雨。

11 月 11 日(九月廿一日　乙巳)星期五

阴雨。晨七时十分即附车出,仍到衍福楼办事。履善作保被累,世泽发起援助,约十人为之担代,余与均正、调孚、锡光、士敫等均应约签署焉。下午四时,继文来馆。五时下班后,与敫、缤等同车南归。到家时文权、濬儿及农祥等均已在,乃围坐合饮,擘蟹下之,七时半饭罢长谈。八时三刻,继文、农祥、亦秀辞去。又有顷,权、濬去。十时就寝。

11 月 12 日(九月廿二日　丙午)星期六

阴雨,气湿感闷。晨七时四十分乘车出,仍到衍福楼办事。下午遇羲来谈。三时许,均正、叔湘自怀夏楼至,约洗人、士敫谈公司前途事,觉有人不明事理,或且横生阻扰云。余谓事实胜雄辩,真金不怕火来烧,且看若辈跳梁,究有何效耳!五时下班,候车与士敫同归。家中接汉儿九日发十八号信,于津事多申辨。其实年少气盛,究非善计也。入晚小饮。夜饭后本拟与士敫往国泰看电影,以值大雨未果,留家闲翻,九时后即寝。

11 月 13 日(九月廿三日　丁未)星期

阴雨竟日。阅报知雷州半岛大部解放,锐锋已直指海南矣。

美帝续以轰炸机百架、坦克七十辆支持蒋匪,将装运出口,径往台湾。帝国主义稔恶如此,其何能免于覆亡乎!十一时二十分,偕士敦乘三轮车出往二马路同华楼会仲华,至则仲华、洗人、锡光、至善、调孚俱在。有顷,予同至。又有顷,均正、叔湘、必陶至,酒食并陈,且饮且啖。因与仲华纵谈开明与出版总署合营事,众意舍此无自伸之道矣。甚融洽,止待努力进行耳。二时三刻始散,士敦与洗等北行,余与均正共乘三轮车以返。组青、嘉源先后来,组青匆匆即去,未与嘉源遇,嘉源则来沪取行李,今晚即归苏云。谈至四时许辞去,其人顽梗异常,受毒至深,将来恐更吃苦也。入晚后小饮。夜饭后,为滋儿说星宿海河源事,仍令笔受焉。九时即寝。士敦住新村未归。

11 月 14 日（九月廿四日　戊申）星期一

晴,微寒。晨七时四十分乘车出,仍到衍福楼办事。洗人晤端先,将昨日与仲华所谈与洽,大致无甚问题,只待好好计画实施步骤耳。士敦来后,同人间意见渐明朗,如果理解得力,或可化除障翳,但恐顽梗者多,而一部分野心之人执异弗释耳,开明前途依旧黯澹也。下午五时下班,候车归。士敦以霞飞坊停电,仍北住新村。余到家小坐即饮。夜饭已,滋儿为团事,参加集会,十时半始归。余以默坐无聊,九时半即寝。

11 月 15 日（九月廿五日　己酉）星期二

晴,近午阴,傍晚又雨。晨七时十分车即来,附乘而出,径到怀夏楼办事。九时,出席第八次生产委员会,商量备提之编辑计画,即推叔湘写定之。下午与纯嘉谈,知顽梗者存心捣乱,其发展正方兴未艾也。余颇感棘手,盖士敄来后,包围不免,处境确又甚难,从容解释殆不可能,奈之何哉!五时下班,仍附车归。入晚小饮。夜饭后点定滋儿所写《黄河之水天上来》三大段。士敄有人请在杏花楼夜饭,八时归来。余九时即寝。接津店附来汉儿十二日发十九号函,附有致漱儿函。夜雨达旦未休。

11 月 16 日（九月廿六日　庚戌）星期三

阴雨。晨七时四十分,乘车东行到衍福楼办事。写信两封,分寄北京、天津,一为沪竹九号与润儿,一为沪津九号与汉儿。与润者谈公司合营进展状况,及此间龃龉之情,与汉者仍剖析前此经函之不合,力诫凡事只求实际有济,不当于文字上动感情、逞意气也。下午予同自复旦来,达先与密谈久之,厥状甚诡,令余不忍昌言,谁究为谁方之谋主耳!呜呼!接润儿十二日信,详告近状,并言所编俄文译著书目,或将排印出书云。以是心绪甚佳,虽忙亦乐也。五时下班,候车返。到家未久即小饮。达先以赴必陶之约,夜饭其家,本约归宿,候至十一时未来,乃阖户就寝。旬日以来,物价步升,几乎日高一成,以是匪特即乘隙造谣,一般落后市民遂相惊怕,有自起疑障,可笑亦复可恨,转觉人民政府之宽大为过度矣。

11 月 17 日（九月廿七日　辛亥）星期四

晴,寒意渐浓,大有冬象矣。晨七时四十分车至,乘以东行,直抵衍福楼办事。士敄十一时始自永丰坊来四马路,知在怀夏楼开薪给小组会议。下午一时许出席本月分业务会报,于合营事有所报告。三时半出席第十七次店务管理委员会,五时匆匆毕事,即到广场候车归。入晚与士敄小饮长谈。八时半滋、淑、湜及敄同往八仙桥黄金大戏院看淮海战役电影,比其归,余已就卧矣。

11 月 18 日（九月廿八日　壬子）星期五

晴寒,伸指渐感失灵矣。晨七时十分即乘车出,径到衍福楼,同人分组学习,余则过顺泰祥进早膳,吃肉面一碗,会钞一千四百四十元。今日物价之猛跳,较月初殆加两倍也。返楼办事。九时许匪机扰空,盘旋半小时未闻落弹。怙恶之徒心肝早丧,就歼之期必不在远耳。解放大军长驱入川、黔,贵阳已于前日解放,川东前锋已抵乌江岸,重庆已入包围网矣,所馀蕞尔小岛,恃其残馀匪机,效蚊蚋之噬肤,痛毒海滨而已。下午三时出席第五次人事委员会,通过延聘方白、修改房屋竞选章程等,五时始散。候车归,漱、滋等为建国事在衍福楼开会,余独返小饮。夜饭后滋偕纯嘉来,滋归饭,纯嘉晤余白事,滋匆匆饭已即出,赴巴黎大戏院会敫、漱看电影,纯嘉则与余谈至九时半始去。十时余就寝,越半时滋归,知敫送漱北归,即住诗圣所矣。

11 月 19 日（九月廿九日　癸丑）星期六

晴寒。晨七时许匪机来袭,盘旋半小时在市郊,投弹三次声甚大,未悉何处。嗣知在龙华及南码头。七时四十分乘车东行,仍到衍福楼办事。士敫十时许到衍福楼,叔湘、调孚、均正十一时半亦到,三刻偕同洗人、予同、诗圣、达轩及士敫等,同往大西洋菜社候端先、仲华,盖预期在彼一谈开明近况,并提出编辑计画也。十二时均到齐,且饭且谈,直至下午二时许始散,余等仍返馆工作。五时下班候车归,漱儿及弥同附乘焉。到家即小饮。六时许珏人即往濬所,以今日仙霓社旧班在同孚剧场演出,复名新乐府,与权、濬同往听昆曲也。七时许漱、滋、弥同、士敩往佩霞家参观新房,湜儿则到校治事,仅余一人在家耳。昨接西谛十五日书,知日内即须回南,先到江宁接收文物机构,再到上海晤谈云。今日接静鹤六日赣乡来信,察验戳到赣县已十二日,中隔六天矣。自赣县抵此又须七天,交通之不便甚矣。信中详报近状,困顿殆不可言,阅之真令人累日不怡也。九时半漱儿、士敩、弥同自佩霞所归,滋儿已往同孚剧场候珏人。十时一刻湜儿归。十时五十分珏人及滋儿归。余就寝已十一时,诸儿尚未即睡也。

11 月 20 日 (十月大建 乙亥 甲寅 朔)星期

晴较昨略和,风中仍戴帽御围巾也。早七时许匪机扰空市区,未闻爆炸声,嗣知大场飞机场被投弹,真如杨家桥一带火车被扫射,颇多死伤,鬼畜行径,只有留待清算矣。十时许偕滋儿出散步,士敩往兰心看电影,午间敩归,余与小酌。进元来修水盘,上午九时来,下午四时去。午后三时文权、濬儿、小同来省,因与漱、滋、弥同及士敩往林森公园游憩。湜儿往校工作,傍晚始返。四时钱仰之来访,谈次权等归,因共话,垂黑辞去,漱石来。入晚小饮,夜饭后权等归去,漱石留宿焉。十时余就寝。

11 月 21 日 (十月初二日 乙卯)星期一

晴,气较昨为暖。晨七时四十分乘车出,到衍福楼办事,漱儿随车去怀夏楼,漱石及弥同则于十时许径归新村。匪机于九时许又来扰空。下午三时濮文彬来谈,四时唐坚吾来谈。五时下班与士敩候车归,滋儿以同人入团事在衍福楼开会,未克随余同行。到家小坐便饮,夜饭后坐艮宦闲翻。午前在馆写一长信与静鹤,促其设法出来,到沪后再作计较。惟交通甚难,此信未知后日始得往复耳。滋儿九时三刻归,湜儿晚饭后出,十时许乃归。余九时半就卧,俟诸儿辈至乃入睡也。

11 月 22 日（十月初三日　丙辰）星期二

晴暖,入夜竟雨。晨七时十分即乘车出,径到北四川路怀夏楼,出席九次生产委员会,十时半即散,与予同仍返衍福楼办事。下午三时出席六次人事委员会。接汉儿十九日发二十号函,知芷芬等已自大连北去哈尔滨,月底可返京津云,且告为余购置狐肷统一件,属刘天民之父带沪也。有顷,刘君将统子送到,但未谋面即去,至深歉然。五时下班候车归,士敫以被邀北去列席工会筹备会,未偕返即住新村矣。入晚小饮。夜饭后坐艮宧写沪竹十号信复润儿,属设法入图书馆专修科选习并告近状,又写沪津十号信复汉儿,告皮统收到,并告此间近情。十时就寝。

11 月 23 日（十月初四日　丁巳　小雪）星期三

晴,较昨减暖,风中又感寒冷矣。晨七时四十分乘车出,仍到衍福楼办事。发出昨夜所写分寄汉、润信。整理人会纪录,并办出决议诸项。子如、鸣祥、沧祥来沪报到。子恺来谈。予同十一时来,午后二时即出。五时下班,与士敫候车南归,漱儿、弥同亦附车随滋儿同返,以今日为润儿生日,伊等同归吃面也。到家知文权、濬儿午间已来过,吃面而去。入晚,余与敫、漱、滋小饮,珏人亦酌葡萄酒共兴。夜餐毕,敫、漱、滋、淑、湜、弥同出散步,余则独坐艮宧闲翻,珏人乃在房开播音机收听弹词也。移时敫等归,余亦就卧,漱、弥留住焉。

11 月 24 日（十月初五日　戊午）星期四

晴冷。晨七时四十分乘车出，仍到衍福楼办事。上午写信与汉儿，寄未发信稿去，并附核定各区薪给折实点数，通函详叙经过，属今后切勿鲁莽错怪他人。下午三时出席十八次店务管理委员会，五时始散，与士敩候车同归。入晚小饮。弥同已由漱石领回。夜饭后敩过访均正谈，湜儿以事复入校，八时半湜归，九时敩归。十时余就寝。日间接乃乾函，询元人姬文龙始末。

11 月 25 日（十月初六日　己未）星期五

晴和。晨七时十分乘车东行，仍到衍福楼办事。午公司宴请商务书馆谢仁冰、史久芸、秉农山、韦传卿、董秋斯、曹未风，中华书局舒新城、郭农山及士敩、子如、鸣祥、沧祥于大西洋菜社，余与洗人、予同与焉，三时始返馆。孟邹、梓生来馆，谈久乃去。为合营事，同人怂恿洗人北上亲决，曾去函彬然探洽，今得电报请洗与敩偕去，经即电复候车行，日内筹备行装，大约下周之初便可北去也。五时下班洗约敩、子、鸣、沧到其家晚饭，余与予同、龙文候车南归。入晚小饮。夜饭后与珏人、滋、淑出散步旋返。湜仍夜赴校，九时半返。十时就寝。士敩未归，即住新村。

11 月 26 日（十月初七日　庚申）星期六

阴，下午微濛，向晚雨，入夜转甚。晨七时四十分乘车赴馆，径抵怀夏楼办事。晤士敩，十时许敩到衍福楼。下午写沪竹十一号寄润、沪津十二号寄汉，均告洗、敩即将北上。五时下班乘车过四马路接士敩、龙文等西开，过霞飞坊，龙文下，珏人上，同赴农祥、亦秀之招夜饮其家,坐客有士畡、均正、继文、滋华、达君夫人、亦秀之母及弟并余夫妇,凡十一人。六时半始,近八时毕。饭后长谈至九时半,仍乘车偕均正、士畡、珏人、滋华返。十时许寝。

11月27日(十月初八日　辛酉)星期

晴转冷。漱儿偕弥同昨夜来家,今日上午余与漱谈公司近情,顺询工会意见,据云已与畡等谈过,各方情形复杂,殊难得良果耳。然则存毁问题依然存在也。下午二时佩霞、淑英、季仁来谒,三时君宙来谈,四时半客乃去,君立约来晤谈,卒不至。滋儿往钱家告士畡将北行,询有无信带,据答有物数事属携京,明日当送衍福楼交余转递云。傍晚独出散步。入晚小饮。夜饭后珏人偕滋儿往同孚看新乐府昆剧,漱儿往书业工会开会,惟余及湜儿、弥同留。八时许畡归,十时漱归,十一时珏等乃归,余以倦坐,十时即寝。

11月28日(十月初九日　壬戌)星期一

阴晴兼作,傍晚遂雨,入夜延绵未休。晨七时四十分车来,乘以东行,仍到衍福楼办事。下午出席董事谈话会,在沪诸董毕集,决定公司进行合营,委托洗人将沪董意见带至北京,正式召开董事会径行决定就近与出版总署洽商办理。五时下班,以得仲华电约,与洗人候之,半时后来,同赴高长兴小饮,即将顷间谈话会结论告之,伊甚谓然,谈至九时许始散,乘三轮车归。其时士畡已返,滋儿尚未见归也。有顷达轩雨中来访士畡,似有急事待商者,移时去,而滋儿适返。十一时余始寝。

11 月 29 日（十月初十日　癸亥）星期二

阴雨。晨七时十分即出，仍到衍福楼办事。士敫为调和计，拟今晨约各方在怀夏楼一谈，讵士信、孝俊、世泽等拒不应，达轩昨夜之来即为此，敫颇窘，余劝其暂置之。上午九时许洗人偕叔湘、调孚、锡光、均正、士敫自怀夏楼来衍福楼，召开十九次店务管理委员会，于洗、敫北上事有所商讨，十一时散。十二时余偕予同、均正、调孚、锡光、韵锵、知伊、世泽、叔湘公，钱洗、敫于杏花楼，子如与焉。二时返衍福楼。三时许洗、敫离店往永丰坊，即在洗所晚饭，今晚七时五十分乘京沪通车赴京矣。五时下班留待漱、滋之至，同行往牯岭路贺铭青之母五十寿，珏人与潜、预、硕已先在，晤翼之夫妇等。七时半始开饮，九时毕，九时半各归，余偕珏人坐一车，滋儿独坐一车归。十一时始睡。接汉廿一号函（廿六发）。

11 月 30 日（十月十一日　甲子）星期三

阴雨。晨七时四十分乘车出，仍到衍福楼办事。接芷芬廿七日天津信，复余沪津十一号，仍于前此经函斤斤致辨，年少气盛，正须细细揩摩耳。接联棠港函，仍为台店造货殊未妥，即电止之，并函洗人浴照，请径函切实指示之。复函致觉告稿费已汇去。午刻雨岩来言，须请西安代店居停张星焕吃饭，因与诗圣及星焕、雨岩同过杏花楼午饮，二时始返馆。调孚转到圣陶书劝余北上就事，为新政府效劳，其意可感，当前处境亦正宜换换口味，无如家庭安排殊难落位，而气力渐衰，亦正不易应因耳。五时下班候车归。滋儿以在怀夏楼看松江文工团表演，未归饭，遂未同车行。文权、小同在余家吃面，以今日为珏人生日也。八时半权等归去，余坐艮宧静息。十时寝,越半时滋始归。

12 月 1 日(十月十二日　乙丑)星期四

　　阴旋晴。晨七时四十分乘车东行,仍到衍福楼办事。昨今俱有信寄洗人。看颉刚《西北考察日记》,十馀年来故人行踪与心事,俱于此中得之矣,殊胜十日抵足谈也,真不忍释手矣。下午五时下班候车归。少坐便尔小饮,夜饭后滋、湜俱以事出,余坐艮宧手校《廿五史外编拟目》,因用朱笔,遂顺记之。八时半滋儿归。十时余寝。十一时湜始归。重庆已于昨日上午解放。拍致渝店询安否电,亦收发。是匪帮最后巢窟已覆没,纵得窜匿于穷山海岛之间,亦真成其所谓流寇耳,釜底游魂,尚能飘荡几时耶?

12 月 2 日(十月十三日　丙寅)星期五

　　阴雨,向晚渐燥而冷,或将转晴乎。晨七时十分便乘车出,仍到衍福楼办事。写信四封,一致洗人,告店事,一寄清儿(沪湘竹新九号),一寄汉儿(沪津十三号),一寄润儿(沪竹十二号),皆告近状,尤切盼润信,以两旬无书来家也。看毕颉刚《西北考察日记》。足当卧游矣。五时下班候车返。灯下小饮。夜饭毕,为滋儿讲兰州与河西走廊及宁夏与河套两章,俾笔受之,九时许止。十时就寝。湜儿夜饭后出,九时半归,团事也。

12 月 3 日(十月十四日　丁卯)星期六

　　晴,不甚朗,气仍未冷,或酿雪乎。晨七时四十分乘车至衍福楼办事。寄书稚圭,托为图书馆购致陈垣《五代史合证》及陈述《契丹史论证》稿,盖闻诸予同,此次政协开会,谷城曾自京携归此二书也。下午予同去江湾,余独居经理室,殊感岑寂,诚有盼日速沉之想,难怪青年同人之请援往年例,于寒冬缩短办事一小时也。工会见今年无形不提,来函正式提请。此事本在旧例,及时布告,真可谓顺理成章,乃当事短视,一切剜小,先期提及,颇遭抢白,必待工会要求始无词可说,岂所谓自讨没趣者然耶? 余代当其冲,中心滋愧矣。五时下班候车返,漱儿附乘随归。到家已掌灯,便就灯下小饮。夜饭后湜儿为团事出,有顷,漱石挈弥同至,盖午后即自新村出各处访问戚友,此刻始来余家耳。据云已饭,遂留宿焉。九时半寝。十时湜儿始归。

12 月 4 日 (十月十五日　戊辰)星期

晴和。晨起阅报,知中央人民政府委员会于二日举行第四次会议,通过一九五〇年度财政收支概算并发行人民胜利折实公债,又通过市县省代表会议组织通则及设立华东(辖山东、江苏、安徽、浙江、福建、台湾六省)、中南(辖河南、湖北、湖南、江西、广东、广西六省)、西北(辖陕西、甘肃、青海、宁夏、新疆五省)、西南(辖四川、贵州、云南、西康四省)、绥远五军政委员会,并通过各该军政委员会暨各省人民政府委员等任命,凡廿六项。又决议每年十月一日为国庆日。九时许独出散步,阅市而归。物价已较稳矣。近十时匪机又来扰空,闻郊外有投弹声,旋逸去。午后二时珏人偕漱儿、弥同往濬儿所,余则与滋儿出散步,绕一大圈而还。三时半伯宁、蕴庄挈其子女来谒,谈至近五时去。湜儿侵晨便出,在交通大学参加学联展览会,近六时乃归,因共夜饭。饭后与湜出步月,顺候珏等未遇,折返到家未久,伊等即归。十时寝。

12 月 5 日（十月十六日　己巳）星期一

晴，骤寒。晨七时四十分乘车东行，径抵衍福楼办事。上午九时半出席二十次店务管理委员会，决定结算资产办法并自动布告自七日起改定办事时间上午八时半至十二时、下午一时至四时半。（工会方面口头协商来函，不复存案备查。）十一时廿分毕，调孚、均正、叔湘、锡光即回怀夏楼。予同在江湾上课未与会。下午偕调孚共赴本市各界人民代表会议于逸园，且由宝昌驶专车应差焉。下午写长信寄洗人，告此间近状并询京中办事处成立情形，凡六纸，渠等去后竟无只字见寄也。五时下班候车返。入晚小饮。夜饭后以风烈未出散步，坐艮宦信手闲翻，九时许便就寝。

12 月 6 日（十月十七日　庚午）星期二

晴寒。晨七时十分乘车到衍福楼办事。同人分小组学习，余则阅报、较量时事而已。写信复诚之，以其询学校合作社与出版界交易情形也。下午二时出席第七次人事委员会决定举行第三次房屋竞选及其他有关人事诸项。四时接洗人二日快信，告住东四八条三五号，星期日即开董事会，并催余《廿五史外编详目》云，甚至竟以开出此目为大壮声势之要图，则初不料自谓陈腐不堪如此，籍者乃亦不见弃若是耳。五时下班候车归，风中久立，手且冻僵矣，登车后亦秀言滋以预演秧歌，须六时后乃返饭云，余以是到家即小饮，淑、湜侍。夜饭后与湜出步月，盖月色甚姣，不忍负之也。七时半归，有顷，滋儿乃还，比其夜饭已已八时矣。九时许余就寝。上午榆生来衍福楼见访，谈两小时辞去。其人不失书生本色，其奈错走路头，不为时人所谅，遂致蹭蹬，深可惜也。报载南宁解放，是白匪窜越南之路已截断矣,不识今后何以自处耳。

12 月 7 日（十月十八日　辛未　大雪）星期三

晴寒见冰矣。是日始办事时间照向例缩短一小时。晨八时十分乘车东行,仍到衍福楼办事。写寄洗人第五信,旋接三日、四日洗京寄信,知董会已开过,意见一致,惟实际问题尚未触及,须晤愈之后,始得有眉目耳。傍晚四时许匪机又窜市空,在龙华附近一扫射,致务本女中学生中肩受伤入院,可恶已甚,非严惩不足平人民之愤矣。四时半下班候车归。入晚小饮。夜饭后勾稽《廿五史外编》草目,十时未毕,倦眼难任矣,即就寝。报载钦、廉解放,白匪爪牙张淦在博白就捡,是其残馀主力扫地矣。

12 月 8 日（十月十九日　壬申）星期四

晴寒。晨七时五十分车即来,八时许便乘之出,仍到衍福楼办事。以已整理之《廿五史外编》例目大部交承荫,属为赶缮油印。匪机又来扰空,惟未闻其他声息。午后一时半主持业务会报,三时出席廿一次店务管理委员会,四时四十分毕,即散出候车归。到家小坐,未久即饮。夜饭后续行整理《廿五史外编》草目,八时一刻全部完毕,明日当付钞印也。十时就寝。报载百色、合浦、廉江俱解放,白匪崇禧及余匪汉谋两大部聚歼甚众,此其意义较徐蚌会战更为重要,虽李匪宗仁飞美效秦庭之哭,吾谓西方帝国主义者之势利眼光,终不肯白化气力,以助落水之狗耳。

12 月 9 日（十月二十日　癸酉）星期五

阴,近午始晴,午后时昙时晴。晨七时四十分车来,乘以东行,径到衍福楼办事。同人分组学习,余乃写信分寄清(沪湘竹新第十号)、汉(沪津十四号)、润(沪竹十三号)三儿,告近况并催复信。午后正待写复,洗人而博文、仲持先后至,四时一刻始辞去,竟不及写,有顷即下班矣。候车归。小饮,进杜裹馄饨,漱儿至,匆匆食已,即偕滋出,同往北京中路参加团会。夜饭毕湜儿入校温课,余偕出散步,绕里坊一周而还。散馆前接二日润儿信,备言忙迫无暇,此信且乘隙写,至十二时始克了云。似此历乱,虽云积极,吾终不能持久耳。西南解放大军续有进展,南路已迫滇境,北路且四面包围成都矣。九时半滋归,十时湜归。

12 月 10 日(十月廿一日 甲戌)星期六

阴雨。晨八时十分乘车到衍福楼办事。写详信复洗人,博文、鞠侯后先来访,午间且应予同之约,偕博文同过杏花楼午饭,遂未及终局,下午三时始书毕封发焉。写沪竹十四号复润儿,正在封发,又接渠七日来书,告开明在八面槽顶租店面四开间楼房,芷芬意拟请渠及调京同人返店服务,不能委决特来请示余,因作笺指示,开缄纳入始付邮。大旨属渠衡量兴趣及环境所宜,乃决从违云。四时半下班候车与漱、滋同偕归。灯下小饮。夜饭后坐艮窟作日记,并为滋儿改定文字,十时寝。

12 月 11 日(十月廿二日 乙亥)星期

阴霾。上午为滋儿改毕文字。珏人与漱儿往候叶老太太,于江家回言,虽卧床而神情尚健,宜无大碍云。十一时珏人往饭潜儿家,余则与滋儿饭后出散步,循康悌路竟达斜桥,此一带地向不大走,虽凌乱而有新鲜味,亦殊值得费我脚力也。在体育场附近唤得

三轮车,与滋偕乘归,已三时,珏人亦已返家矣。三时半良才见过,
谈久之,属为殷季常介绍秦友琴往见圣陶,因作一书与之,薄暮去。
文权四时半来,五时漱石来,五时半小饮,六时潸儿来,因共夜饭。
饭后涵侄来,七时五十分涵去,八时半权、潸去。九时许即寝。

12 月 12 日（十月廿三日　丙子）星期一

阴雨。晨候车未至,越半小时电话询之,始知福特拖锚待修,
别派希弗雷来接云。又俟至半小时乃至,乘以东去,余到衍福楼
下,登楼视事,均正等则径赴怀夏楼也。良才来馆请改书昨信,以
昨信误被介之人余姓为秦姓也。（季常电话有误,今特更正。）因
照改。达轩介兰州同行方学智来谒,酬谈移时乃去。接洗人八日
书,仅收到余一二两日书,是以后续寄俱未收得也,想此刻或已递
到耳。此书多为明日黄花,惟愈之似已答应及雪村将入出版总署
任编辑为新鲜之事,因未即复。王荣兴自杭调回,仍派发行所服
务。午后诚之遣徐屺怀来代领版税。下午本约叔湘出来与鞠侯、
叔谅相晤,临时得电话,叔湘有事未克到,察其意,实不肯移樽就教
耳。三时许鞠侯、叔谅来长谈,至四时乃去,约明日生产委员会后
再函与相洽也。四时半下班雨中候车归。六时小饮,滋儿归,有顷
湜儿归,因共夜饭,饭后湜儿又入校。七时许西谛来,盖今晨三时
半自宁至,上午即已电话通知,惟知其甚忙,不虞其突至耳。握手
倾谈,至九时三刻辞去。湜儿十时归。漱儿十时半乃归。十时余
已寝矣。

12 月 13 日（十月廿四日　丁丑）星期二

雨宵来未歇,破晓尤甚。未明即起,呼滋儿,缘今晨七时须赶

到大东厂中为团员讲话也。余伴之同起,送之出门,然后盥漱,想见儿辈近来之忙且奋兴矣。七时四十分阿二仍以希弗雷至,盖福特又坏矣。挤登东行,仍在衍福楼办事。予同则随车至怀夏楼出席十一次生产委员会(余即托渠代表)。写信与洗人,复八日来信,午后三时又接洗人十日书,因加笺顺答封寄焉。饭前予同返衍福楼,谓叔谅可约编《史籍常谈》(会中决定),刊入《青年丛书》,因于午后作书致叔谅告之,且附佩弦之《经典常谈》供体例之参考,或不致再生枝节耳。二时许予同出去开会。甫出未久,博文来,有顷,西谛亦至,谈久之,谛、博先后去。四时半下班候车归,以车窄,滋别乘人力车行后,余到家仅半小时耳。接十日芷芬来信,告汉儿将调京处办事,渠亦有意摆脱津店云云。(并附汉致漱信。)匄余主持,余亦无由指示之也。入晚小饮。夜饭后七时十分漱儿始归,盖本店工会常会也。九时许即寝。

12 月 14 日（十月廿五日　戊寅）星期三

晴寒。晨八时十分阿二仍驾希弗雷来,乘以东行,到衍福楼办事。雪山今晨五时到沪,预属纯嘉往接先返祥经里少休,十一时许即来店视事,了无风尘之色,致足佩也。写津信十五号复芷芬函,并写一笺附山函,告洗人今后店事当有所属矣。午与雪山、达轩偕方学智往聚昌馆小饮,二时返馆。予同自江湾来,带以绍虞所题书巢图卷,引事他去,未即晤,而博文来访,坐待至三时半始克见,谈有顷,博文辞去,约明午来店共宴西谛云。博文去未久,西谛电话来约少待,四时半至,约予同及余往招待所谈,余以车至,附以行,竟谢未往也。到家即小饮,六时许漱、滋俱饭毕。店中入团诸少年俱来我家,与漱、滋偕往逸园参加宣誓典礼。湜儿亦以来宾资格往与焉。十时许儿等皆归，余亦就睡。

12 月 15 日（十月廿六日　己卯）星期四

昙不甚冷。晨八时十分车来，乘以出，仍到衍福楼办事。孙世惠将有事于傅耕莘，昨已来过，今乃偕俞姓等二人来访，坚求电约耕莘面谈，余再三却之，终恳一谈，经电约未及接通，至十一时半伊等去，约明日十时再来邀晤云。本为雪村、洗人之事，今乃为之顶缸，岂命中所定耶？可发一叹。绍虞、子恺、辛汉、博文、文祺、西谛陆续来，十一时三刻予同始至，子恺、辛汉与晤，未几即去。十二时叔湘、均正、调孚出，遂同往杏花楼，雪山代表开明作东公宴西谛、东莼、博文，并邀绍虞、未风、文祺作陪，凡十二人。坐不久，东莼至，且饮且谈，二时始毕。东莼即将入桂，今日应仲华之约先辞去，博文、绍虞、文祺亦先后行，余与西谛、予同、雪山、均正、调孚、叔湘偕步返馆。西谛抵馆门即去，余等乃登楼出席廿二次店务管理委员会，由雪山报告北行所得，无其他提案，四时即散。耕莘来长谈，似亦有理，明日不肯到，属余代致意见，是将以余为盾矣，奈何？四时半下班候车，至五时一刻始来，盖中途发生故障耳。五时四十分始到家。滋儿乘晚车赴苏，代余贺翼之五十寿，漱儿随归，同进夜膳。夜饭后湜儿又入校集体温课，九时半乃归。十时就寝。

12 月 16 日（十月廿七日　庚辰）星期五

晴，不甚寒。晨七时十分乘车出，八时到衍福楼办事。九时许匪机又来扰空，历半小时而逝。写信寄洗人报近状并告耕莘、世惠事。下午三时俞锡藩（晨即来电约耕莘，届时至）、耕莘后先至，会谈当然无结果，下班时余属龙文返报，只得俟话局之终，岂知延至六时半,始约明日下午三时在杏花楼谈再说,是一拖拉之场面,余真无幸受流弹矣。送出傅、俞二人后,乘三轮车亟归,已将七时,暖酒小饮以遣闷气。接熊、鹤十二月五日复信,谓俟川资到后即来沪云。十时就寝。

12月17日(十月廿八日 辛巳)星期六

晴冷,不甚烈。晨八时十分乘车出,廿五分到衍福楼办事。九时许匪机于雾中来扰空,越廿五分逝去。若辈垂死不悟,至此罪浮衅积。累世莫能偿其愚,亦大可悯矣。鞠侯预支稿费万五千字。叔谅复书,谦谢《史籍常谈》之作,仍愿撰《我们的书》云,因移书叔湘决之。午后以中、博文先后来馆访予同,予同适出外参会,遂与余长谈,二时许始去。三时耕莘过余,偕往杏花楼,晤世惠、锡藩,谈话无结果,依然拖局。四时余辞返馆,得山源所赠同孚剧场昆曲券两张,至感盛意。四时半下班仍候车归,欧阳文彬附乘焉。到家小坐即小饮,文彬来国泰看电影,因邀过余家夜饭而后去。夜饭后珏人率湜儿同过潽儿,邀同共往同孚聆雅奏,并作片与之道谢山源。七时许嘉芳来谒,以天台蜜橘见饷,谈别来三年事,返里养疴者两载,近已在原地服务云,八时半始辞去。十时余寝。十一时许珏人、湜儿始归。

12月18日(十月廿九日 壬午)星期

阴霾,傍晚竟雨。晨九时许匪机仍来扰空,且闻强烈爆声,似不甚远。(昨前贼机空袭,均有死伤。)或肇祸更大也,愤甚。十时许君宙至,谈陆君译稿,十一时许世惠至,君宙遂辞去。世惠诉其经过,似亦有理,余只得就现实问题为谋解决,于理于法终无从谈起也。约明日上午与耕莘谈后,下午伊来聆结果,如无法拉拢,亦只得谢退不问耳,十二时辞去。午饭后独出散步,由迈尔西爱路、辣斐德路、亚尔培路、霞飞路绕归,路不甚远而殊感力竭矣。抵家小坐,便尔睡去,醒来已三时半。平时尝自诩脚力犹健,弥用自慰,乃日即羸弱显呈衰态,直觉去日苦多矣。入晚小饮,珏人为烹生鮒孟仲季三尾见饷,鲜腴之至,醉食甚畅。夜饭后坐艮宧闲翻,且待滋儿之归。(滋赴苏祝翼之寿,预期今晚归。)俟至十一时未见来,只得就睡,而心旌摇摇,致难宁贴也。

12 月 19 日(十月三十日　癸未)星期一

　　阴雨。晨八时十分乘车到衍福楼办事。写沪津十六号寄芷、汉,沪湘竹新十一号寄清,均附有漱书。以中来谈,十一时半去,梓生来,午饭后去。下午二时西谛来,少谈即去。予同午后至,洗人适有信至,即交渠明日带怀夏楼传示诸公。世惠三时来馆,谈耕莘本约上午来晤,乃两度电话约之,颇有拒意,因实告世惠,促自决,然儿女子态,终不能自克,仍浼余再进言,以是余被缠难休,真中流弹矣,奈何。三时接汉儿十六日京信,知已调京,六日正为办事处忙采办诸务,新正即可开幕云。四时半下班候车归,车中均正告余所谓低联者又大肆无聊之活动,承荫曾领头写信寄愈之捣乱云云。余谓此等蛙鸣蝇薨,殊不值一理,但蜂虿之馀毒,则不能不略一防范之耳,若过于重视陪之操心,则太可笑矣。入晚小饮。夜饭后候滋儿至八时许归,盖为翼家所留,今始与之偕来耳。漱儿九时半归,在怀夏楼开会云。

12 月 20 日(十一月小建丙子　甲申　朔)星期二

　　阴雨竟日夕,气转润。凌晨六时许士斁、纯嘉叩门,盖甫自北站接到未归也,亟披衣起,延入小憩,须臾家中人悉起,煮糕为食,从容话途中情形,都门近状则未遑及之也。七时四十分即乘车东出,仍到衍福楼办事。十一时予同自怀夏楼罢会(生产委员会,余以坐守衍福楼兼旬未一北行,此会亦遂连缺三度已)来,知叔谅事已由叔湘径函接洽矣。耕莘来,余以世惠状告之,渠允伊明日上午约地相见径谈云,然则弹可钳而脱之乎。下午博文、西谛、徐微、以中先后来。达君到馆,匆匆略谈京况而已。二时半出席第八次人事委员会。叔湘以信底两件送余,一致洗人,一致圣陶、彬然,坚辞开明,年外即须北膺清华之聘云,此信已于两日前寄出矣,是当前又一问题也。四时半下班候车归,漱、滋俱有事未克同行,先与士敼返,到家小坐,与敼小酌,谈京中进行合营诸状。六时半滋归。七时均正来,与敼长谈。七时半世惠来,余以耕莘打发意告之,伊亦逡巡自去。九时许漱儿始归。十时就寝。

12 月 21 日(十一月初二日　乙酉)星期三

阴晴间作。晨八时十分乘车出仍到衍福楼办事。十一时俞锡藩来访,为世惠事多所哓哓,殊厌苦之。下午写信寄洗人,甫发出,即接　日天津来书,知又偕芷芬返京矣。四时半下班候车,与敼、漱、滋同归。明养同乘而西,出席逸园庆祝斯大林七十寿辰晚会,先过余小坐然后去。漱石适自故里返此,濬儿与昌显亦至,遂团坐欢饮,度此冬至夜。饭后世惠又至,告上午与耕莘晤谈尚好云,余劝伊婉洽,勿再逞气而去。八时许濬、漱、滋、淑、湜、敼、显同过国泰看电影,十时半散,濬、显自去,漱等归。余亦就寝矣。

12 月 22 日(十一月初三日丙戌　冬至)星期四

阴雨。晨八时十分乘车东出,到衍福楼办事。十时许俞锡藩又来访,无非噜哧,余允渠如耕莘来约,尚可一谈,否则知尽能索,殊无再言之勇气矣,盖力示不能复为周旋耳。下午二时半出席廿三次店务管理委员会,商量事至夥。斐云来访,谈有顷别去。四时半下班,犹草草毕事耳。候车归,士敩须晤士敏有所谈,漱、滋俱以团事出席开会,皆未及同返。到家后少坐即小饮。夜饭后坐艮宦闲翻。敩十时后返。漱石去,以弥同留住。十时半余就睡。近十一时漱、滋始归,为言孝俊辈又有事捣乱,致工会掀起问题云,殊为可叹。

12 月 23 日 (十一月初四日   丁亥) 星期五

凌晨黄雾四塞,旋致阴雨,入夜未休。晨七时四十分乘车东行,到衍福楼办事。世惠九时四十分来访,谓耕莘约伊在此候谈,十一时尚未见至,电话询之,未得通,余谢遣之。有顷,耕莘电话至,词甚峻,言外颇嫌中间人多事意。余一笑置之,是等儇薄子固不应相齿也。午后灿然持圣陶书见访,谈移时,属士敩陪同往怀夏楼,访均正、调孚、叔湘、至善云。二时许锡蕃、世惠先后至,沥陈耕莘反覆状,余当即告以无能为力,谢不再涉此事,后果如何,余实不愿闻问也。渠等少坐自去,不识能从此脱出旋涡否耳。写信寄洗人。仲持来谈,以伯恳之事相属,散班时去。下班后与士敩立雨中候车,良久始获,与漱、滋共驱而西,至同孚路南口下,四人步往福绥里,应权、潛夜饭之约,至则珏人、漱石、弥同俱先在矣,少坐便尔小饮,七时毕。八时三刻珏、石、弥乘三轮车先归霞飞坊,余与敩、漱、滋仍步行返家。十时就寝。

12 月 24 日 (十一月初五日   戊子) 星期六

阴霾,曾略飘雪花,下午转晴,气亦随冷。晨八时十分乘车出,仍到衍福楼办事。斐云电话询前日所托事,其实昨已办出矣,因具告之。赵汉卿以五万元来托购书,余为转达轩代办之。调孚电话见告,已约定灿然今午可畅谈,余即告知雪山、达君订午刻在杏花楼宴请之。届时灿然先来馆,均正、叔湘、泽民、调孚、至善旋至,余遂与雪山、达君、予同、士敩偕之往,并电约斐云同莅欢谈,至二时许始散。接清儿十八日发旅长五十七号告沈君带物俱到,且催为静鹤划策速出申云。接芷芬廿一日北京来信并附汉致漱信,为静鹤事所言亦正同。寄洗人信,旋接廿一日来书,属转挽叔湘并告年初当归也。四时半下班候车归,潏、权、硕在,因与敩、漱等合坐小饮,漱石去。八时半潏等去。漱、滋、湜夜饭后出,十时许始归,余已就睡矣,为团会事忙至此,似非持久之道也。

12 月 25 日(十一月初六日　己丑)星期

晴寒,傍晚回暖,夜半又雨,檐溜有声,其势匪细也。上午十时君宙见过,谈至十一时半辞去。午间漱石至,约珏人饭后往兰心看袁雪芬演越剧,以购票三张,遂电话约潏儿同往。二时许余独出散步,路未多而感吃力,甚矣吾衰也。即归小休。三时许世惠挈其女楚瑂,子楚珏、楚玷来谒,并告耕莘约伊明日在大方饭店晤谈云,余力劝径谈,勿再中介,移时乃去。五时许西谛来,有顷至善来,又有顷,珏人、漱石、潏儿亦归。六时士敩自耕莘所午饮返,已被酒矣,均正邀渠夜饭,遂不能应,余则偕西谛、至善往,及门,农祥、亦秀亦至,相将登楼,达君、叔湘、锡光、调孚俱在,因团坐开饮。原约予同未果来,痛谈至八时三刻始散归。潏儿、二漱、弥同俱已归去矣,士敩仍呕吐,殊未解醒也。十时余亦寝,以多饮,夜半即醒,听雨达旦。

12 月 26 日（十一月初七日　庚寅）星期一

阴霾竟日，傍晚有北风，或且看晴乎。晨八时十分乘车出，仍到衍福楼办事。接廿二日洗人信，午后并复之，尽八纸。甫发出，又接廿四来信，遂开缄补告焉。士彀以醉未出，竟日在家休息。下午二时耕莘电话询余世惠来未，余具告之，且谢不与闻。据云今日上午世惠并未应约也。陆惠泉来访，带到汉托桃脯、平果脯各一包。放班前又接汉致漱信。下班后候车归，滋儿以工会排戏未偕行。五时半小饮，仍拉士彀同酌以振之。七时滋偕艺农返，有顷艺农去。八时听书，十时寝。

12 月 27 日（十一月初八日　辛卯）星期二

晴寒。晨七时四十分乘车出，予同、均正等赴怀夏楼出席生产委员会，余以四马路店中乏人，仍到衍福楼办事。九时许耕莘来，仍为世惠事有所谈，未及去，世惠踵至，耕莘即行，不免又多噜哝，十时半乃去。下午三时锡蕃又来，更不能耐，余决绝谢遣，不复问，伊等喜如何作即如何作可耳。写信寄洗人，附《廿五史外编》例目五份去，并附致芷、汉沪京一号信。午后出席第九次人事委员会，决四案。四时半下班，同人群集衍福楼开工会选举大会，余独乘福特归。入晚小饮，淑、湜先后自校返，饮半，士彀归，因共饮同饭。夜饭后湜又出。九时半滋儿归，谓选举已办竣，当场揭晓，漱儿仍当选，为执行委员云。十时湜始归，余亦就寝。

12 月 28 日（十一月初九日　壬辰）星期三

晴和。今日为印刷工会图书文具业分会成立之期，开明书店工会为直属支会,以是休业一天,俾工会会员前往参加云。士敫、滋儿仍于八时十分乘车出,余则端居未出也。午饭已,世惠来言,已将诸儿接去,如耕莘不理,准备同归于尽云云,匆匆即去。适漱、滋等归,文权、濬儿亦随至,乃属漱电话告耕莘,渠已知之,谓必欲如此,亦唯听之,若恃此为要挟,决不获逞云云。彼此均为忍人,奈何无端介余入其间乎? 二时,余与珏人、文权、濬、漱、滋三儿分乘三轮三辆,东游城内城隍庙。数年未往,景象依然,巡历一周,各啖鸡鸭血汤及酒酿汤圆一事,仍乘三轮归,漱随余等到家,权、濬则径行归去矣。到家,士敫已返,知车票并未买到,须看明日如何云。正谈顷,耕莘率其女楚玥至,谓得悉两男孩被领走后,即至校中接之,尚未及行,当余之前,重申决不受挟,甚谓玥如愿从母而去,亦所不恤云云。余观彼父女之状,转感难过耳。入晚与敫小饮。夜饭后漱儿北归新村。九时半余就寝。是日上午均正来长谈。君宙见过,以陆君译稿交余。

12 月 29 日(十一月初十日　癸巳)星期四

　　昙,午前后晴,傍晚阴,竟雨。晨八时十分乘车出,径到衍福楼办事。十时许俞锡蕃又来纠缠,余决绝告之,几等挥去也。十二时三达及余往访车载清于长风书店,同往聚昌馆小酌,谈香港近事甚悉。二时返馆。三时出席廿四次店务管理委员会,只有报告无提案,吕、徐、唐诸人都有消极表示,足征一般空气之混乱也。达先于聚昌馆返馆后得车票,四时即行,乘五时车直放南昌云。四时半下班候车归。入晚小饮。夜饭后少坐便寝。接致觉函并译稿一宗,当日即为汇出稿酬,又接诚之函并所撰《隋唐五代史》之一部稿,拟明日送稿费。陆君译稿已交与叔湘矣。

12 月 30 日（十一月十一日　甲午）星期五

阴雨，早晚大雾，气甚燠。晨七时四十分车来乘以东行，仍到衍福楼办事。寄书致觉，告昨汇稿酬数。办出诚之稿酬，作书饬人送去。鞠侯续稿到，即算稿酬，交来人带去。明日本店工会成立，放假一天，后日为元旦，适值星期，因于翌日补假一天，以是将接连三日停止办公，所有对外稿酬不得不赶为一办也。四时半下班候车归。滋儿以筹备明日工会同乐事，未及同行也。入晚小饮。夜饭后听书，八时半即寝，滋返已十时矣。湜儿小病未入校，卧床休息。

12 月 31 日（十一月十二日　乙未）星期六

阴霾，午后微雨霏霏，迄晚不止。上午八时半车来，余与珏人、滋、湜两儿及女佣阿凤俱附乘以出，淑侄亦赴校为年终同乐之会，师生竟夕狂欢，约明晨始归云。于是倾家他往，属门户于邻右，在我家实为创举也。九时许抵怀夏楼，十时半始举行工会成立大会，由洪光仪主席，先后讲话者五六人，予同代表公司致词，必陶代表工会答词，看执行委员宣誓就职，而散时已近十二时，余等均就食漱儿所，德锜、濬、预、硕均来会。午后作园游会，虽绵雨，中诸少年同事兴仍不减也。一部同人则在楼下射灯虎，余为制十四条，俱射同人名，最得意者为韩文公雪拥蓝关卷帘格，射吕叔湘，为调孚射中，余亦射中叔湘所制窃国者侯窃钩者囚一条（射赣、滇地名各一）、上饶下关及源源源一条（射陕、粤县名各一），三原三水云。入晚在楼上设宴九席，公司循例吃年夜饭也。余与锡光、予同、振甫、叔湘、泽民、雪山、达君、调孚及穗来同行杨君同坐，八时许毕，

摸彩而散。珏人及阿凤先已于三时半乘三轮归,时〔余〕则偕予
同、均正、龙文、滋、湜两儿共乘以返,到家仅八时半也。小坐至九
时许即寝。

1950 年

1 月 1 日[①]（己丑岁十一月十三日　丙申）星期

阴，偶现日光，夜半竟雨。早七时，淑侄自校归，知校中聚餐同乐，殊欢愉也。十时许，与滋儿同出散步，遇学生数队鼓乐游行，互致访贺，情绪至为热烈，余为驻足久之，归家未几，组青来，因共午饮。午后滋、淑二人出游，余亦继出绕行近地而返，已感吃力，近来体力衰退如此，年齿真不饶人也。向晚滋、淑偕昌顯来。夜饭后组青去，昌顯留住焉。九时许，电灯忽坏，只索各自归寝。

1 月 2 日（十一月十四日　丁酉）星期一

阴雨。昨逢星期，今日补放年假。晨起唤匠修好电灯。九时一刻珏人偕昌顯往瀋儿所。余为曹辛汉看所撰《汉书刑法志讲疏》，抵午始毕。下午二时华元龙来邀，明日下午一时半在西藏路大三元，为渠与常熟王女士名季芬证婚，谈片刻即辞去。有顷，漱儿与光仪、伯泉、裕康、学麒、思杰、景城、沪生、明宝等来谒，旋偕滋、湜往国泰看电影。五时许珏人偕文权来，未几，组青偕其友某来，六时半漱、滋、湜偕明宝归，因共夜饭。饭后组青之友及漱儿、明宝先后去。正坐谈顷，电灯又坏，修良久始复明，组青、文权亦

①底本为："更新日记第二卷"。

去。余收听黄静芬弹词开篇,十时半始睡。

1 月 3 日（十一月十五日　戊戌）星期二

阴霾,有雪意。晨七时四十分车来,乘以出,仍到衍福楼办事。道明以除夕摸彩所得成都诗婢家花笺一束见赠,谓伊得之无用,愿献识者留念云。余受之,诚有愧其言也。寄洗人信并附致芷、汉沪京二号书,达君亦附信致洗人。得南昌电,知士敫于卅一日到洪,想日内当可返湘也。接十二月三十日润京函,告重返开明事有波折,三联方面不肯放,琴珠则先行回店矣。午间西谛来馆,余与予同、达君偕之出,小饮于杏花楼,一时许返馆。一时半,余偕予同往西藏路大三元酒家贺元龙结婚,振甫、知伊、炳生已先在,其后通如、达轩、韵锵、必陶、至善、艺农、王洁、亦秀、满子、韫玉、均正、叔湘、漱华、滋华陆续至。三时许始举行婚礼,余为证婚,予同、必陶、振甫、亦秀均致词,阅时而毕,茶点后散,已四时廿分矣。与均正、亦秀、立清、虚观前候道明车,五时许始过,乃附乘以归。入晚小饮。夜饭后滋儿始自团会返,再具餐焉。湜儿体气仍未复,今日上午到校,下午仍在家休息也。八时听书,至十时就寝,黄静芬今夕大显身手,大套琵琶圆转如意,紧凑处疾如风雨,宛约处润如珠玉,真可儿也。

1 月 4 日（十一月十六日　己亥）星期三

阴寒,午后雨,酿雪未成,气遂闷润。晨八时十分乘车出门,到衍福楼办事。写信致辛汉还其《汉书刑法志讲疏》稿,仍属永铣送去。写沪湘竹新十二号书寄清儿。下午三时出席第十次人事委员会。接士敫二日南昌来函,告洪代店情形,并详陈代策业熊等来沪之计,沿途有照料,甚嘉之。四时半下班,候车归。入晚小饮。夜饭后形寒不适,早睡。接洗人元旦信。

1 月 5 日(十一月十七日 庚子)星期四

晴寒。晨八时十分乘车出,仍到衍福楼办事。复洗人。将饭,西谛至,甫谈顷,世惠又来电话,谓刻在大方饭店与耕莘谈,已将近,只求一到便可解决,务请即行云云。不得已乘三轮以赴之,至则依然僵局,耕莘虽肯多出屑些,恐终难图成,余坚谢以归。饭已过,买顺泰祥碗面食之,如此牵率,真可谓无端受累矣。下午三时出席廿五次店务管理委员会,报告事件居多,雪山为公出布告,又致噜哧,全场支持前次决议而罢。匪机于四时许来扰,未几即遭逐去。四时半下班候车归,滋儿以须参会,未及同行。入晚小饮。夜饭后卧床听书,电灯又时坏,恚甚。滋儿十时半始归,余乃入睡。

1 月 6 日(十一月十八日辛丑 小寒)星期五

晴寒。晨七时四十分乘车出,八时到衍福楼,同人分小组学习,余则披阅报章。九时办事。写沪湘竹新十三号书,寄敹、清沪竹十五号书寄润儿。接五日致觉来书,知年前汇款已收到,颇思与余畅谈云。荫良介科学公司黄叔园来,欲承接印件,因作函转介于锡光径洽之。写信复洗人,刚待封发,又接三日来书,遂加笺并复焉。四时半下班候车归,滋儿仍未偕行。入晚小饮。夜饭后畏冷,即拥被卧,待滋儿于九时许返后,始入睡。

1 月 7 日(十一月十九日 壬寅)星期六

晴寒。晨八时十分乘车东行,卅五分到怀夏楼,久不莅此,蔬菽盈畦矣。上午校毕田世英地理教本第二册。午饭顷,匪机扰空,在黄浦沿岸漫投炸弹数十枚,虽经地面高射炮火轰逐,傲扰达两小时始逸去。此役死伤必多,匪帮滔天罪行,又增一笔。将来如不加惩创,何以平民愤乎!下午校谭丕谟《宋元思想史》四十面。四时半下班,乘车归。入晚小饮。夜饭后与滋儿出散步,周历近旁街衢而返。听播音弹词至九时半即寝,十二时醒,遂不能寐。

1 月 8 日(十一月二十日　癸卯)星期

浓雾未开,遂阴。上午十时耕莘见过,告世惠事已解决,付款八百万元云。谈至十一时三刻辞去。叔湘之师顾雄藻逝世,属为代撰挽联。其人在中学任教,著有《字辨》一书,颇风行,叔湘又与其子同学交好,因得语云:"黉舍久传经共仰名山垂字辨,鲰生尝受业更从令子探文源。"明日录示叔湘,不识合用否。午小饮。饭后一时听大同电台转播米高美评弹会会书年例,光裕社有此一举,以其所入汇赈其同业之孤儿寡妇者,但向不转播,今以大百万金香烟公司特设为广告,遂得破例收听耳。自一时起至四时半止,凡七档:一,徐天祥、顾韵生、徐雪兰、程红叶、徐雪芳之《出猎回猎》;二,杨斌奎、杨振雄、杨振言、杨仁麟、杨德邻之《渔家乐》;三,薛筱卿、郭斌卿、周云瑞、陈希庵、朱雪琴之《珍珠塔》;四,潘伯英、张鸿声、顾宏伯、唐耿良、沈筱梅之《鲁智深拳打镇关西》;五,蒋月泉、王伯荫、张鉴廷、张鉴国、朱惠珍之《菜园相会》、《野猪林》;六,刘天韵、谢毓菁、徐雪月、顾竹君、姚荫梅之《小二黑结婚》;七,李伯康、严雪亭、徐云志、徐绿霞、范雪君、范雪萍之《杨乃武》。坐听甚愉,将终局,君宙至,适又有匪机两家掠空(昨来八架云),过谈至垂黑辞去。曹永锐、李裕康来访,滋华盘桓半日。入晚小饮。夜饭后与滋儿出散步。九时后即睡。

1 月 9 日（十一月廿一日　甲辰）星期一

　　浓雾四塞，午后开朗。晨八时十分乘车行，东登衍福楼办事。接斐云电话，今日有国立图书馆书籍廿五箱送有恒路栈暂寄，明后日尚有续至，共须六十馀箱，但不出十日即可北运云。因通知均一准备安排焉。九时半徇诗圣请监临考试工友升职员事，报考凡六人，十一时毕，将卷汇送人事组阅定。黄永年持宽正函来为丕绳支版税。荫良来，为其父在蓉中风，欲委开明划款济之云。龙文告余一昨得淑电，知士敔已于五日安抵长沙。四时，接洗人五日京信，知东城发行所开幕盛况，十三四日当可南行云。顺催继文等行，并告润等多人临时帮忙也。下班后候车归。入晚小饮。夜饭后坐艮宧闲翻。滋儿往黄金大戏院看电影，十时半乃返，余已寝矣。

1 月 10 日（十一月廿二日　乙巳）星期二

　　晴寒。晨七时四十分乘车出，仍到衍福楼办事，未克赴怀夏楼出席生产委员会也。同人学习时时尚早，余过顺泰祥进汤包一客，久不尝此味，亦颇厌馋矣，计价一千八百元云。写信复乃乾，查元时姬文龙不得其人，并问暨及西谛、斐云否。下午二时出席十一次人事委员会，通过冯德胜、谢洪炎升为实习员，并定事假、病假限制云。四时半下班候车归，滋儿以在国光校对，故已先返。入晚小饮。夜饭后滋又出参加三联书店建团典礼，十时半始归，余已前寝矣。

1 月 11 日（十一月廿三日　丙午）星期三

晴暖。晨八时十分乘车出，仍到衍福楼办事。复洗人五日函，附寄芷、汉沪京三号书，漱致京函亦附焉。午刻匪机十六架侵入市空，在杨树浦沿江滥投炸弹，地上高射炮火逐之，一时始逸去，想死伤必多也，飞贼甘心作歹，至此非彻底芟除，不足示惩矣。斐云电话见告北京图书馆有书近百箱，送寄有恒路货栈，二十日前必可运走，属为保护，并索《廿五史外编》例目云，遂作书复之附去例目三份。下午四时接洗人八日来信，附在京董会纪录。下班后候车归，滋儿以明晨须早起随余归。入晚小饮。夜饭后与滋出散步。返后听书，十时就寝。

1 月 12 日（十一月廿四日　丁未）星期四

雾塞，半日下午开朗。晨五时半即起唤滋儿速起，俾赶赴怀夏楼出席学习。八时十分乘车出，到衍福楼办事。下午二时出席本月会报，三时半出席廿六次店务管理委员会。接九日洗人信，附到呈出版总署文稿及改正编辑计画书改定稿等属缮办，适在开会，因传观会众并交与调孚携返整理，明后日当可办出也。下班后候车归。入晚小饮，潘儿来，因共夜饭。饭后滋、湜俱以团中开会赶往出席。八时许潘儿去。九时半滋儿归，十时许湜儿亦归。余日来精神颇衰，夜饭后即昏昏欲睡，而一忽醒来，乃往往终宵不能合眼也。午后吴秋白来谈。

1 月 13 日（十一月廿五日　戊申）星期五

阴。夜西风甚急，转寒冷。晨七时四十分乘车出，仍到衍福楼办事,均正未同乘。予同竟日未到。滋儿凌晨冲寒出,骑自由车直赴怀夏楼学习。朱继文等购票登记已多日,迄未成行,明日或可得票动身也。洗人十日信续至,昨寄来之文稿则仍在调孚许未送还,恐须下周始可办出矣。四时半下班,候车归,滋儿仍未同行。西谛过访,属事匆匆即行。入晚小饮。夜饭毕湜儿犹未见归,乃策杖往校候之,行至思南路口遇之,遂同返。滋儿十时始返,余已就卧久矣。儿辈栗六如此,岂真新时代感召所致耶?

1 月 14 日(十一月廿六日　己酉)**星期六**

晴寒。晨八时十分乘车出,仍到衍福楼办事。均正病假,未同行。予同仍未到。鞠侯来访。朱继文、郭沪生、王荣兴今日成行,因作书付之,属面递洗人复九、十两日来信也。四时半下班候车,与漱、滋及弥同偕归。入晚小饮,西谛至,因共酌长谈,夜饭后两人坐艮宦促膝赓话,上天下地,无所不谈,近九时乃辞去。十时就寝。

1 月 15 日(十一月廿七日　庚戌)**星期**

晴寒。晨八时与珏人往北万新吃面,滋、漱两儿七时已联车出游矣。十时许颉刚见过,鬯谈达午,因共小饮,饭后又谈至一时半乃去。二时独出散步,觉疲即返。入晚小饮,漱、湜俱归。夜饭后听书闲谈,九时半即寝。

1 月 16 日(十一月廿八日　辛亥)**星期一**

晴暖,地润如膏。晨八时十分乘车出,滋儿、弥同随同北归,余仍到衍福楼办事。洗人凌晨抵沪前夕,接长途电话始知之,成才往接云。午后洗人来衍福楼长谈别绪,知儿辈俱望余北行也。予同二时至,四时即行,匆忙之至。上午接洗人十三日所发信,附汉儿复余二号书,又接士敫十日长沙信,知清儿已汇出卅万元与静鹤,属即行出申。下午接静鹤九日赣乡来信,尚未接长沙之信,语多不接头,想刻下当已洽办耳。洗人送余苻离集熏小鸡一只,汉儿托带口麻一匣、红枣一包,琴珠托带蜜枣、杏脯各一包,润儿托带皮手套一副,送湜儿,俱收到。四时半下班,候车归。入晚小饮。夜饭后与珏人出散步,返后滋儿始归饭。九时许寝,睡不好。

1 月 17 日（十一月廿九日　壬子）星期二

晴暖。晨七时四十分乘车出,仍到衍福楼办事。九时十分匪机来袭,掷弹声甚烈,未久即去。予同十时三刻至,盖自江湾来也。作书与颉刚,检送《廿五史外编》例目两分请正,并推荐蛰存应诚明文学院之聘,亦前日托余物色者。上午生产委员会,下午人事委员会,俱以无特殊商讨事件延会。洗人携回之文件(即寄到之呈稿)经调孚等签注,意见甚夥,须好好整理,俟二十日提董事会决定之。西谛电话辞行,今即赴宁,其家有书箱五口,托开明代运北京云。四时半下班候车归。入晚小饮。夜饭后滋儿赴团学习,余偕出散步,至金神父路口折回。九时许即寝,至十时半滋儿归来始入睡。鸡鸣前大雨如注。

1 月 18 日（十二月大建丁丑　癸丑　朔）星期三

阴雨竟日夕。晨八时十分乘车出,仍到衍福楼办事。接朱克臣南京来信,托为其子鑫泉荐事,即复之,告一时无能为力,容与达轩诸人商量再说。写沪京四号寄京,与芷、汉、润、琴详告近状,且询伊等迩来生活情形。予同午后至,盖自江湾上课来也。调孚有信与西谛,属转去,因寄书南京,渠托运书箱以逾重量,须别为调度,且俟设法调查后再办。四时半下班,候车归。入夜小饮。夜饭后督滋、湜换壁间所饰书画,移时乃定。听弹词播音,九时半始寝。

1 月 19 日(十二月初二日　甲寅)星期四

阴寒。晨八时十分乘车东行,顺接予同同到衍福楼办事。下午三时出席廿七次店务管理委员会。接十六日润儿信,附汉儿语,并附致漱、滋、湜,力劝余北行。四时半下班候车归。入晚小饮。夜饭后滋、湜俱有事外出,余则坐艮宦为进步青年撰一文,谈大行政区,至十时滋、湜皆归,余亦寝,计得千馀言,尚未得半也,只得俟明日续成之。

1 月 20 日(十二月初三日乙卯　大寒)星期五

晴寒,时昙。晨七时四十分乘车出,仍到衍福楼办事。续草前文,近午殆又得千言,仍未毕也。午后二时半出席十二届十九次董事会,通过合营呈文及计画书,并定二月五日召开临时股东会,同时决定垫发卅七年度及卅八年一至八月股息,每万股一折实单位云。四时半下班候车归,滋儿未同行。入晚小饮。夜饭后坐艮宦续成前文,凡四千言,时为八时半,即听黄静芬播音,俟滋儿十时就寝,十一时许滋始归。

1 月 21 日(十二月初四日　丙辰)星期六

黄雾四塞,偶露太阳,其色如鸭卵之黄,奇象也,据重庆归来之人谈,渝州经常如此云。午后开雾,甚暖。晨八时十分乘车出,以草就之文付滋儿带交调孚属转明养,余仍到衍福楼办事。为叔湘

书联，挽其师顾蓉沼者。榆生来访，谈移时去。午刻公司宴巴金夫
妇及仲华于蜀腴，洗人、雪山、达君、调孚、均正、叔湘及余与焉。三
时许始散，步返衍福楼。予同早于二时前赴江湾矣。长沙有经字
信来，告贺益智事已解决离店，而贺本人有书径寄洗人，大放厥词，
似尚有后文发展也。一念之错，贻患无穷，不能不追咎始谋之不臧
耳。夫复何言！四时半下班候车归。入晚复小饮，大啖卷菜烧豆
腐。夜饭后滋儿又往团部参会，余与珏人偕之出散步近旁即归。
听静芬播弹词开篇。九时半滋归。十时就寝。潜儿、文权八时来，
九时去。

1 月 22 日（十二月初五日　丁巳）星期

　　阴寒。晨与珏人、滋、湜两儿步往四茹春进面点，步归时在威
海卫路采芝斋及孙大成购得猪油年糕、咸炒拣荚花生等，价已大贵
而餍望实深，亦颇自得也。十时许漱儿挈弥同来午小饮。饭后十
二时半，起收听富贝康空中评弹会串，直至晚九时始辍，并晚饮及
夜饭，亦未下楼，可谓笃矣。夜饭后漱、漱、滋、湜往兰心听音乐，九
时许乃归。十时就寝。

1 月 23 日（十二月初六日　戊午）星期一

　　晴寒，背阴处皆冰。晨八时十分乘车出，仍到衍福楼办事。鸣
时电话来谓季华道余相念，暇时当来看我云。接士敫十六日长沙
来信，告益智事已客气解决，似贺事无问题矣，附清致漱信即转与
之。上年董监夫马今送出，各得一百折，实单位合当天牌价计四十
七万一千九百元。午后一时半离馆，循福州路西行至西藏路，知今
日评弹业工会成立，下午二时将游行，乃折北迎看至三马路口已见

旗旌照耀,自新世界向南而来,遂驻足观之,所谓响档者俱在,而陈鸿雅、黄静芬、徐雪芳、朱雪琴之铜鼓,朱慧珍、顾竹君、范雪君、范云萍之小笛,尤为属目,迨过余,即顺道为归,行至霞飞路贝勒路口再见之,复至吕班路蒲柏坊口三见之,余并不作意看,乃得三度相逢,亦可谓无意中之好事矣。比归,已将三时,珏人亦于饭前往濬所看评弹工会游行行列,尚未归也。坐有顷,珏乃与濬儿至,盖亦绕道三看始返云。谈至四时半,濬归去。入晚小饮。夜饭后坐待滋儿之归,至九时乃见之,余即就寝矣。

1 月 24 日 (十二月初七日　己未) 星期二

晴寒,仍有冰。晨七时四十分乘车出,接予同同赴怀夏楼,同人等学习,余与予同谈公司近事,颇将素蓄之怀一吐,要使磊落胸襟不被云翳,兼今好讲手腕者共喻直道之不容掩没耳。九时出席十六次生产委员会,余久不与此席矣。事多隔膜,颇有鼓中之感,随卯应景,亦无所谓也。已十时三刻,始散,因在怀夏楼午饭。饭后自校漫谈大行政区排样,又校新排本国地理东北区四十四页,至二时始已。偕均正、必陶同乘电车,到南京路山西路口,复步至衍福楼,出席十二次人事委员会,讨论案件凡七起,均涉重要且难于满意解答云。四时半下班候车归。漱石挈弥同来住我家。入晚小饮。夜饭后滋儿赴团部上课,即北住新村矣。午前接致觉函并译稿一批,即开稿费汇与之。八时许开机听书,九时半即睡。十二时许为猫所惊醒,直至三时始合眼,甚以为苦。

1 月 25 日 (十二月初八日　庚申) 星期三

早浓霜,旋昙,气还暖,夜半竟雨。晨八时十分乘车出,仍到衍福楼办事。十一时半匪机来袭,十二时后续来十馀架,往复穿梭,在沿黄浦江一带肆虐,炸声四起,浦东及南首小东门高昌庙等处浓烟尤烈,近二时始去。此役损失必巨,死伤尤惨,匪帮之暴行,虽万死犹不足蔽辜也。接廿三日西谛南京来书,告即晚北行,询书箱运出未。因将车运须拆装改箱等情告之复请指示,顺写京沪五号书寄芷、汉、润、琴,复润十六日来信,详告近状,畅谈胸怀,即以谛信附入,属即转。下午为本店工会书一匾额,贺上海总工会成立。佩霞、季仁来衍福楼谒谈,以考取济南重工业部及上海联合出版社两处会计职务,请为决择何从,余怂恿北行,仍属自行考虑,以其家庭或不愿伊等远离也。四时半下班候车归,漱儿附焉。到家时文权、潜儿、顯、预、硕三孙俱在,以今晚祀先吃年夜饭也。五时半即上香,六时一刻焚帛,余默祷明年岁时奉祀将废除香烛锭帛,仅设位陈肴鲜花供献,致其虔诚而已。六时半团聚吃年夜饭,八时始罢。又喧笑久之,权等乃去,漱石等仍留。听黄静芬播唱后即就寝。

1 月 26 日(十二月初九日　辛酉)星期四

阴霾终日,气温如昨。阅报知昨日匪机之来扰系大编队,有轰炸机十二架,侦察机一架,驱逐机一架,凡十四架。肆虐之区甚广,要以浦江两岸为目标,而以小东门十六铺一带为尤惨烈,协大、祥宝、大祥等俱波及,其他糖行、咸鱼行、水果行等七十馀家全毁,大吉楼菜馆正有四对假此结婚,同罹浩劫,死伤以百计,财产损失更不可胜计也。匪帮无良,一至于此,吾疑其中必有日寇残馀,及美贼陈纳德之外国流氓参与其事,将来清算必不可忽视此点耳。八时十分乘车出,仍到衍福楼办事。为应付股东会草拟董会报告书。下午三时出席廿八次店务管理委员会。会前鞠侯来访,因以延揽之意告之。四时半下班候车归。入晚小饮。夜饭后漱、滋俱赴团部小组开会，十时乃归。珏人与漱石、潜儿于下午一时同往大陆书场听书，五时半乃同返，饭后，潜与漱、滋偕行归去也。

1 月 27 日（十二月初十日　　壬戌）星期五

晴暖，础润欲滴。晨七时四十分乘车出，到衍福楼办事。诚之偕其女公子翼仁来访，续交《唐五代史》稿一批，翼仁并以最近翻译俄文著作两种见贻，笔名左海，斐然可观矣。有顷辞去，因即将稿送调孚，属开稿费，兼以翼仁之作示之，希与叔湘、均正一商，或可建立关系乎？召集股东临时会，信今发出。接士敩二十日书（廿二寄），告贺益智播弄可笑事，其实，洗人已径接贺信，且已复之，于所办殊不值一击耳。况贺已办出交代领款离店，真不需此蛇足矣。下午三时半达君接听北京长途电话，宝懋、继文、汉华俱询前日上海轰炸情形，致其殷念，因告慰之。四时半下班，漱儿仍随归，滋儿则参加乐队到衍福楼后，又回怀夏楼矣。珏人偕漱石、潜儿仍在大陆听书，六时许乃归。入晚小饮。夜饭后坐畏宧遥听卧室中弹词播音，亦饶静趣。九时半就寝。滋儿亦归。

1 月 28 日（十二月十一日　　癸亥）星期六

阴雨湿闷。晨八时十分乘车出，到衍福楼办事。股东会报告及提案俱已草就，俟星一会决之。下班后与洗人闲谈至五时半，乃偕出衍福楼，步往南京东路山西路口待电车，共赴耕莘之约，乃电车挤不上，而雨又加大，遂改乘三轮车以往，至则徐秋生、梁子锋已在。有顷，达君至，七时许予同始至，叙饮至九时许散，送洗人上电车后独乘三轮车归。小坐便寝，以酒醇故，殊得酣睡。

1 月 29 日（十二月十二日　甲子）星期

阴雨，下午霁，地且显白，夜半又大雨。晨起早餐已，漱石即辞去。十时三刻君宙来访，谈至十二时去，留饭未果，余乃独饮。饭后漱儿来参加大东工会成立，仅得茶点而还，因再具饭饭之。二时余出散步，珏人偕漱、滋、湜及弥同亦出，共往萨波赛路口恒丰衣装公司，为湜儿定制服装，余返良久，尚未见归，而翼之来与长谈，四时许珏等归，治点参话，至五时半温酒共酌，坐甫定，文权、潘华至，遂同饮共饭。饭后煮加非分飨家人。九时许翼之辞去。十时许权、潘乃归，余亦就寝。

1 月 30 日（十二月十三日　乙丑）星期一

阴，北风作，转冷，下午曾显晴光，旋仍阴合。晨八时十分乘车东行，所乘福特有故障，勉维到馆，即改驶修车厂大修矣。余仍到衍福楼办事。写沪湘竹新十四号书寄敫、清，附滋信去。伯恩来谈，下月一日将复归开明，在编审部任编辑云。股东会报告及提案等俱已落局，明日加标点后即可付排印也。下午未风来看予同，有所谈。四时半下班候车归。滋儿及弥同已于晨间附车归新村矣。入晚小饮。夜饭后小坐听播音。七时一刻滋儿始归饭。九时余就寝。

1 月 31 日（十二月十四日　丙寅）星期二

晴寒，坚冰，时昙。晨七时四十分候车久待不至，想又抛锚矣，龙文乘电车，滋儿乘骑车，余与均正乘三轮车分头赴馆。仍到衍福楼办事。十时出席十三次人事会，为房屋竞选纠纷，颇多不快。午刻公司为方白饯行并请顾俶南作陪,盖方白即须离店赴北京三联书店编书,而俶南方约在馆外译书,故假杏花楼有此一举耳。洗人、雪山、予同、达君、均正、调孚、至善及余俱与焉,二时许始返馆。智炎来谒,为股东会兜茶点。闿运来谈,大诉痛苦,盖骤令转变生活,宜其枘凿难入耳。然余亦何术以济之哉,慰勉而已。四时半下班候车,甚挤,良以车小而又添两人,几乎挤破矣。到家便再小饮。夜饭后滋儿赴团学习,余与珏人偕出同行,藉以散步,行至金神父路即折回。听静芬弹词两档,九时半就寝。十时许滋儿乃归。家中接廿八日润上其母安禀。

2 月 1 日(十二月十五日 丁卯)星期三

凌晨雾霰,打窗棂,旋雨,终日未止,时时夹霰,气仍寒冷。八时十分车来,乘以东行,仍到衍福楼办事。写沪京六号书,寄芷、汉、润、琴,告近状,且复廿八日来信。鞠侯、伯恳、胡嘉本月来编审校订两部任事,二胡已到,侯则尚未到也。四时半下班候车归,滋儿以团会未偕行,且避挤耳。余到家小坐,五时半小饮。夜饭后坐艮宧闲翻,七时滋儿始归饭。听静芬播弹词,先后两档,九时三刻就寝。

2 月 2 日(十二月十六日 戊辰)星期四

阴雨,下午放晴,气仍寒。晨八时十分车来,乘以出,仍到衍福楼办事。鞠侯来谈,明日即到怀夏楼编审部任事矣。下午二时半出席廿九次店务管理委员会。接上月卅日汉儿信,复余沪京五号书,仍劝北行。四时半下班候车,与滋儿同归。入晚小饮。夜饭后滋儿出参团会。闿运傍晚来,谈移时去,无非托为设法而已。七时至九时一刻听书,仍为静芬之两档。九时半滋儿归,余亦就寝。

2月3日(十二月十七日 己巳)星期五

晴寒较昨尤甚。晨七时忽闻空袭警报,市区中心实为初次,越半时竟转紧急警报,七时四十分冒险出乘车,仍到衍福楼办事。长沙大东分局经理郭棨陞来访,带到士敫所属鸭绒被一条,转与王亚南,接谈久之,郭辞去,余即将托件交金才转送亚南。十一时滋儿自怀夏楼来,盖今日文艺界游行宣传购公债,渠被邀参加乐队也。下午三时出席十二届二十次董事会,通过向股东临时会提出之业务报告及合营提案。湜儿为珏人写复润儿信交余代寄,余因顺写一信与汉儿,属复告西谛决代将书箱改装赶运也。三时半又闻警报一长声,历时五分馀,岂晨间所传之解除警报乎?抑别有他故乎?四时半下班候车归。入夜小饮。夜饭后滋儿始返。听书两档,九时半寝。

2月4日(十二月十八日庚午 立春)星期六

晴寒,坚冰。晨八时十分乘车出,仍到衍福楼办事。汉中同行魏复初自成都来,带到雪舟与诗圣信,知川中情况尚佳也。为洗人书贺轴一,公司及予同挽颂久联各一,公司挽联并为余撰:"天不愁遗痛失扶轮悲学艺(颂久为学艺社理事长),寇难图逞正缘却敌矢坚贞(指敌伪时力护商务资产)。"忆踞寇谋占沪出版业时,颂久力与折冲,商务书馆赖以保全,乃一朝惨胜,便尔屏之,致抑郁至此,不能不令人致憾该馆之深矣。午,公司在杏花楼宴请魏复初,并邀南昌商务经理张屏翰、长沙大东经理郭棨陞、西安教育用品社张星焕共饮,洗人、雪山、达君、达轩、雨岩、诗圣及余俱往,近二时始散。

返馆后闻爆炸巨声,虽甚远而势不弱。未几无止见过,谓顷往江湾上课,在外滩乘校车,忽坐客纷纷下,谓有匪机云,彼亦未见动静,来此小驻耳,证明顷间所闻似非无因,然未听到机声也。四时半下班候车归。入晚小饮。夜饭后听静芬弹唱两档,九时许即寝。

2 月 5 日（十二月十九日　辛未）星期

晴寒。晨起阅报知昨日下午二时,匪机又在浦东洋泾区草泥塘滥炸肆虐,毁屋四十馀栋,死十一人,伤数十人云。美帝支持匪贼至此,其志固在图吞台湾也。非彻底解放台湾,此患诚不能已矣。八时与湜儿出,步往同孚路四茹春吃汤包,仍步归。循威海卫路行,在孙大成购咸炒拣荬,又涨价矣。（每斤需六千元。）十时许君宙来托代表股权,谈至十二时去。方饭,滋儿自漱儿所归（今晨去访）,知笙伯已自穗返抵家,下午将来谒见云。午后一时半,偕湜儿乘三轮车到衍福楼出席股东临时会议,通过呈请出版总署与国家合营案,并决定垫发股息,每万股一上海折实单位,四时许始散会。晤鞠时仪,告知君立已入京,在纺织工业部任处长职,长谈至五时半始辞去。据告三时到会时,曾见匪机多架,在浦东散播传单云。接颉刚书,托代表股权并再索《廿五史外编》例目数份,谓可补者尚甚多,拟分托同好广征意见也。乘同志车返家,已将六时,文权、漱儿、笙伯、昌预、弥同等俱在,即同坐小饮,谈暹罗近事及旅中状况。八时前权、笙等皆辞归。九时许就寝。是日夏龙文夫人四十生日,余家送面十斤为祝。

2 月 6 日（十二月二十日　壬申）星期一

晴寒。晨七时四十分乘车出,仍到衍福楼办事,盖今日起恢复八小时工作矣。午饭已,刚主适来谈,谓自天津南开大学放寒假回南,预备接眷同往云。正谈顷,匪机十馀架侵入市空,在杨树浦、高昌庙、浦东及卢家湾、斜土路等处乱投炸弹,一时断电,推知发电厂必已中弹受损也。刚主俟机声稍远,即仓皇辞去,直至二时后匪机始扬去。家海匆匆至,谓方自卢家湾逃来,几罹于难云。街上救护车乱驰,电车都停歇,途中情形至为紊杂,影响于一般情绪者至深且大。此次死伤及财产损失可云空前,匪帮与美帝勾结为祸,至于斯极,诚切齿腐心之大仇矣。接西谛二日北京复书,属将书箱改装赶运,当即转属纯嘉照办。五时下班候车归,沿途见电车已有开动,部分区域亦已供电。到家后知霞飞坊一带皆无电,幸自来水尚能维持,乃燃火油灯小饮。夜饭后令滋、湜出视情形,返报路灯均照常,各区停电处所极为广大云。暗中久坐固无聊,且无线电播音亦不可听,只索早睡。

2月7日（十二月廿一日　癸酉）星期二

凌晨阴雨,午前后略霁,夜半大雷掣电,檐瀑如注,气闷热难任。早七时十分即乘车出,到怀夏楼晤鞠侯等。九时出席十七次生产委员会。十一时散,与达君乘三轮车返衍福楼。途遇硕民,承以江西磁器五件见赠,匆匆未及深谈。送条与方白,托带炒米粉及咸肉,交汉儿并约来四马路小饮。十二时未见来,余乃与洗人留言相告,径往南京路王宝和小酌,且饮且候,至一时半始返馆,方白竟未至,或有事他往,未及见条耳。二时半出席十四次人事委员会,决定招考实习员五人。四时许又听得轰炸巨声二。五时下班候车归,仍无电,盖昨日电厂锅炉受损,一时不易修复,且影响工厂工作至大,一般居户受累犹其小事也。知潜儿曾往卢家湾附近探问针南,乃车甫至而炸声又作,亟掉首回还余家,告明日即归去,是顷间所闻又离法电厂不远耳。灯下小饮,夜饭后登楼小坐便就寝,中夜为猛雷所惊醒,竟致失眠。

2 月 8 日（十二月廿二日　甲戌）星期三

阴雨,奇闷,础润欲滴,昼晦两次大雨声如电,但未之见。晨七时四十分乘车出,仍到衍福楼办事。催办股会未了诸事,并将具呈出版总署之文稿及编辑计画书整理完毕,交文书组缮办。绍虞介绍其友人申凤章来洽稿,即转怀夏楼备商。午后二时方白来辞行,今晚六时五十分即动身北上矣。为湜儿所写信属龙文附寄汉儿。报载昨日上午七时、下午四时、夜九时都有匪机盘空云,足见匪帮得到美帝支持,乃敢明目张胆如此也。复颉刚,再送《廿五史外编》例目三份去,仍请先将补定之本送来俾付铅印。五时下班候车归。油灯下小饮,适漱石来,留与共饭,饭已,即辞去。夜饭后枯坐无聊,八时半即寝。睡至十一时许又为大雨所醒,竟未得好睡也。

2 月 9 日（十二月廿三日　乙亥）星期四

阴雨。晨起气较冷,略转燥。七时四十分乘车出,仍到衍福楼办事。送信与诚之,约翼仁来怀夏楼晤谈。（订十一日,余在彼接候。）下午一时半出席本月业务会报,三时出席卅次店务管理委员会,通过招考办法。五时下班候车归。福特已修复矣,积旬拥挤为之一松。到家仍无电,油灯下小饮。夜饭后登楼打五关两局,八时许即寝。

2 月 10 日 (十二月廿四日　丙子) 星期五

阴霾,气较冷。晨七时十分便乘车东出,仍到衍福楼办事。写信致申凤章退稿并送《中国人学英文》一册,属仿例写《中国人学俄文》,不识能照办否耳。九时许硕民来馆见访,谈至近十一时辞归。圣南所据谈乡间情形,亦颇凌乱难说云。十一时计剑华来访,越半小时去。渠新从广州来,谓穗地状况日就敉安,物价亦较上海为低云,足征远方传闻之不可信。有顷去。下午三时出席十二届廿一次董事会,通过呈文盖章备北寄。四时半散。五时下班候车归,霞飞坊仍无电。小饮后匆匆夜饭。饭后登楼打五关三局即寝。时已雨,夜半加甚,余为雨声所醒,兼为狸奴所扰,又未得好睡。

2 月 11 日 (十二月廿五日　丁丑) 星期六

阴雨,气仍寒。晨七时四十分乘车出,径到怀夏楼办事,久不莅此,颇呈新鲜之象矣,与鞠侯晤谈,其昭、士铮俱来复职,十馀年不见,一旦重逢,倍感情切也。十时许翼仁偕德修来访,知诚之已返常州矣。谈次,约叔湘、均正、调孚共话,甚洽,先约译书数种,俟伊归省出申后再细谈,或可罗致佐理编辑耳。十一时廿分始辞去。昨日家中接嘉源来信,以闻上海轰炸特致慰问,其意可感,乃详复之,谢盛情,惟手头无邮票,须明日始可发出云。五时下班乘车南归,到四马路,予同上车,承以代接长沙信交余,比到家拆视,乃清儿二月一日旅长六十一号及六日旅长六十二号也,知郭棨陛带来之骆驼毛为奉珏人者,熊、鹤一家以种种牵扯,须农历正月半后再定行否也。贺益智事尚未了,且多无聊发展,余正为此发怔,不料其父作俑贻祸乃尔,深致慨叹已。君宙六时来,即以代支股息交之,谈有顷辞去,余仍就油灯下小饮。夜饭后滋儿出赴团部上课。七时四十分湜儿自外归,再具膳焉。八时许电灯线修复供电,突然大放光明,胸襟顿为一放,足见人民力量之不可侮,纵受帝国主义嗾使,匪帮之横肆暴行,严重摧毁,不一星期居然克服矣。连日因受灯光影响,日记颇有断歇,今骤得重光,亟补足之,志欣快也。记毕,犹及听黄静芬唱开篇,九时半乃寝。

2 月 12 日(十二月廿六日　戊寅)星期

阴雨。上午十一时与珏人乘三轮车往潜儿所,滋儿乘骑车翼以行,坐有顷,笙伯、漱儿、弥同至,又有顷,漱石至,乃团坐共饮,且谈且食,至下午一时半始罢。二时许仍与珏人乘三轮车先归,漱等自去,滋则赴四川路青年会开会也。傍晚滋归,因共饭,余仍小饮。湜儿下午及夜饭后均出,九时许始返,余亦就卧矣。

2 月 13 日(十二月廿七日　己卯)星期一

阴雨,气寒。晨七时四十分乘车出。仍在衍福楼办事。申凤章、孙家晋先后见访,凤章言定为开明编《中国人学俄文》,列入《青年丛书》中。家晋告将移家北上,入文物局佐西谛办事云。午后股东之来取息者颇多,济之之女亦晤及也。五时下班候车,与滋、漱同归。抵家小饮,匆匆夜饭已,漱、滋、湜三儿奉珏人往兰心大戏院看话剧《红旗歌》,余独留听静芬播唱两场,十时就卧。十一时许珏等始返,漱则偕笙伯北返矣。(笙伯先在我家,晚饭同去看戏。)

2 月 14 日 (十二月廿八日　庚辰) 星期二

雪,终阴,气大寒。晨七时十分乘车出,与珏人偕往怀夏楼,余
出席十八次生产会议,珏人赴漱所应邀也。十一时散会,予同仍与
达君等南返衍福楼,余以下午停开人事会遂留内未出,与叔湘、锡
光等长谈。午过笙伯家吃饭,文权一家及铭青、德锜、德镛等俱在,
下午二时始返馆。以受凉失音,讲话颇吃力。五时下班,仍偕珏
人、滋儿附车归。车中遇龙文,以汉儿来信交余,盖来慰问并劝北
行也。到家又遇停电,油灯下匆匆夜饭讫,即登楼小坐,未几即寝。
十一时电来。

2 月 15 日 (十二月廿九日　辛巳) 星期三

晴阴间作。晨七时四十分乘车东出,仍到衍福楼办事。九时
许警报作,有匪机过,停电,十一时半解除,电仍复供。接清十日发
旅长六十三号书,慰问受惊并划款二十万元与珏人,备过年之用,
因即致一电告均安,并写寄沪湘竹新十五号信,详告近状。又写寄
芷、汉、润、琴沪京七号信,复告带物均收到,此间尚安谧也。为公
饯叔湘、必陶及公祝雪山六十寿事,作笺启两通,分告同人。五时
下班候车南归。入晚小饮。夜饭后听静芬播唱两场,九时半就寝。

2 月 16 日 (十二月三十日壬午　大除夕) 星期四

阴,午后略晴,夜仍有细雨。中宵竟雪。昨日因《中苏友好同
盟条约》及《关于中国长春铁路、旅顺口及大连的协定》,与《关于
贷款给中国的协定》,已经我外长周恩来与苏外长维辛斯基在莫斯
科签订(十四日签字),即将在北京正式换约,各报纸皆郑重刊载,

字斟句酌,直至傍晚六时始出版,一般市民满怀热望,咸欲先睹,竟未能及时餍足,不无微憾耳。今晨七时四十分乘车出,仍到衍福楼办事。午饭已,偕洗人、予同、龙文出阅花市,昔年盛况陡落倍蓰,颇呈凄其之感,顺登国货公司楼廊,一巡而出,循河南路以返,朵云轩、九华堂等出售书画之家,尤觉萧索可怜也。惟在国货公司壁上见到新写标语一条,谓毛主席昨晚胜利回国,则大为兴奋耳。四时半道明来请,谓怀夏楼车已开到,即与予同、龙文附乘南归,抵家滋儿已失在矣。有顷,湜儿亦自团归。乃团坐共进年夜饭,且听大同电台播评弹大会串。七时饭罢,仍续听,十时许就寝,仍听焉,直至中夜一时半始扭歇入睡。

2 月 17 日(庚寅岁正月小建戊寅　癸未　朔　元旦)星期五

　　晴朗,偶有云翳,须臾即明,气虽仍寒而不见烈,诚无愧淑景韶年矣。凌晨起,家人亦旋起,受儿辈拜贺,共进团圆。九时许余与滋、湜两儿出里候车,顺迎喜神方,真民族形式矣。有顷,亦秀车至,即属道明、滋儿分招均正、龙文,俾共赴怀夏楼举行团拜,乃均正以团拜形式陈旧未之应,龙文则昨夜就睡较晚,未及起,皆谢不往,遂驱车接予同、佳生、应治径驶川公路开明新村,同人到者綦多。十时奏乐开始,由洗人致辞,继由知伊、予同、必陶讲话,行团拜礼,十时半散,十一时仍与滋、湜附车南归。垂午到家,即暖酒小饮,饭后晴岚来贺年,滋、湜往八仙桥弟妇毓玲处拜年,余与珏人出散步,以风寒折回。今日家中又停电,无电台播音可资消遣,夫妇对坐,殊无聊。傍晚两儿归,即团坐小饮。夜饭后登楼,乃燃绛蜡照明,一室生辉,未劣于电炬也,九时许就卧。

2月18日（正月初二日　甲申）星期六

晴寒，偶有云翳，少选即过。晨九时许文权、濬儿率顯、预、硕三孙来拜年。十时许，笙伯、漱儿及漱石、弥同来拜年。硕民、柱流、至善、均正夫人，君宙亦先后来，留之共饭，皆未果。十一时许铭青来拜年，遂留住，与权、笙等合坐团饮，家人邕叙，快甚。十二时许刚主见过，因拉与同饮，尽欢乃罢。午后刚主去，权、笙等众俱至红蕉所拜年，兼候叶老伯母兴居，余则与铭青长谈。有顷，权等归来，铭青亦辞去。入晚权、笙等先具膳俾早归去，余仍小饮。电流仍送到，夜饭后获听静芬播唱两档，十时始寝。

2月19日（正月初三日乙酉　雨水）星期

晴寒，天宇澄澈，灏气清新。上午九时许余偕滋儿出散步，途遇鞠侯，约来我家便饭，未之应，盖无止以避开发电厂搬来霞飞坊，先已约渠到彼叙晤也。循环龙路返，振华始来拜年，坐甫定，而空袭警报作，有顷无声息，据路人云匪机又在高空散发传单云。振华辞去，余少待至十一时半，即暖酒自劳。燮荣来拜年，因拉与共饮，十二时警报解除，酒后与燮荣复谈一时许，始辞去。一时四十分许空袭警报又作，旋闻匪机自西北向东南行，约在高昌庙附近又投弹轰炸，二时许解除。嘉芳来拜年，谈至三时半辞去。滋、湜五时往兰心听音乐，余与珏人对酌听播音，七时夜饭，饭已，滋、湜始返，再具餐焉。九时就寝。

2月20日（正月初四日　丙戌）星期一

晴寒，天宇澄鲜。晨九时铭青来谒谈，至十时许空袭警报作，

十一时始解除。有顷,道明车来,农祥、亦秀坐候,因与均正夫妇及
珏人附乘以行,过接予同,同到怀夏楼,为叔湘、必陶饯行。用杏花
楼菜,凡三席,到卅馀人,欢叙至二时许始散,即与达君夫妇、农祥
夫妇及龙文、子如共乘以归。先送达等然后到家。立稍定,警报又
作,闻高射炮大振其威,匪机不久即逸去,四时半解除。电火又停
供矣。入晚秉烛小饮。夜饭后烛下闲翻,八时许即寝。

2 月 21 日（正月初五日　丁亥）星期二

　　晴寒。晨七时即有紧急警报,八时馀乃解除,始得候车东行,
到衍福楼办事。刚主来馆见访予同及余,邀与俱往杏花楼午饭,一
时许散出,见路人屏立道周,咸仰视失色,始知又有警且投弹多次
矣。疾行入馆,刚主亦辞去,扰攘至二时许乃解除。接致觉二十日
来书,告岁尾汇款已于小除夕收到,兼致慰问。五时下班,邀子如
同候车归,留与共饮,夜饭后去。九时许即寝。滋、湜往北站候佩
华,未得晤。

2 月 22 日（正月初六日　戊子）星期三

　　阴霾,气不甚寒。晨七时四十分偕珏人、滋儿附车径到怀夏
楼,盖今日为雪山六十生辰,同人预期于是晚在楼祝嘏,故珏人偕
余北行也。乃昨日之警闸北水电厂大受损失,新村一带俱无电,遂
临时改约于杏花楼举行。珏既北行,只索在漱儿所一为盘桓矣。
硕民来怀夏楼长谈,午间同往漱儿所小饮,至善与焉。午后仍与硕
谈,三时硕始辞去,余以须为寿筵接洽,亦缓步离新村行,往衍福
楼。五时下班,同人多往杏花楼聚饮祝嘏,珏人亦偕漱儿乘三轮车
赶到,凡设席五,余夫妇及洸人夫妇与雨岩、孝俊皆坐上席,陪寿翁

媪、士信夫妇及其儿子与焉。八时罢,余与珏人附车归,犹及听静芬播唱也。滋、湜再往北站接佩华,居然接到,十二时许同归,余夫妇坐候既久方就寝也。

2月23日(正月初七日　己丑)星期四

晴和。晨七时四十分乘车东出,仍到衍福楼办事。九时三刻许忽闻匪机声,正注意谛听,突闻爆炸声起东南角,窗牖皆震,始闻警报,真迅雷不及掩耳矣。急拾级下楼,坐底层书栈房中暂休,颇感震惊,十时三刻警报解除。十二时仲华来,洗人、达君、雪山、予同及余六人步往杏花楼午饮,近二时乃返馆。三时出席第卅一次店务管理委员会,以叔湘北行,工会推至善递补,并重行推定调孚为本会副主席。四时半散。接士秋信、昌群信、西谛信。五时下班候车归。霞飞坊无电,乃在油灯下小饮,适笙伯、漱华俱在,匆匆夜饭后即属令早返。九时即寝。

2月24日(正月初八日　庚寅)星期五

阴。晨七时十分即乘车出,到衍福楼,坐甫定,警报即大鸣,越廿分钟解除,想又有匪机过境也。九时四十分又突闻机声,然后报警,且较远处有落弹。十时解除。写复致觉报平安兼谢安慰。午后涵秋来洽稿,属自往怀夏楼与顾、徐面洽之。接君宙电话,约后日午刻宴饮其家。写信复西谛,告春融之际必当北上观光也。五时下班候车归。子如今晚返杭。入晚有电灯,乃就灯小饮,漱石适至,因共饭,饭后漱石去,文权、潘儿来。听静芬播唱,九时许权、潘去,余亦就寝。佩华与同学出看电影,十时半归。

2 月 25 日 (正月初九日　辛卯) 星期六

晴,晨有雾,午后转阴,夜深有雨。晨七时四十分乘车出,仍到衍福楼办事。八时警报作,越廿分解除,市中未闻匪机声也。作书复藏云,并以《廿五史外编》例目二份寄与之。招考实习员广告已登出,见今日《解放日报》。以中见访,谈至近午去。下午接润儿廿三日信,告即将奉调入出版总署,在计画科专管全国出版样书之整理,将来可能扩大为版本图书馆云。五时下班候车归。亦秀、文彬、艺农、应治俱来,漱儿亦至,具年糕、粽子等飨之,未及七时俱辞去,余仍小饮。昌显来,即住焉。听静芬播唱两档,十时就寝。

2 月 26 日 (正月初十日　壬辰) 星期

初阴旋晴,仍寒。上午十一时半乘三轮车赴君宙之约,晤陆轶程伉俪,轶程为初见,其人颇有风趣,长谈至下午三时许,始辞君宙南归,仍乘三轮车到家。约轶程明日在怀夏楼相晤,介与均正、调孚一谈。文权、濬儿、硕孙二时许即来,昌显却归去矣。留渠等共饮,夜饭后谈至九时始去,十时就寝。翼之来,携到砚匣,未及晤而去。

2 月 27 日 (正月十一日　癸巳) 星期一

晴仍寒。晨七时四十分乘车出,径到怀夏楼办事。十时许翼仁来馆洽译书数事,询知诚之亦将自武进来沪也。下午二时有警报,余未之闻,越一时解除。轶程来馆洽谈,近四时乃去,与调、均等皆融洽,亦一缘也。五时下班乘车径归,漱、滋等皆往欧阳文彬所聚谈,共吃年点,未能与余偕行。入晚小饮。夜饭后佩华归,有顷,滋儿亦归。余坐听静芬播唱,九时就卧续听,十时睡。

2月28日(正月十二日 甲午)星期二

晴,较昨为温和。晨七时十分附车东行径到北四川路、靶子路口下,入一小店进点心,食毕,步至新村,登怀夏楼办事。九时出席十九次生产委员会,以叔湘北行,改推余任本会主席。晤硕民。十一时散会,与达君、予同乘车返衍福楼。下午二时硕民来衍福楼再谈,四时许去。达君今日北行,因写沪京八号信托带交芷、汉、润、琴。五时下班,候车归,翼之已在,乃与共饭长谈,近九时始去,余托渠代完坟粮,以日内渠即归苏也。九时听书,未几即寝。是日匪机频来扰空,虽未闻投弹之声,警报凡发四次也。第一次为上午三时三刻,余竟未之闻,清晨滋儿见告始悉;第二次为九时;第三次为十时二十分,余正在怀夏楼会议中;第四次为四时十分,正硕民辞出之后未久,心颇悬悬。所幸每次警报俱隔廿分即解除耳。

3月1日(正月十三日 乙未)星期三

阴霾。晨七时四十分乘车出,仍到衍福楼办事。九时出席十五次人事委员会决案十起,十一时半乃散。午后整理人会纪录。四时许俶南来访,谓叔湘临行见告,每月须支稿费二百五十单位向余接洽云云,余事先并未接头,颇感愕然,因许明晨送去,且待与均正、调孚商量也。五时下班候车归。入晚小饮。夜饭后以今日上灯,特将点余之红烛燃起,就颤动之光焰下,补记两日来日记。仍听黄静芬播唱,仅一档矣。九时半佩华归,十时余就寝,十时半淑侄归。

3 月 2 日（正月十四日　丙申）星期四

晴和。晨七时四十分乘车出，仍到衍福楼办事。今日起滋儿暂在发行所门市帮忙，故与余同地下车。作书与俶南，说明叔湘未明告按月送单位，兹依属送奉只能作预支稿费云，盖均正、调孚俱感棘手，不得不明言如此耳。午后一时半紧急警报，越一刻解除，但未闻匪机声息。二时三刻又发警报，接发紧急报，匪机旋至，高射炮火大作，又二十分解除。其间适望道来，永兴昌主张瑞生来，瑞生送鱼干与洗人及余，备道近来营业之辛苦，承以老友见待，特来存问。玩其意，伤感之至，余亦倍见悽楚，无法自遣也。三时，均正、调孚、至善自怀夏楼来，因共出席卅二次店务管理委员会，五时始散。下班后候车归，滋儿及佩华俱应漱儿之招夜饭其家，未与余同行。掌灯后小饮。夜饭后就烛光下记日记，并听书严雪亭之《杨乃武》与黄静芬之《倭袍》，皆毕听。九时许滋儿、佩华归。十时就寝。淑倠归省弟妇，即留彼住。

3 月 3 日（正月十五日　丁酉）星期五

晴和。晨七时十分即出，候车径到衍福楼办事。十一时子明、光甫来访洗人，乃唤酒叫菜，共饮啖之。正十二时警报作，四十分解。饭罢闲谈，一时十分警报又作，越十分又解。予同午后即出。二时五十五分警报又作，三时一刻解。综此三次警报，匪机掠空之声均有，迄未闻投弹声。五时下班候车归。滋儿须参团开会，未与偕行。到家，淑倠已在，顯孙亦至，盖侍珏人往米高美听书归，特邀来家，共进元宵汤圆也。入晚顯孙去，余小饮。夜饭后坐艮宧，就烛光下记日记。八时听书，九时许即寝。十时滋始归。

3 月 4 日（正月十六日　戊戌）星期六

晴暖，傍晚转阴，夜深有雨。晨七时四十分乘车东行，仍到衍福楼办事。写沪湘竹新十六号附寄敩、清，详告此间近状。工友受所谓低联影响，纪律日坏，纯嘉大感头痛，设法克服此困难，恐非易易也。意气贻祸之深，足见一斑矣。五时警报突作，继以紧急，越二十五分始解除，想又有匪机掠空而过耳。下班候车，附乘以归，知佩华往访其叶氏姑母，今晚将留住彼处，珏人偕潌儿在沧洲听书归途适遇警报，比解除已安返矣。入晚小饮。夜饭仍坐畏愭，就红烛下闲适，移时灭烛归卧，听静芬播唱。九时滋儿归，余亦就床入睡。

3 月 5 日（正月十七日　己亥）星期

阴雨，午后止，傍晚霁。上午十时笙伯挈弥同来，滋儿则早于八时赶到怀夏楼度团日矣。有顷，笙伯辞往愉园访友。阅报知毛主席、周总理已于昨晚十时安返北京，大局益见明朗，快慰无似。政务院又发布《关于统一国家财经工作的决定》，中共中央且为此通知各级党委保障实施。匪特造谣，又何所施其计乎？午饮之顷，漱儿来，因共饭。下午一时半乘三轮车往番禺路海光图书馆，应谷城之招，出席新史学研究会上海分会筹备会，至则谷城、每戡、厚宣已在，谈次知颉刚在楼上，因招下。有顷，予同、子敦、绍华、舜钦、平心先后至，筹委共十四人，已到十人，乃开会。由谷城主席，决议每月第三星期下午在海光图书馆举行研究座谈会。会前一时商讨会务并通过会员十六人，四时半散。余与颉刚偕行，往访张乾若，正值即将搬家，谈未久即辞出，承以法律馆刊本《元刑法志》见贻。

在福开森路口乘三轮车归。到家已六时许,濬儿在,笙伯、漱儿等俱在,佩华亦归,因共夜饭。饭后濬儿与笙伯各归,漱及弥同留。九时许即寝。

3 月 6 日 (正月十八日庚子　惊蛰)星期一

晴暖,雾塞,础润,午后转燥,傍晚阴。晨七时四十分乘车出,仍到衍福楼办事。接西谛二日信,告检书有缺,余即复知改装无漏,或在家装箱时偶然遗落,应函家一查。此信即附入汉儿信中属为转去。(今又发一不列号信与汉儿。)谷城来取版税。予同竟日未到。滋儿接清儿一日发旅长六十四号信,饭后呈余,知为调沪与否,颇难定心也。接吴树德(缉熙之子)催询华文复职事有无回信(前日曾有信来托),明日晤锡光后当切实复告之。仲持来谈,颇多可慰之好消息。五时下班候车归,越半小时滋儿亦自发信所归,乃共坐小饮,且夜饭焉。佩华又往住叶氏姑母处。夜饭后滋、淑往濬家探省,九时半归。十时就卧。夜深大雨,淅沥达旦。

3 月 7 日 (正月十九日　辛丑)星期二

阴,时有濛雨,气又转寒,与昨相较,差十度。晨七时十分便出乘车,径到怀夏楼,同人依时学习,余坐外厢听之。有顷予同自江湾至,九时同出席二十次生产委员会,十时三刻散,偕予同乘电车诣衍福楼。下午二时三刻出席十六次人事委员会,通过实习员升职员原则两事,并决定招考初步手续。五时下班,托韵锵带信与漱石,属转召铭青来家。候车归。入晚小饮。夜饭毕,铭青至,即以登记表交渠,属转令其甥吴克诚详填见报,俾凭召考并切实声言弥封严考,绝无假借云。谈移时辞去。九时听静芬播唱,有顷便睡。

是夜飞霰。

3 月 8 日（正月二十日　壬寅）星期三

阴寒,夜降雪,瓦桄积白。晨七时四十分出乘车,径赴衍福楼,整理人会纪录办理杂事。午后孟邹来,谈移时乃去。此老精神依然,惟耳聪略退耳。五时下班候车南归。入晚小饮。夜饭后听静芬播唱《倭袍》,九时即寝。今日为妇女节,公司女同人俱得放假云。

3 月 9 日（正月廿一日　癸卯）星期四

阴霾,积雪已融,甚寒。晨七时四十分车来,乘以东行,仍到衍福楼办事。复吴树德,告华文如将排字房北迁,决召回同赴北京云。下午二时出席本月分业务会报,席上达轩大发牢骚,似已受到相当挫折。三时半接开卅三次店务管理委员会,为工友纠纷大费心力。予同是日未到,免却麻烦不少矣。五时下班候车归。入晚小饮。夜饭后听书,九时寝,有顷滋儿始返。

3 月 10 日（正月廿二日　甲辰）星期五

阴晴兼施,仍寒。晨七时十分便出乘车径赴怀夏楼,先在靶子路口下车,顺过一小面馆吃汤包,安步诣楼,时尚未及七时三刻也。调孚三日前又发病,今日九时后特往省之,精神如常,谈移暑辞返楼。得晓先书,附致调孚书,劝节劳多养,一若知其发病者,诚药石之言也。饭后步往四马路衍福楼,下午即在彼办事,得昆明解放后第一次来信,陈述经过娓娓动人,余为揭示同人,以慰相念。五时下班候车归。入晚小饮。夜饭以后淑侄出看《红旗歌》,余等听静芬播唱,九时半滋儿归,十时余就寝,近十一时淑始归。

3月11日(正月廿三日　乙巳)星期六

阴,午后晴,仍寒。晨七时四十分乘车出,到衍福楼办事。为佩弦遗集事致书叔湘,促江清速寄稿。复晓先。致书起潜,论《廿五史外编》体例并附去例目一本,属便中转交张石公。十二时许鞠侯自怀夏楼来衍福楼,因唤酒三斤,并在一家春叫菜四事,与鞠、洗、山、予共酌。下午一时三刻鞠侯辞返怀夏楼。接迪康信,告近状甚忙。漱复汉、润一信送余阅后转发。五时下班候车南归。入夜小饮。夜饭时佩华来,淑、湜亦先后归。听弹词会书播音,九时始寝,十时许滋儿乃归。

3月12日(正月廿四日　丙午)星期

晴寒,有冰。晨七时半独自步往同孚路四茹春进早点,食后闲步循威海卫路、陕西路而归,路已不少,气尚平,似近日心脏略好转矣乎? 珏人往视濬儿去未久,警报作,时正十时半。有顷,偕滋儿出探动静,兼候珏归否。沿途平静如恒,男女杂沓熙攘,无减往时也。迤逦而返。十一时三刻珏人乘三轮车归,即午饭,饭后一刻警报解除。二时许无止见过,无止本住吕班路,以境涉险恶,岁杪移来本坊,今特访余畅谈甚久。三时四十分君宙来,无止乃辞去,与君宙赓谈至五时始去。六时小饮,开华元龙所赠小坛应之,味虽淡而静稳有足多者,且饮且听播音,各场弹词俱停,惟听客串开篇而已。滋、佩午后出应漱儿之招,夜饭其家,饭后在解放剧场看话剧《思想问题》,湜儿则参加学联寒假学习结业典礼,俱未在家晚膳。九时半湜归,余已睡,十一时滋、佩乃返。

3月13日（正月廿五日　丁未）星期一

晴寒。晨七时四十分乘车出，仍到衍福楼办事。接十日润儿安禀，知已到出版总署计划处图书征集科任事，有助手二人，工作已顺利展开，所有积压之件都办清，今后即可转入正轨云云。至以为慰。接致觉函并续寄辞典译稿二十面，即转送怀夏楼属开稿费，下午即为汇出。接吴贻德复函询去京时旅费问题。斐云来访，出达君、西谛函见示，谓伊专为接运瞿氏书籍而来，顺为安排西谛所藏唐三彩骆驼马等三事也，当为协助一切。顺谈《廿五史外编拟目》经过，至十一时始辞去。午饭后二十分警报作，旋转紧急，至五十分解除，市区中心竟未闻飞机声息也。予同午后到馆，四时半又返江湾。五时下班候车返。入晚小饮且听书。九时半就寝。十时滋儿始归。

3月14日（正月廿六日　戊申）星期二

晴，仍寒。晨七时十分便乘车出，径到怀夏楼，先过东运吃汤包，旋至楼上听学习，颇多匪夷所思之论，益征前途困难正夥，非努力克服不足言改造也。九时许出席廿一次生产委员会，十时半毕。过候调孚，少谈即乘车返衍福楼办事。十一时四十分空袭警报作，越十五分转紧急，匪机多架掠空盘旋，正午饭，炸声与高射炮声四作，余与洗人、亚平、久安即在楼下进餐，直至下午一时许始解除。（事后知有匪机廿六架分批窜扰，在龙华机场投弹五十馀枚，破坏异常严重。）二时许无止自霞飞坊来访，谓最后一声窗棂俱震云，推知珏人在家必大受惊恐矣。有顷，均正来，乃共出席十七次人事委员会，商定二十日招考实习员并决定琐事多起。淑英来访，知在人

民画报社任会计已两月,甚慰。五时下班候车归。入晚点油灯小
饮,盖电度已将如额,不得不节移他用也。夜饭后听书,九时半即
睡。佩华今晨移襆被入江湾同济附中,暂在彼处作旁听生。

3 月 15 日(正月廿七日　己酉)星期三

晴寒。晨七时四十分乘车出,仍到衍福楼办事。整理人会纪
录并办出生会决议诸事。下午二时轶程来访,畅谈久之,近四时辞
去。四时蜇云来访,托事二项,谈至近五时乃去,于北京近事言之
甚晰。五时下班候车归。滋、湜俱往虹光戏院看话剧《王秀鸾》,
淑亦归省弟妇,留家惟余夫妇及阿凤耳。入晚小饮,三人共饭,仍
在油灯下度过也。夜饭后登楼开播音机听书,九时睡。滋、湜十一
时归,余起开门。上午在衍福楼接十二日汉儿来信,附照片三张,
告近状兼询此间情形,因即作复,并将滋儿之信附去。

3 月 16 日(正月廿八日　庚戌)星期四

初昙旋阴,夜深有微雨。晨七时四十分出,仍到衍福楼办事。
南昌冯百泉来。写沪京九号函,寄芷、汉、润、琴,详告近况。下午
接蜇云电话,转属纯嘉往丁惠康寓取西谛所藏之唐彩釉骆驼马等,
移放达君家,即为妥办之。三时出席卅四次店务管理委员会,报告
事件至多,有结论者仅调整薪给事姑仍旧例先应急,将函征工会同
意后行之。五时散会,下班候车南归。入晚仍就油灯小饮。夜饭
后出候滋儿,未遇,废然返,直至九时半始见返来云。十时就寝。

3 月 17 日(正月廿九日　辛亥)星期五

阴,时有细雨。晨七时十分便出候车东行,仍到衍福楼办事。

为招考出题目,为杂务指挥分别咨照,颇形忙碌。十一时半飞机声大震,楼顶殆不可居,亟拾级下而警报无闻,窗外已见两机翻腾空际矣,嗣知为人民解放机,屋顶多有人立观,且有拍手欢呼者。余自惭错觉,不禁转喜,大为奋兴。午间与洗人、予同饮酒志庆。下午接十四日芷芬信,告润入署经过。又接业熊十一日在乡所发信。(到赣县已十三矣。)告静鹤怀孕已八月,须分娩后始出,大约当在阴历三月底云。坚吾来谈托办文件,移时乃去。四时许我机又腾空表现,盖多为驱逐机,今后匪机当不敢贸然来闯乎,情绪大好。五时下班候车归,漱儿偕行到家时笙伯已在,盖相约前往体育馆听演讲者,有顷,滋儿亦归,乃合坐小饮,且进夜饭。饭已笙伯、漱儿往体育馆,顺道径归矣。湜儿亦出参会,十一时始返。今日午后沈家海来我家,承馈春笋、茶叶等土物,余未之晤,极歉。薄暮颉刚见过,约后日午饭其家,属代邀予同也,匆匆即行。

3月18日(二月大建己卯　壬子　朔)星期六

阴霾气闷,时有微雨。晨七时四十分乘车东出,仍到衍福楼办事。关于暂行调整薪给提升人员及招考诸端俱已办妥,只待实施矣。午后拟函稿一通,将书与洗人,劝其立即宣示总管理处北迁。冯百泉后天即须去长沙,今午公司留伊便酌。五时下班候车归。下午由廛见过长谈近况,其藏书有出让意,殊为恻然。电灯抄表员迄未来,过期已三日延不续抄,显示留难,今晚只得将火表总门关闭,在油灯下小饮且夜饭。滋儿晚出,九时半始归。电台以限电关系,纷纷休业,空中书场尤受影响,今晚已明告为最后一项,虽将来或能好转而暂时停播,必有多人感受痛苦,珏人即其一例也。十时就寝,失眠至二时后乃入睡。

3 月 19 日（二月初二日　癸丑）星期

阴。晨吃撑腰糕、笋油面，甚惬，风中仍见料峭，以是未出求点也。阅报知美帝肆意造谣，我周总理据理斥之纸老虎，亦便戳破耳，可知帝国主义内疚已久，恐帝病患者过而侫之，实卑怯不足挂齿也。十一时三刻予同来，乃偕乘三轮车往武康路二八〇弄九号访颉刚，应其午饭之招。席间遇永年，知其为丕绳之婿，惟未深谈耳。饭后涉其园庭一周，即与予同、颉刚步往海光图书馆出席新史学研究座谈会，自二时一刻开始至五时十分毕。筹备会推组干事会，余与颉刚俱被推为干事，从此或且多事乎。散会出，步至大西路，与予同乘三路公共汽车东行，至西摩路口下复步至霞飞路，予同转乘廿四路电车归去，余径返。涵侄在家与珏人谈，珏人亦正与滋、湜自米高美听书归来也，有顷，涵去，余亦小饮，仍就油灯夜饭。饭后与家人闲谈，九时即寝。

3 月 20 日（二月初三日　甲寅）星期一

晴朗，气较前昨大和。晨七时四十分乘车东行，接予同同到衍福楼，车至西藏路、福州路口，空袭警报作，乃驱车直驰，余等下车后，亦秀偕均正等竟得直赴怀夏楼也。余登衍福楼，正八时，紧急警报至，我机已升空盘旋，历四十五分警报解除，未闻匪机阑入市区，仅西南隅微闻爆声，不悉掷弹，抑高射炮耳。九时半应考诸生十六人毕至，由予同主持笔试事，十一时许政治常识及国文俱已考毕，生等即去。下午一时许诸生复集，续试英文、数学及珠算。三时未至，警报又作，有顷，紧急报至，我空军早已升空矣，轧轧盘空至三时五十五分始解除，竟未闻爆炸之声，殆匪机见我有备，仓皇引去乎？四时五十分见《新民晚刊》，知上午之役，匪机竟在龙华镇肆虐，德润中学被炸学生死一人、伤四人，其它民房人命亦有毁损云。晤静耐，气色已好转，再多养一二月或可到店复职欤。五时下班候车归。滋儿以参贺群益出版社青年团支部成立典礼，未随余归。今日电厂抄表员已来抄表，尚馀九分，以是夜得开电灯，诸儿皆喜，余乃从容小饮。夜饭毕，登楼，以不敢过度用电，余仍移烛入艮宧记日记，倦眼惺忪，竟致辍写。九时归卧，近十时滋儿始返。

3 月 21 日 (二月初四日乙卯　春分) 星期二

凌晨有云翳，旋开朗，澄鲜如昨，气仍寒。六时起，七时十分便出乘车径到怀夏楼，仅七时三十分耳。有顷，就漱所吃蛋面衣，遇铭青，九时始复返怀夏楼，少坐，予同至，因同出席廿二次生产委员会，调孚未至，议至十一时始散。会前轶程来，商谈译事，约为杂志先翻时论云。会毕，余与予同乘三轮车赴衍福楼。午后二时许均正来，二时半出席十八次人事委员会，决定召集口试，投考人七人并有例案多起，讨论解决最后决议本会讨论权限，且推出诗圣、伯泉及余为常委，俾处分紧要之事云。开会未久，警报作，我机即腾空迎御，至三时许解除，匪机竟未阑入市区也。硕民来谈，五时散馆后同出，伊北归圣南所，余候车返。入晚小饮，滋儿亦归，同进夜膳。夜饭后坐艮宧记日记。九时即寝。

3 月 22 日 (二月初五日　丙辰) 星期三

阴雨，风寒。晨七时四十分乘车出，仍到衍福楼办事。琐屑烦沓。并写信亦得安心也。下午五时下班候车归。入晚小饮。夜饭后默坐片晌，继打五关三局，九时就寝。本市各机关之晚间办公者

均仍改白昼办公,两路行车亦改由白天往来,想制空权已在人民手
中矣。

3 月 23 日(二月初六日　丁巳)星期四

阴雨,仍有风,较昨为润。晨七时四十分乘车出,到衍福楼办
事。写信四通,一致孙君立,为笙伯谋纺织工厂实习事,愿义务工
作;一寄赣县乡下复业熊十一日来信,详告种切,只索属其暂缓出
来,从长考虑;一寄北京(沪京十号)复芷芬十四、十六两信并向
汉、润、琴告近状;一寄长沙(沪湘竹新十七号)致敫、清,详告近
状,并说明调沪受阻症结之所在。下午二时半出席卅五次店务管
理委员会,报告人事并讨论原则性事件多起。五时下班候车归。
入晚小饮。夜饭后坐艮窗,就烛下写日记,以限电故,宁余一人受
屈也。八时归寝,打五关三盘,九时许就睡。

3 月 24 日(二月初七日　戊午)星期五

阴霾,时有雨,气略暖。不欲随众赶早,因未入馆,在家休息。
饭后与珏人乘三轮车往西藏路米高美听书,时尚早,坐止二十馀
人,一时开书,听众渐至,至三时已无隙地,且就通道布坐矣,想见
闲人之多,实非佳兆,然海上无聊销金之窟正夥,此公开之娱乐,尚
不无些微社会教育之意耳。首为徐云志之《三笑》("西楼兄妹相
会"),次为杨仁麟之《白蛇传》("茅山道骗取人参"),次为杨斌
奎、杨振言之《大红袍》("海瑞初审冷五福"),次为姚荫梅之《啼
笑姻缘》("关秀姑失恋忏悔"),次为黄静芬之《倭袍》("毛龙返舟
发令"),又次为沈笑梅之《乾隆下江南》。余等听毕《倭袍》即挤
出,仍乘三轮车返家,已四时三刻矣。六时滋儿返,方在小饮(又开

余孝贞陈酒自斟）。翼之、铭青至，留之晚饭，坚不可以酒代茶享
之，谈至七时半辞去。夜看胡青坳《窦存》，津津有味，九时半寝。

3 月 25 日（二月初八日　己未）星期六

黎明大雷雨，晨起后迭晦，大雨时行，近午见日仍雨，地湿润如
膏，有类黄梅，诚所难堪也。七时四十分乘车出，冒大雨行，虽雨头
只些须短路，冠裳俱濡矣。八时半前招口试之人毕集，乃开人事委
员会，一一召问拟定正取五人，备取二人，已分别给证，前往杜克明
医师处检验体格，下星期内当可招致备用矣。吴季皋之子克诚竟
得录取，幸考试严，否则又将蒙汲引之名，殊无谓也。下午接廿三
日润儿信，知已迁入出版总署后花园居住，依然甚忙云。五时下班
候车归。与永清言，约其父家海明日饭我家。抵家时六姨葆真在，
自苏来受组青之属，仍撮合纯葆姻事也。佩华亦自江湾来。入晚
组青亦至，因共小饮。夜饭后珏人、组青、葆真长谈，余则坐艮窅看
《窦存》。九时三刻滋儿归，十时组青去，十一时始得寝。葆真、佩
华均留。

3 月 26 日（二月初九日　庚申）星期

晴，偶阴即开，夜深雨。上午十时笙伯、漱儿、弥同来，有顷，硕
民来长谈。十二时与硕民小酌，文权、潜儿、顯、预、硕三孙俱至，文
权即登楼共饮，馀皆在楼下吃面。饭后漱石至。三时许硕民辞归，
余走送之，偕步至威海卫路而别，余循原路缓行归。葆真早上即辞
去。翼之约来未果。六时许家海来，乃团坐共饮，饮后上楼畅谈至
九时，潜、漱两家及家海俱去。十时就寝。今日为余还历之辰，俗
谓七十开一矣，幡然老大，无补时艰，徒受儿辈称寿而已，殊愧。

3 月 27 日（二月初十日　辛酉）星期一

阴雨竟日夕,气不适。晨七时四十分乘车出,到衍福楼办事。佩华清晨即赴江湾校中。接京电,知达君已动身南来,明晨可抵沪云。接廿三日芷、汉各一信,亦言合营事已有眉目,达且返申也。茑云来辞,今晚即北返,留之午饭不可,假款卅五万即行。下午接西谛信,对《廿五史外编拟目》正谋集专家共同商订也。五时下班候车归。到家接清与滋、漱信,划廿万为余寿。夜小饮。饭后坐至九时就寝。

3 月 28 日（二月十一日　壬戌）星期二

阴雨,风中仍感料峭。晨七时十分便乘车东出,到怀夏楼,恰为七时卅分旁听同人学习。九时出席廿三次生产委员会。达君今晨返抵沪,亦赶到出席。会中除讨论收退稿件外,听取达君报告,知合营事暂不投资,只双方合组业务委员会为编辑营业之决策机关,出版总署出三人(编审局、计画处、新华书店各一)。开明出四人(董事二人、职工二人)组织之总管理处须迁京云。十一时散,与雪山、予同、达君分乘三轮车南行,共返衍福楼办事。下午二时半出席十九次人事委员会,决定正取实习员张国维等五人,备取章汝荣等二人,并对京处进用人员有所指正。五时散,即下班候车归。入晚即小饮。滋儿以团中学习,今晚与明晨俱须在怀夏楼参加,只索于夜饭后出,即住新村。淑侄归省弟妇,亦留宿未归。夜看《谐铎》数则。九时即寝,眠尚佳,醒来已四时矣。

3 月 29 日（二月十二日　癸亥）星期三

阴,仍料峭。晨七时四十分乘车出,到衍福楼办事。整理人事会纪录,竟费半日工夫也。出门登车前,无止赶来,谓今晨九时苏联教授吉谢列夫在科学社讲苏联考古研究,予同邀余往听,特发之入场券在伊手中,望届时前往,伊在门口相候,偕同入场云。余以事出仓卒,且开明事待理正伙,实无暇往,只得托无止代谢予同耳。接致觉信,并续寄译稿即送调孚,下午调孚将稿费开出,随由主计处汇出附函复告之。接润儿廿六晚写、廿七晨寄之函,劝余即赴京。乃乾四时许来看予同及余,谈至五时下班同出,伊辞去,余等候车南归。入晚小饮。夜饭后滋、湜同出看电影,十一时乃返。淑侄午饭时归。散学后来吃夜饭,遂未出。九时余就寝。

3 月 30 日（二月十三日　甲子）星期四

阴寒,傍晚细雨,入晚加甚。晨七时四十分出,乘车到衍福楼办事。吉谢列夫仍在科学社讲演,余以阻事未往听。午与洗人、达君、予同、雪山唤酒小饮。下午二时三刻出席卅六次店务管理委员会。五时散,即下班出候车归,漱儿、弥同随归,抵家,笙伯已在,因共夜饭。九时滋儿始归。是夕笙伯等均留。纯葆清晨自苏来小住我家,盖与组青已订婚,特来沪置办衣物,即将结婚也。

3 月 31 日（二月十四日　乙丑）星期五

阴雨。晨七时十分即出候车,漱儿、滋儿、弥同俱随车行,伊等径赴新村怀夏楼,余则于衍福楼前下车,即在楼上办事。笙伯十时许始辞归。无良来馆午饭,后签名而去。下午二时半出席十二届廿二次董事会,决接受合营先决条件,候署方批示到后,即将总管理处北迁,四时毕。五时下班候车归。接芷芬信,告君立有复音,可属笙伯去京再说云。铭青来谒,约下星一夜饭其家,少坐即去。

六时夜饭,组青、纯葆偕同买物归,因共饮啖,饭后余坐艮宧闲翻,伊等与珏人长谈。十时许组青去,余等始睡。

4 月 1 日（二月十五日　丙寅）**星期六**

清早湿氛四罩,地润如膏,旋开朗转燥,竟日晴明。晨七时四十分出,乘车到衍福楼办事。新取试用实习员张国维等五人均报到,即分派于秘书处联络组及外版部发行所等处。陶孙自联营书店回,来去悉凭雪山意旨,此风殊不可耐也。昨日所接芷芬信带与漱儿,今日午前笙伯来衍福楼,面余谓甚愿北去,拟日内即准备成行云。下午四时许颉刚来馆,谈至五时下班,伊偕予同共赴厚宣杏花楼之约,余乃与龙文候车归。六时小饮。夜饭毕,以月色姣好,与滋、湜两儿偕出步月,（行至复兴、陕西两路转角,站岗之解放军,忽干涉停立且索身份证,余讶其鲁莽,正待理论,岗警圆场,始得离去,匆匆而归,至为不愉,以此推想乡间所传种种实非无因,若任其曼衍,不加纠正,瞻念前途,至足寒心矣。）到家坐定,不久警报作,时正九时廿分越五分,转紧急,但无他声息,至三刻解除乃就寝。

4 月 2 日（二月十六日　丁卯）**星期**

晴。上午君宙来,十一时去。下午二时绍虞来,三时许翼之来,共谈至四时绍虞辞去,翼之留饮。笙伯、漱儿、弥同俱来午饭,饭后偕珏人、滋、湜等同游复兴公园,四时始归。漱石来,少坐便先去。权、潏来,因共夜饭小饮。佩华以春假来住。夜饭后八时许权、潏、翼、笙、漱、弥等先后归去。九时半就寝。

4月3日（二月十七日　戊辰）星期一

阴霾还暖。晨七时四十分乘车出，仍到衍福楼办事。写沪京十一号书寄芷、汉、润、琴，沪湘竹新十八号寄敔、清（附滋代珏致清详函）。接君立来函，招笙伯入纺织工业部办事，因即移知漱儿作准备。又写信寄天津复迪康。五时下班后候漱、滋来馆，同到牯岭路铭青家应继高之招饮也，至则翼之、笙伯、漱石俱已先在，少选即坐拢聚饮，直至十时后始与滋儿乘三轮车归，醉矣，睡至二时许竟吐，滋儿亦惫，莫能兴焉，甚矣，劝酒之烈也。

4月4日（二月十八日　己巳）星期二

阴，夜雨。晨光初作，即起盥漱，略进豆浆，七时十分即乘车出，滋儿则属令静卧休息焉。七时半到怀夏楼晤洗人、鞠侯等，九时出席廿四次生产委员会，于收退稿件外，尝论及如何北迁等事，十一时散，余偕达君乘三轮车返衍福楼。午后接卅一日士敀信。三时出席二十次人事委员会，报到例案外，于薪给制度颇有涉论，将仍采业务全会所定者加以修改，配合现状，然后提请总经理决定，再提董事会及工会协夺之，此事如得顺利进行，则以往纠纷宜可解决不少也，惟人心惟危，难必顺利耳。五时下班候车归。滋儿已阳阳如平常矣，为之大慰。组青在，因共夜饭。饭后九时组青乃去，余亦就寝。

4月5日（二月十九日庚午　清明）星期三

拦朝大雨，雷电，以风旋止终阴，仍时见雨，下午气转冷，盖风犹未戢耳。晨七时四十分乘车东出，仍到衍福楼办事。整理人事委员会纪录。笙伯午后来谒,谓香港款已到,明日或可成行,余即书复君立,谢为笙伯照拂,交渠带去面交之。联棠书与惠民,为《人民年鉴》通告事,对余颇致怨满,谓出余手,其实又中挑拨之计矣。(此稿实出洗人之手,且受雪村京函之激,迫不及待,乃未待寓目,即遽发出,竟铸此大错。)俟渠来沪,可面剖之。五时下班候车归。六时小饮。夜饭后听书。九时后就寝。

4 月 6 日（二月二十日　辛未）星期四

晴,仍时有阴翳。晨七时四十分乘车出,仍到衍福楼办事。下午三时出席卅七次店务管理委员会,决将如何迁动总管理一事,移交后日业务汇报时共同商讨。午前鸣时见访,畅谈近况,知将就事于华东司法部云。祖珊来衍福楼,洗人、达君、予同、炳生、雪山、达轩、惠民及余偕之,同饭于聚昌馆,祖璋亦在焉。一时半返馆,坐休多时始出席会议云。五时下班出,赴广场候车归。六时小饮。夜饭后听书。九时许即寝。

4 月 7 日（二月廿一日　壬申）星期五

晴寒,感料峭甚于冬令。晨七时十分即出候车,乘以东行,到衍福楼办事。写信致谷城,于其所著《释乱》一文有陈述,并告九日适有他约,史会干事会请假。大椿见过长谈,知儿童书局已归团营,正清理商股云。出版总署复函已到,大旨与达君报告正同,而措辞恳挚,尤见鼓舞之盛心也。笙伯今日成行,渠与漱儿俱有电话来告,余为拍电与汉儿,属届时前往车站招料。漱儿送阅汉致伊信,亦正以催促笙行为言。五时下班候车归,滋儿以今晚与明晨团中俱有学习,只索住新村,未偕余返。六时小饮。知纯葆今日下午亦已返苏云。夜饭后听书。九时半就寝。

4月8日（二月廿二日　癸酉）星期六

　　晴，较昨略暖。晨七时四十分乘车出，仍到衍福楼办事。写沪京十二号书与芷、汉、润、琴，告笙伯成行，并告余准备北上。又作沪湘竹新十九号书与敔、清，复敔前信并录寄出版总署合营复函，顺告此间近状并余将北行事。下午二时半出席三月分业务会报，试商总管理处北迁诸事，四时半散。五时下班仍候车归。是日空袭警报凡三次，上午九时十二分作，十时十二分解，十时廿九分作，五十五分解，下午四时五十分作，五时廿一分解。我机凌空驱逐，匪机遂逡巡遁去，均未得阑入市空也。到家后小坐便尔饮酒。夜饭后与珏人出散步，未几即返。九时就寝。

4月9日（二月廿三日　甲戌）星期

　　晴，较昨尤和暖，真春意矣。晨起与珏人、湜儿同往巨鹿路北万馨进点，有顷，还，湜则入校有所事也。滋儿早出，骑车往兆丰公园度团日，闻漱儿亦往会焉。十一时许空袭警报作，逾一刻，余不之顾，出乘三轮车径赴山阴路积善里陆轶尘之约，车经三马路，警报解除，逶迤达于四达路口，下车问讯，始得之，比抵陆家，调孚、均正、至善俱先在，乃共谈，并观轶尘所藏探矿时所得诸标本，十二时半聚饮，近二时始饭。饭后复谈至三时半乃辞出，调孚乘三轮车径返，余则偕均正、至善同乘十一路电车到外滩，转乘廿二路公共汽车返霞飞坊。漱、滋、湜俱已归，因共夜饭，余仍小饮。饭时淑亦归来。饭后漱去。听荫梅、静芬书各一场，九时半就寝。

4 月 10 日（二月廿四日 乙亥）**星期一**

晴，偶有云翳，转暖。晨七时四十分乘车东发，仍到衍福楼办事。实用书店开幕，余偕达轩往贺，晤廷枚，谈有顷返馆。士敫滞长不调事，经与达君、予同谈询后，知症结乃在范猜疑日亟，而偏匿怨相处，此境亦复正苦也，为之一叹。下午看《苏联考古研究》。五时下班候车归。六时小饮。夜饭后听书兼打五关。九时半就寝。

4 月 11 日（二月廿五日 丙子）**星期二**

浓雾，旋开晴。晨七时十分即出候车到衍福楼办事。今日上午本有生产会议，以无稿件商讨延会，遂于九时提前举行廿一次人事会议，审核上年度员工考绩表并商讨其他案件，午饭时犹未毕。饭后即续开直至二时许始散。梓生来谈。洗人以体欠舒，未到馆。三时整理人会记录，接清儿八日发旅长六十六号书，或将来沪省谒也。五时下班候车归。六时小饮。夜饭后听书且看《文章游戏》数篇，九时半即寝。

4 月 12 日（二月廿六日 丁丑）**星期三**

破晓浓雾，旋转晴暖。晨七时四十分出候车，仍到衍福楼办事。洗人仍未到。予同午后方来。联棠有电来，明晨可抵沪云。下午五时下班候车归。六时小饮。夜饭后湜儿赴团学习，余听书，九时就寝，湜于九时半返。

4 月 13 日（二月廿七日 戊寅）**星期四**

晴暖，南风急，夜深有雨。晨七时四十分乘车出，仍到衍福楼办事。洗人出,予同则午后即去。三时出席卅八次店务管理委员会,以联棠来沪,请渠列席报告穗况,解决问题若干。五时半散,与洗人、鞠侯、至善唤酒小酌,六时过一家春出席工会明社联席会,各进盆饭,一由知伊主席欢迎新同事并欢送北上同事云。讲话者不少,兼有馀兴腰鼓表演,直至九时许始散,仍附车以归,滋儿以须收拾后半小时乘自由车返。十一时就寝。午前寅寿见过,出结婚证书属写并请证婚,盖廿二日渠在杏花楼结婚也。

4月14日(二月廿八日　己卯)星期五

风雨竟日,连宵未休。晨七时十分即冒雨出候车东行,仍到衍福楼办事。写沪京十三号书,托至善带与芷、汉、笙、润、琴,属笙伯暂安勿遑遑觅谋。(来信云已见君立,进行颇不顺利云。)又写沪湘竹新廿号书寄敫,清告将划款廿六万元去,漱六万还,代送炳炎之婚仪廿万,属代汇与静鹤,并劝清可先携建昌来沪,霞飞坊当能腾屋安住也。联棠送铁观音茶一匣。为寅寿写结婚证书。予同竟日未到,洗人亦下午四时始来,以是董会等等进行俱未展开。下午看毕毛主席《论人民〈民〉主专政》一本。至善来衍福楼辞行,即刻奉其祖母挈同眷属北上矣。五时下班,在风雨中候车归。六时小饮,铭青来,因共酌,夜饭后谈至近八时乃去。余归卧听书,至十时寝。滋儿夜饭后出,十时前始归。

4月15日(庚寅岁二月廿九日　庚辰)星期六

风雨,傍晚略霁,夜深又雨。晨七时四十分出候车,仍到衍福楼办事。今日起,下午洗人、予同俱须出席本市第三届各界人民代表会议,无由在本公司出席会谈,因于上午九时,特召集人事常务委员解决悬案多起,当将纪录整治讫。下午将划款廿六万元,托龙文转长沙交与清儿。接芷芬十二日复信,知汉儿为节育入院疗治,殊念之,不识顷已出院否。五时下班候车归,潄儿挈弥同附车随返。六时小饮。夜饭后即听书,至九时三刻各归寝。

4 月 16 日（二月三十日　辛巳）星期

晴,颇躁热地润。入夜雨,有风电。竟昧出。饭后呼汤濯身,偃息而已。傍晚潄石来,夜饭后偕潄儿弥同归去。接莲僧与笙伯书,谓美亚东北设厂事尚渺茫,仍劝暂赴曼谷云。此书即由潄儿取去,或即转京取决耳。昼晚俱小饮。夜看石天基辑《传家宝》。九时即寝。

4 月 17 日（三月大建庚辰　壬午　朔）星期一

阴霾竟日,风急,陡冷,气温较昨下降十度馀,真酿病天也。晨七时四十分出候车,仍到衍福楼办事。九时出席十二届廿三次董事会,决定即由洗人与余北上,着手筹备总管理处迁京事。下午二时硕民来衍福楼谈,四时始去。五时下班以须候洗人、予同散会归来,解决考绩事与达君同留等待,雪山又唱别调,意图推翻全局,无聊之谈,人皆鄙薄之,渠亦无奈何,六时许即引去。洗人、予同、达君及余呼酒共酌,从容商决,将由洗人批定之,八时半始散,与予同偕行至老北门,乘电车以归。九时就寝。九时一刻,湜儿自团所学习返。

4 月 18 日（三月初二日　癸未）星期二

阴霾如昨。晨七时十分即出,乘车径往怀夏楼,九时出席廿五次生产委员会,决定稿件多起,十一时散,即偕予同乘一路电车南返,至衍福楼办事。下午二时出席廿二次人事委员会,通过日前常务会各项决定,并决议其他人事五件。五时下班候车,与滋儿同返。六时小饮。夜饭后听荫梅、静芬书各一档,九时就寝。

4月19日（三月初三日　甲申）星期三

阴雨,南风甚急,气仍寒。晨七时四十分出,乘车到衍福楼办事。守宪来谈,良久始去,并知昨晨曾来霞飞坊看我,适早出未值云。接吴树德信,告其妹服务之钱庄已歇业,以后转信请径寄养育巷一六三号家中云,顺询华文排字房已搬动否。下午写沪京十四号书,附寄芷、汉、笙、润、琴五人,询汉出院否,顺告下周内将与洗人及君立夫人同行,月内当可抵京也。予同竟日未至,洗人亦午后出去。五时下班出立场头候车归。滋儿以团支部开会未随行。六时小饮。夜饭后湜儿出,七时许滋归,近十时湜归。余夜看《宋词举》,仍听静芬播唱,九时即寝。

4月20日（三月初四日　乙酉）星期四

阴,仍寒,早晚俱有细雨。晨七时四十分乘车出,到衍福楼办事。九时出席卅九次店务管理委员会。复树德,告华文排字房尚未搬,只得稍待。致硕民,告日前携来洪君钞本两种,余愿以《明代版本图录》与之交换,托征同意。下午五时下班候车归,潜儿在,有顷,漱儿亦至,因共小饮。夜饭后潜、漱偕去。余听书至九时就寝。

4月21日（三月初五日丙戌　谷雨）星期五

绵雨竟日,仍感阴寒。在家休息,时而闲翻架书,时而牌打五关，珏人又时治点心小食相享，昼晚均小饮。自结缡以来垂四十年，余从事于外，卒卒鲜暇，珏则终岁勤作，为乳育诸儿所困，迄无宁日，中更世变，又迭逢大故，洵可谓饱经忧患矣，现在诸儿多已成长，眼前获此清宁，实为大幸。不图风雨暂假中，乃得体会此情，讵不大足珍惜耶！五时半滋儿归。六时夜饭。饭后听书，九时就寝。

4 月 22 日 (三月初六日　丁亥)**星期六**

晴，较昨为和。晨七时四十分出，仍乘车到衍福楼办事。十一时硕民偕洪君、驾时来访，谓愿以所钞《吴下方言考》四册及《恒言录广证》二册易余旧藏《明代版本图录》，当约后天即以《图录》送硕民代转云。接晓先十六日书，托代送寅寿婚礼四万元，即办出。下午二时过杏花楼，为梦岩之少子寅寿证婚，三时始行礼，四时茶点，晤子敏、志良、坚吾、世益、莲轩、厚培等，珏人亦往，四时半与珏人同返衍福楼。五时下班附乘以西，至福煦路、同孚路口下，偕珏人步往权、潽所小饮，各啖绿杨村肴面一碗，食后饮咖啡，七时一刻出，与珏人乘三轮车归，犹得听雪亭、静芬书，九时乃寝。

4 月 23 日 (三月初七日　戊子)**星期**

晴和。清晨与珏人偕出，过野味香，各进生煎鸡肉馒头五枚，步归。阅报知我解放大军在海南登陆，已证实匪帮造谣不攻自破矣，为之欣然。午小饮，珏人为烹肉塞大鲫鱼饷余，乃言语之顷，竟见鲠，喀吐不出，咽又不下，殊不适，然尚不痛，只索听之。下午一时，余挈湜儿往市立历史博物馆参观，余则顺便出席中国新史学研究会座谈会。二时半参观三所陈列室，四时坐谈，以谷城、予同在各界人民代表会议未到，仅晤颉刚、子敦、诚之、厚宣、宽正、舜钦、绍华、守实诸君，五时即散，仍挈湜同归，来去俱乘三轮车，张风以行，颇感冷。六时仍小饮。夜饭后坐听静芬播唱，举杯啜茗，鱼鲠忽不觉矣，岂得茗润之功，遂滑咽而下乎，亦奇事也。九时许就寝。夜半又大雨作声。

4 月 24 日（三月初八日　己丑）星期一

晴和。晨七时四十分出，乘车到衍福楼办事。接圣陶二十日书，属代购陈一鹗百页红格十行簿。接芷芬二十日书，告汉已安然出院，笙伯事已碰壁，余为之焦灼，殊难自已也。接敫、清二十日旅长六十七号，知清将于五月之初挈建昌来沪省视，余与珏人此间事仍未决，来后恐仍感维谷耳，奈何？下午翼之来辞，谓即将返苏，盖宏大橡胶厂已臻绝境矣，相对之余，竟无言以慰之也。商中大三家本有柬来约，今晚六时在功德林为洗人及余饯行，临时通知改期，故五时下班后仍在广场候车归。佩华前日下午自校出，来住我家，今晨返校。六时小饮。夜饭后潘儿来共听黄静芬《倭袍》，至八时半辞去。九时余等各就寝。

4 月 25 日（三月初九日　庚寅）星期二

晴，不甚朗，气尚和。晨七时十分即附车东行，径到怀夏楼，俟同人学习毕，即召开廿六次生产委员会常会，洗人亦列席，于本年度编辑计画备致督责，十时三刻散，即偕洗人、达君、予同乘电车南诣衍福楼。十一时三刻与洗人、雪山、达君、予同步往三马路老半斋午饭，盖店中请杜海生、杜克明、张孚白、张梓生、汪允安也。二时返衍福楼,三时出席廿三次人事委员会,核定穗、汉、长、津、宁五店同人考绩,四时三刻始毕。五时下班候车归。圣南见过,出硕民信,属带与圣陶夫妇。六时小饮。滋儿以出席团会,在衍福楼举行,告余即将归饭。余等久待不至,乃先食,食已,听书再等,久久不来,甚念之,十时许始返,尚未饭也,询知团中批评检讨,遂历久如此耳。张而不弛,恐亦非至计矣。十时半始就寝,竟以过常失眠。

4 月 26 日(三月初十日　辛卯)星期三

阴,偶现日光,气温较昨低。出其实是车来,乘以东出,仍到衍福楼办事。午与洗人应商、中、大三家之约,赴功德林祖饯之局,雪山、予同俱被邀,子如适自杭来,亦偕往焉。商务到陈叔朱、史久芸、戴孝侯、周家凤、韦傅卿,中华到舒新城、郭农山,大东到陈和坤、周熙和,二时许始散,余等四人出(予同未与),乃步往宏仁医院看韵锵,慰问种切,珍重道别,比返衍福楼,已三时半矣。五时下班候车返。今日漱儿生日,因挈弥同随余同归,即晚治面作餐焉。六时小饮。夜饭后湜儿出,潏儿来。(以房租涉讼,就余商量,余劝其照加。)九时许潏辞去,湜亦旋归。十时就寝。(森玉、育伊今日上午亲送瞿氏所藏拓片廿一大包来,属代运北京图书馆,当即制板箱两口装发。)

4 月 27 日(三月十一日　壬辰)星期四

晴不甚朗,气仍不暖。晨七时四十分乘车出,到衍福楼办事。十时许森玉又亲送瞿氏旧藏(丁惠康购捐北京图书馆)之二宋(《芦川词》、《棋经十三篇》)、三元(《千家注杜诗》、《说文篆韵谱》

及《朝野新声太平乐府》),交余点收,托带至北京,代送斐云所。老辈精神不苟如此,可佩也。谈有顷去。下午二时半出席四十次店务管理委员会,报告人事及营业。(拟在南京路、福州路、河南路等处征店面,已登报云。)硕民来访,俟余等散会下班乃同出,余续以十万元供其零用,劝仍留圣南所勿遽离去也。渠老境颓唐,至为悯念,而无力相扶,痛切于心矣。下班后附车归,滋儿复以团事未克随行。到家未久,文权、潘儿来省,六时正共小饮,颉刚至,因同饭畅谈,七时后颉刚辞去,余等复登楼听静芬播唱,至八时半权、潘等去,滋儿始归夜饭。九时余亦就寝。

4月28日(三月十二日　癸巳)星期五

晴和。晨七时十分即出候车,附乘到衍福楼办事。下午二时召开秘书处工作会议,商量北迁步骤。上下午均有空袭紧急警报,一在十一时卅二分至十二时十七分解,一在三时十五分至卅九分解,盖匪机虽图骚扰,而我空防巩固,未敢接近市空,仅在八九十里之外盘旋遁去耳。余等本定今日行,以俟允安之复音,直至五时始得报,谓二等卧车须下月三日方可挨得到,只得废然而止。下班后候车返,有顷,知伊、惠民联袂见访,对芷芬有所规且公司设施不平状,俱有见到之言,当俟机建言也。六时许应龙文之邀,偕知伊、惠民同过小饮,至则孑如已在,七时半罢,谈至八时一刻,渠等往看电影,余则告归矣。九时许就寝。

4月29日(三月十三日　甲午)星期六

早起湿云笼罩,旋开霁,午后云合,乃大雨竟夕,延绵未止,气闷,乍冷乍暖。晨七时四十分偕滋儿乘车出,余仍到衍福楼办事,滋儿则下午即偕漱儿及亚南诸人旅行杭州也。以展期成行，寄信与芷芬，属转知在京诸人并函知时仪。（梓生适来，亦即面告之。）上午与洗人、予同、雪山、达君谈上海管理处组织，拟推予同任主任，调孚与士敫仍副主任，大约可定，惟长沙替人未决（余荐惠民，雪山反对，达君荐孟伯泉，雪山赞同先征询），无由即召士敫来沪耳。致觉书来，附字典译稿一批，即转调孚开送稿费，余并致复告，即将离沪北行。下午五时下班候车归。小饮听书兼坐雨，九时就寝。

4 月 30 日（三月十四日　乙未）星期

阴雨，近午止，午后渐霁，傍晚竟呈现日光。今日为余与珏人结缡四十年纪念，自辛亥三月十四日成亲以来，此一最深刻之纪念日，至今日恰为四十度，属当远行，尤感可珍，因于午后偕珏人及淑华往米高美听书，藉以陶写，仍听徐云志、杨仁麟、杨斌奎、杨振言、姚荫梅、黄静芬诸档，四时一刻即出归，抵家中未及五时也。佩华自校来，文权、潜华、昌显、昌硕来，因共夜饭，弟妇、涵侄及麦林、柏林亦来，谈至七时，弟妇等去，权等复登楼，且谈且听广播，正转播市府庆祝五一劳动节及和大沪分会成立大会节目时（七时四十分），忽高射炮大作（初谓庆祝礼炮，继而有人闻警戒警报，始悉有匪机企图夜袭，曾飞近市空，为我空防部队逐走，八时十分解），而陈市长从容讲话，绝无影响，九时完成，权等亦辞去久矣。九时后续听亚美特别节目，有严雪亭、徐雪月、徐雪琴、朱介生、黄静芬、杨斌奎、杨振雄、杨振言、刘天韵、谢毓菁、祝逸亭、张鸿声、薛筱卿、郭斌卿等播唱，至十一时始关机就寝，其时亚美犹未毕事也。

5 月 1 日①(三月十五日　丙申)星期一

晨浓雾,近午始开,下午晴,夜深又雨。今日为世界劳动节,假
居在家。上午偕珏人出散步,购得樱桃及蟹壳黄饼,归来共享之。
午后余又独出散步,未几即返。铭青、德锜来谒,谈至四时许去,漱
石继来,五时三刻去,知亚美方面对笙伯行止转探下落矣,容到京
后再与决定之也。六时小饮。夜饭后拆钉旧日记本六册,取其余
纸别装成帙,此册即是物也。十时就寝。

5 月 2 日(三月十六日　丁酉)星期二

昙。晨七时十分便出乘车,径到衍福楼。九时前写沪湘竹新
廿二号,寄敩、清,告沪处组织大概,敩事当可调沪,属早准备。九
时半出席廿四次人事委员会,以余须离沪,推诗圣代本会书记并审
核杭店员工上年度考绩。午予同、达君、雪山邀洗人、联棠及余过
永兴昌小饮,至下午二时始返馆。联络组得长沙函报,士敩以盲肠
炎入医院疗治,职务由宗华皓、冯百泉代理,惟情况尚不恶劣,可不
施手术云云,悉后甚念,因电湘一询。五时下班候车归。滋儿今晨
五时自杭归,以积倦就卧,未入馆。佩华晨六时许赴校。晚六时小
饮。夜饭后听书至十时始睡。

5 月 3 日(三月十七日　戊戌)星期三

阴霾。晨起整理行装,七时四十分候车出,辞家径赴衍福楼处

---

①底本为:"旅京日记第一卷"。原注:"往岁十月,余以人民政府成立,深庆诸般解
放,万物昭苏,改署日记曰'更新',亦既续书两卷矣。第三卷且记越三之一,复以开明
总处北迁,于役京华,即于五月三日成行,五日之晨抵达,因析自五月一日起别装更题
焉。容安。"

分行后各事,统交诗圣代理。接长沙电,敫一日出院休养中,是已脱险矣。午前十时办出两要件,一调士敫、清华还沪,一令孟伯泉前往长沙接代。此事酝酿极久,今始由洗人决定属办,乃得于成行之前了却此一任务也。午后荫良来谈,渠方自京返沪,知余等即将北行,特来一谈。梓生、时仪先后来,三时许乃与联棠、梓生、时仪同行,俱到怀夏楼取齐,潘儿已先在漱所候余,至六时十分始出发。到站送行者有梓生之子聿康及潘、漱、滋三儿与弥同。六时五十五分开车,天犹未黑,八时就餐车进夜饭,及毕,已过无锡矣,寝车中卧铺已设,乃各就卧。十二时半到南京下关,满拟即可渡江,讵料久停不开,二时后始发动,车厢时前时却,未能辨其作何状也,闷损之至,窗外雨声正浓。

5 月 4 日 (三月十八日　己亥) 星期四

拂晓渡江,五时四十分始毕渡,停浦口车站,时犹有雨,未几霁,沿途荒凉殊甚。过滁县放晴,以昨晚误时,比渡淮至徐州,已下午一时三刻矣。过此以北,田畴渐复,至利国驿,西望微山湖风帆上下,景色甚鲜,非复明光以南之荒寂景象矣,想见解放较久,日臻安定耳。车过泰安,以垂晚,泰山竟失之交臂,八时就卧,九时三刻过济南。今晚较昨恬适,故睡眠亦较佳。

5 月 5 日 (三月十九日　庚子) 星期五

晴有风。清晨五时醒来,已过沧县,七时廿分抵天津。八时半到达北京前门,君立、稚圃、西谛、笙伯、芷芬、清华、润华、琴珠、达钢等俱在车站迎候,即偕洗人、联棠、梓生乘西谛之车径驶八面槽本店东城发行所少坐,诸迎候者毕归。斐云在店相候,即以所携二宋、三元点交。九时许与洗人、稚圃、梓生、芷芬、汉润、联棠等步往东安市场五芳斋进点，十时返，当与圣陶、彬然通电话，十一时愈之来谈，有顷去。下午四时彬然来，有顷，云彬来，极快晤，六时偕往对门鹿鸣春晚酌，云彬、彬然、洗人、联棠、芷芬、汉华、至善及余外，继来晓先、泽民、雪村等，共啖烤鸭两只，尚酾适，惟食客甚稀，不无冷落之感耳。食毕返店，整设卧室，余与洗人各居一间，洗居西首大室，余居东首小室，窗明几净，楚楚不恶也。雪村、云彬、晓先在店长谈，至九时辞去，芷芬、汉华、笙伯十时半乃归西城寓所，润则十时返署矣。比余息灯就睡已十一时，以门临大街，车声甚喧，好在积倦，亦尚能入睡耳。

5月6日（三月二十日辛丑　立夏）星期六

晴。旭日射床，五时即起，追记旅中日记讫，始盥洗。七时同人始振铃起床，余已修书过半矣。写京竹一号与漱、滋、湜，告旅途平安及沿路所见并询珏人安否。又写京祥一号与诗圣告旅况，并属转告山、达、予暨诸同仁。七时半早餐，稀饭及酱菜而已。九时三刻偕洗人、梓生、联棠、芷芬乘三轮往东总布胡同出版总署，访愈之、圣陶、乔峰、云彬、晓先、彬然、雪村、光暄、伏园、静庐、伯昕诸人，惟文叔未晤，润华早在署门迎候。周历一番，又复长谈，至十一时三刻始返店。十二时半午饭，菜肴尚佳，厨司本在馆子服役，故颇能适口耳。叔湘自城外清华大学来，因与共饭，饭后觉明来，人梗来，谈至四时去。四时半偕洗人、梓生、芷芬、汉华步往演乐胡同四十二号开明宿舍看房子，晤必陶夫人，少坐即出，仍步返八面槽。六时过萃华楼饭庄宴饮，晤雁冰、愈之、夏衍、圣陶、乔峰、彬然、灿然、云彬、宜乡、晓先、墨林、西谛、蝼生等，凡两席。八时许始罢，宾客纷散,夏衍、愈之、彬然、圣陶、宧乡、叔湘复同来店中谈合作事,宧乡先去,余人谈至十时半乃散,十一时后,余始就寝。

5 月 7 日 (三月廿一日　壬寅) 星期

晴暖,傍晚微有风,深夜大吼,想屋外又扬尘矣。清晨五时起末久,润儿来省,盖昨晚参加三联晚会,散已十一时,不及赶返署中,即下榻于此间外房也,详告近状,亦颇有棘手难办处,余慰安之,属耐心应付一切。七时半早粥。食已偕洗人、润儿出散步,循王府井大街而南转西,由东长安街再转北南河沿复向东,循东安门大街返店。看报闲坐,至十时半偕润儿、琴珠各乘三轮由东长安街、北池子、景山门大街,穿三座门,过玉蝀金鳌桥,遥望北海及中南海,正在挑浚,兵民合作,匆匆循西安门出,径赴芷、汉家,时方十时五十分,笙伯及元锴、元镇、元鉴均在,十一时许即设馔小饮,居然在此尝到鲜香椿头(此物余离沪时遍觅未得,颇感失时,鲜矣,不图于此转得一啖之),至快。饭后与芷芬畅谈店务,至二时乃与芷、汉、笙、润、琴同出,步至西单大街西安门街口,乘环行电车循西四大街、地安门、西城根、地安门大街、钟鼓楼东大街,至北新桥,汉、笙、润、琴先下,伊等往游雍和宫,余与芷芬则转南入东四大街,在十二条胡同口下,再步至八条西口东去,沿数至卅五号入访晓先、云彬、圣陶、彬然、文叔,洗人、联棠已先往,联棠且与至善出游中山公园矣。依序周谈,不觉已晚,即在圣陶所夜饭。有顷,联棠、至善归,汉、笙、润、琴亦至,璋元、贤辉、黎明俱到,高祖文适来访,又晤之。入晚,璋元一行辞去,联棠等在彬然所饭,汉、笙、润、琴在晓先所饭,余与洗人、祖文、芷芬则在圣陶所小饮也。谈至七时许,杜绍庠来访圣陶,余过晓先再谈。八时半,余等辞出,分途各归,已不及往访觉明与介泉,至歉也。余偕洗人在八条西口各乘三轮行,余之皮包竟忘在圣陶所矣。归店洗脸饮茶讫,小坐未久即息灯就卧,时正九时。睡至一时,窗外风吼如连珠小炮,竟为惊醒,旋仍入睡,不图处闹境转得易眠,亦一奇矣。

5月8日(三月廿二日　癸卯)星期一

风,霾。清晨五时半起。七时半早餐,时风已略止,云开日出矣。啜粥已,与洗人、梓生二公步往中山公园,经由南池子、东长安街过天安门广场,乃购票入,牡丹犹未毕谢,仍得饱赏之,尚有数枝含苞,后之来者或亦可一览残英也。其中以昆山夜光及赵粉两种为佳。巡行一周,即在瑞珍厚棚下啜茗,茶过三开,起而之他,入旧社稷坛观五方五色土,复登旧殿参观北京图书馆主办之五四青年运动展览会,有实物,有照片,竟将五四与中共发展、解放胜〈利〉诸端结合为一,颇见匠心,历一时许始出,已十一半,急雇三轮返店,同人已在午饭矣。匆匆加坐进食,孙国豪适自津店来,遂与同席。饭后写京竹二号,附寄家中,以下午一时前须付邮(否则须翌晚始能发)。简单之至。接诗圣寄常务日记两张(三日、四日),又四十次店务管理会议纪录一分。接谷城寄所撰《释它、也、他、蛇、卷》两分。二时许彦宾见访,盖国光早有一部分印机移来,即在王府大街设立厂房,伊来此已有两月矣,谈至三时许玉麟来访,有顷,皆辞去。四时偕笙伯逛东安市场,少选便返。六时许偕洗人、联棠、芷芬往八条应圣陶之宴。至则尚未下办公厅也。有顷,始见归。即与圣陶、彬然、云彬、晓先、至善等团坐一席,且谈且饮。谈次知开明业务委员署方将推沈静芬、金灿然、史育才三人备聘云。饮后,余即过丁家坐,云彬亦至,纵言至十时一刻洗等始自内出,余乃起,同步出胡同,雇三轮返八面槽。十一时许就寝。

5 月 9 日(三月廿三日　甲辰)星期二

　　晴朗。晨五时半起,红日在窗矣。写京祥二号函与诗圣,并另作书与调孚、均正、锡光,同附店中号信去。七时半早粥。九时许偕洗人、芷芬、联棠往北京饭店访邵力子,顺访陈劭先、郑西谛。(西谛已到团城,其夫人适来八面槽访余,未值,返旅店后仍晤及。)谈至十一时许,四人各乘三轮出和平门,赴琉璃厂南城发行所访稚圃,少坐后过前门来薰阁访济川。其京店屋甚大,连住家有四五落,藏书亦夥,较沪店不啻二三十倍也,惜今非其时,亦惟有尘封积屋而已。十二时三刻出来薰阁,步往韩家潭悦芳和午饭。此店为南方人所设,规模不大而烹调适口,竟得饱尝乡味,两菜,一拼盘,一汤,连饭及啤酒一瓶,仅三万馀元(四人共享),价亦甚廉,宜乎南人过此者之多矣。饭后步往李铁拐斜街远东饭店访谢仁冰。其地亦为指定之招待所,访问麻烦甚于北京饭店,守候良久,返报已出,颇恚。(京中各机关皆然,大有涉之为王,沈沈者之感耳。)即雇三轮赴北海团城文物局访西谛,循观承光殿玉佛及城中诸胜,遥望三海正在挑濬,遂未入览。三时半济川来西谛所,又晤之,有顷辞出。度金鳌玉蝀桥,至文津街入北京图书馆访斐云,因得饱看善本书库及总书库,傅沅叔旧藏宋钞《洪范政鉴》、宋刻《资治通鉴》及金刻《赵城佛藏》、明《永乐大典》、《正统道藏》、清文津阁《四库全书》,俱获展阅数卷,手自摩挲,至为欣快,至五时始出。今晚应彬然之约,须赴东四八条,以为时尚早,在北长街口乘公共汽车到东安门大街返八面槽小休,适鞠时仪来访,纵谈至六时半乃辞去,因偕洗人、联棠、芷芬雇三轮往八条傅宅夜饭,晤邵荃麟。九时一刻始散,仍乘三轮返店。觉明来访,未晤,歉甚。十时半濯足更衣,始就寝。

5月10日(三月廿四日　乙巳)星期三

晴朗。晨四时半起。六时许偕洗人、联棠乘三轮往什锦花园南吉祥胡同六号访雪村,晤其伉俪,并见其两孙,即在伊处早餐,谈至八时三刻四人同出,雪村往出版总署,余等三人则乘三轮到南小街东堂子胡同四十七号世界知识社访宾符兼晤仲持、之芬,并遇思慕、森禹、都良。谈有顷出,联棠偕森禹去访友,余偕洗人步往闹市口卅号华艺印刷厂访陆桢祥。十一时半辞返八面槽,乘车急行,始赶及午饭也。知笙伯昨日偕继文、国豪往游八达岭,今持赠当地所购化石一片,状如悬扇,有纹类密林,颇可把玩。接诗圣寄五六两日常务日记,滋信竟杳,殊恚。午后正坐定欲写信寄家,芷芬、联棠来邀同往故宫一游,二时半乘公共汽车抵达神武门,购票入,仅游西路,亦匆匆走马看花耳。四时半出,仍乘公共汽车返店。唤衣匠量制制服,盖携衣已不周于用,不得不改装矣。六时半乘三轮往东四八条,应晓先之招,坐客与昨同,惟芷芬未至(以别有酬应),别拉汉、润两儿充数也,谈谑至乐。九时风作,亟辞别各返。到寝室后写完京竹三号,备明日寄滋儿,近十一时始睡。

5月11日(三月廿五日　丙午)星期四

风止,日出,甚暖。四时三刻即起。七时早餐,八时半与洗人、联棠、至善、芷芬同至东华门,拟乘公共汽车往游颐和园兼访叔湘、江清,至则已开出,须阅一时始得乘,乃改乘清华校车,俟至九时开车,直驶出西直门,过海淀燕京大学,到清华园时为十

时廿分。步至北院访见叔湘谈,即邀江清来吕家谈,知佩弦全集
之年谱、序文等,五月底可告杀青云。坐有顷,吕、浦二君伴游校
景,在图书馆前及水木清华门口各留一影,复凭吊佩弦纪念亭,
即在荷塘之上芝生即取朱遗文篇目《荷塘月色》以颜之,联棠亦
摄取一影而行,旋展视海宁王静安先生纪念碑。出清华园,已十
一时三刻矣,余与洗人辞吕、浦,先乘三轮往颐和园(以门口止有
两乘)。十二时到园门口购票入,径度长廊,过排云殿至廊西端
之石丈亭,择坐啜茗,以待至善等三人之至。其地南临昆明湖,
西望石舫,实一冲要所在,以其境界宽敞,游人如织,不减闲适之
趣也。待至一时许,三人始寻至,因共饭,饮五星啤酒两瓶,食
已,三人即雇小舟自荡,余与洗人仍坐亭中候之,偶一更番小步
于近旁耳。至三时半荡舟者始返,遂同离石丈亭,游后山,过延
清赏楼、寄澜堂、宿云檐,迤逦登山东行,一路松柏夹道,间植果
树,真忘身在园林矣。至谐趣园,在涵远堂之西侧玉琴峡上画廊
北栏小憩。有顷,循知春亭、知鱼桥出,比到园门口,已四时半,
游人往归者多而公共汽车脱班,恐五人不能同行,乃别雇小汽车
(价二万元)径驶入城,返抵八面槽,时已五时四十分。笙伯、汉
华候余谈,知润华顷有电话来,谓将偕光暄看余,因与芷芬留待
之,先属洗人、联棠应云彬之招。近七时润至,出光暄所接出版
局人事处函,笙伯事已告吹矣,光暄以难于启齿,竟未入见也。
此事诚棘手之至,奈何? 接诗圣寄八日常务日记,惟滋等竟无一
信寄我,甚惠。七时一刻与芷芬乘三轮往八条,云彬早已设座候
饮,众客俱集矣,至欢也。饮后又谈至九时,始偕洗人、联棠归八
面槽,润已返署,未得一谈。坐至近十一时就寝。

5 月 12 日（三月廿六日　丁未）星期五

凌晨有风，旋放晴。四时五十分起，已感热，七时许早餐。芷芬、汉华、笙伯会谈所事仍无结果，殊为焦灼。盼家信不至，极恚，何滋等愦愦乃尔。接诗圣寄九日常务日记，惟依然无信，未识何故。十一时半午饭。午后培良为我购置灰布制服一套。（价五万，连帽。）以昨所量制之成衣匠又回绝矣。此间工匠颇见刁惰，亦新气象中一玷也。四时许偕汉儿步东安市场购新光衬衫一件。（价三万五千。）雪村、静庐来，云彬来，皆少坐即行。接士敫八日书，知已销假准备移交来沪，惟恐又须调京耳。躁时半晚粥。粥后本拟俟润华来同访觉明、介泉，以笙伯事，润在署候谈，未克即来，至七时始至，遂作罢，而洗人往访觉农，店中仅余与汉、润、琴、笙伴余闲谈耳。燥热甚，非扇无以涤烦，因属润往市场为购杭州黄兴记油单扇一柄（价九千），始得宁坐。八时半洗人归，因属永宝买热肴三千对饮大曲各两盅。九时半芷、汉、笙、润等俱去，余亦濯身易里衣而寝，终宵嫌被厚也。

5 月 13 日（三月廿七日　戊申）星期六

晴暖。晨四时三刻起。七时半早餐。九时三刻偕洗人、联棠乘公共汽车到故宫神武门入游东路，在皇极门小休，啜茗。已将十二时复游外东路，遍历各处，虽仍走马看花，究以陈列之物太多，不无费时，及折返神武门，已一时三刻矣，仍附公共汽车回东安市场，在西德顺回教馆吃爆肚、肉饼、水饺等，二时三刻返店。笙伯事仍无下落，再往他处设法，由汉华伴之，恐将难果愿耳，极焦心也。四时乘三轮往东四十条卅九号访觉明，以外出未晤，再访介泉，晤其伉俪,长谈至五时半辞归。六时许觉农、西谛、圣陶、雪村、彬然、桢祥陆续至,惟待力子不至,先聚谈共饮,至八时出席董事会,越半时,力子来,讨论各案,通过业务委员会人选,决定聘署方有关人员沈静芬、金灿然、史育才三人董会,推范洗人、章雪村、朱达君三人,其职工三人即行召开干部会议,协商推出之,并定总管理处于六月中旬在京成立,同时上海成立总管理处驻沪办事处,十时半始散。润华来省,即住余室外间。十一时许就寝。接十日漱、滋、湜各写沪竹一号,悉珏人所患为膀胱发炎,已渐见好,稍纾悬系。接诗圣十日沪圣一号信,并寄十日常务日记。

5 月 14 日(三月廿八日　己酉)星期

　　晴暖,午前后曾有细雨即止。晨四时五十分起,润儿五时半亦起,与长谈一切。八时半与洗人、联棠出,本拟乘公共汽车赴西郊公园(即昔之万牲园),乃汽车甚挤,改乘三轮往,至则九时许耳。遭日寇、匪帮两次糟蹋,景象大非昔比,惟游人甚众,大都乘休假来此稍舒积倦也,略巡未遍,即坐牡丹亭席棚下啜茗。在园中会芷芬、汉华及元鉴。十一时出园,联棠以齿痛先返八面槽,余等五人再乘三轮到燕京大学燕东园,应蒋荫恩伉俪之招,午饭其家,饭后谈至二时即辞出,乘校车返八面槽,时正三时半,即将昨晚董会纪录整理完毕,备发钞。接诗圣寄秘书处工作会议记录及十一日常务日记。五时半与洗人小饮,有顷,芷、汉、润、琴、笙俱至,因共啖面为餐,盖店中夜饭,例吃面食,或稀饭馒头,或炸酱打卤拉面,今偶食拉面耳。七时许润、琴往中山公园听音乐,芷、汉、笙、鉴则归焉。八时许与洗人闲逛东安市场,阅半小时归店。接十一日潜儿来信报平安,并附致汉儿一笺。本拟灯下写信寄沪,以倦极欲眠,九时半即寝。

5 月 15 日（三月廿九日　庚戌）星期一

　　晴暖。午后雨。晨五时起,盥漱毕,即伏案作书:一与潜、漱、滋、淑、湜(京竹四号,复沪竹一号);一与诗圣(京祥四号,复沪圣一号);一与达君,托代应付家用(房租并租);一与调孚、均正、锡光,告圣陶属将自然放手赶修寄(圣陶电话属拍电报与均正,因即照发并补寄此详信);一与硕民,一与翼之,均告近状,且顺及京中谋事之不易。写毕已十一时,即封发,中间仅七时半早粥,时略为休息耳。接十二日诗圣来沪圣二号,纯嘉来结算,代办北京图书馆运书帐单。十二时饭已,赶写一信,寄敔、清,复告近闻,且属速返沪候命。斐云来访,即以纯嘉寄来之帐单等交之,匆匆立谈即辞去。桢祥来,因于二时十分偕联棠、芷芬及桢祥出,在东安门大街候公共汽车。时已雨,且似闻警报,有顷车至,相将以登,径达前门,雨大作,冒以行,入东站,购票登三等列车。甫上车,即开行,时为二时四十五分,车厢挤甚,因入餐车坐,饮啤酒,食炸对虾、炸猪排等以延时,五时半抵天津北站,乃起出,俟至东站始下,正起风,在解放路乘电车过解放桥,直赴罗斯福路天祥市场傍开明分店,晤迪康、国豪等,憩坐闲谈。六时三刻,迪康邀余及桢祥、芷芬、联棠步往长春道桃园小酌,八时半始返店,同人开会欢迎芷、迪,先致词介绍,余与联棠均讲话,十时半始罢。时正大雨,迪康导余等四人乘三轮往解放北路泰来饭店,开四〇一、二两房安息。有顷,迪康辞归,余与桢祥住四〇一号,芷芬、联棠住四〇二号,各盥洗讫,始就寝,已十二时许矣,以设备精良,居然安睡。

5 月 16 日（三月三十日　辛亥）星期二

晓起风霾,旋开,晴,下午四时半雨竟夕,未甚止也,气乃转爽。
六时半起,与桢祥谈芷、联二人,八时方起,匆匆催行,乘三轮抵店,
已九时,同人正候余等摄影以资纪念,遂偕往附近照相馆合照一
帧。自照相馆出,迪又导余等四人往小林春进早餐,豆浆、油条、烧
饼皆不失本色,馄饨则甚平常也。十时半出小林春,桢祥别访友,
迪康返店,余与联棠、芷芬乘三轮往沈阳道正心书局访吴心庵。至
则已出,正到开明访余等。乃折返天祥晤之,中华书局经理于梦武
亦在,握谈良久,梦武、心庵坚邀午饭并电约中华副经理眭巨川来,
同往长春道新华南菜馆(即在桃园对门)小酌,心庵购黄酒两瓶,
菜肴益甚佳,畅叙至一时三刻始散。余与桢祥、联棠、迪康游劝业
场,复步往三联、新华等书店,略作巡礼,折返店中,已三时十分,急
邀芷芬行(桢祥留津),别迪康等,乘三轮径赴东站,登对号车,四
时开行,过北站略停,径驶北京。沿途时有雨。六时廿五分安抵前
门东站矣。乘三轮返八面槽,圣陶、彬然、叔湘在,正与洗人小饮
也。少坐,余等亦加入,哦馒头啜粥。食已共谈,至七时,叔湘辞返
清华,余等复谈,八时三刻圣陶、彬然俱去。汉儿以学俄文,九时半
始偕芷芬归。余乃濯身洗足,息灯就卧。济川饬送《旧京文物
略》至。

5 月 17 日（四月小建辛巳　壬子　朔）星期三

破晓,尚有雨,旋放晴,气转凉,又须御袷。五时起。七时半早
粥,粥后写信,分致诗圣(京祥五号)、均正(并及调孚、锡光)及诸
儿(京竹五号),近十一时始封发。笙伯往看君立,据云仍在考虑

中。约今晚邀洗人、联棠及余往饭其家。接诗圣寄十二、十三日常务日记。午后看《旧京文物略》。走访彦宾，以赴津备货未晤，即折返。雁冰夫人孔德芷来，因仍以笙伯事托之，伊虽允说项，但未能必其有效否耳。接十四日漱、滋所寄沪竹二号各一通，复余二三两号信，知珏人所患为生疖，并非膀胱炎，已出毒，渐痊，惟未结痂，急切不易见功，深念之。家中又乏人照料，漱乃建议滋、佩结婚云。芷、汉家今日搬住演乐胡同本店宿舍，力劝余移榻其家，余拟稍俟再定。包森源来，约洗人、联棠及余明日午饭。五时半，店中开晚饭，余等以须应君立之约，未与焉。六时许偕洗人、联棠出散步，循王府井大街而南，徜徉于东单北市。阅半小时许仍折回王府井，转入东单三条胡同，在路北永茂饭馆遇君立夫妇及其小友曾姓者，遂入座小饮。其地不甚宽敞，而肴味尚不恶，殊合南人之口，盖亦城南悦芳和之流亚也。八时一刻散，联棠先行，余与洗人复步往麻线胡同廿六号过君立寓小憩，长谈至九时半风气，急辞出，乘三轮返八面槽，同人正在开会，十时半始毕，余即就卧，知润儿曾来过也。出版总署编审局送所编《初中本国近代史课本》初稿，属审读，并定廿四日下午二时在局开初中历史座谈会，邀余届时出席云。

5 月 18 日（四月初二日　癸丑）星期四

晴，时阴，入夜雨，气颇凉。晨五时三刻起，七时半进粥。写京竹六号与潜、漱、滋、淑、湜五儿，致慰珏人并详告余在京起居诸状，复纯嘉一笺，即附入之。阅报知舟山已登陆沈家门，定海县城俱解放，正进向岱山、普陀诸岛扫匪中，极为兴奋。此事望已经年，一旦解决，飞贼之扰自可渐次消灭，上海一带更得安枕矣。十一时半，包森源来约同洗人、联棠、宝懋、至善及余，与芷芬、汉华乘公共汽车往西单大街砂锅居吃白肉,陈玉麟适至,亦邀同前往,情调与卅年前无殊,惟座头略见修饰耳。二时散出,余与洗、联、芷、善步往北海公园一游,以挑泥尚未竣工,园中骤马杂逐,泥土四溅,殊难从容放步,仅在双虹榭小坐啜茗,四时即出,乘公共汽车返店,与联棠、至善、芷芬谈干部大会事,交换意见不少。天津分店全体同人以创立一周休假两日,今晨七时许即附京沪通车抵京到八面槽,小憩后即出城游颐和园,近七时始返店。京中南城、东城两所同人全体来会,聚餐联欢。董事会章制小组定今晚六时在店开会,力子清晨即至,坐有顷乃去,即分电觉农、雪村、彬然,请届时出席,雪村以七时须在愈之家开会,不能来,托彬然带意见三点在会讨论云。至六时,彬然即到,有顷,力子、觉农俱至,乃就坐商谈,决定组织系统另推雪村、彬然重行起草,再提本组讨论,章则俟组织确定后再着手修订,召开干部大会,尽六月二十日前必须到齐,由经理室指定人员,即日组设筹备会迅速进行云。会毕,参加聚餐,八时半散,邵、傅、吴俱去,津同人分住演乐胡同及八面槽,十时始定。余亦就卧,雨声淅沥,兼以街车喧阗,殊难入睡。傍晚得君立电话,属笙伯明日九时后往纺织工业部一谈,或所事有下落矣。

5 月 19 日 (四月初三日　甲寅)星期五

晴,气仍凉。午后曾有雨。晨五时起。七时半早粥。粥已,独出散步,遇汉儿与笙伯正自演乐胡同来店,复折回其寓一视。有顷,余偕汉出,乘公共汽车还八面槽,笙伯则径赴纺织工业部访孙君立。九时许与洗人、联棠、芷芬、至善谈,决即根据章制小组之议,指定联棠、至善、芷芬、稚圃、宝懋为召开干部大会筹备委员,即组立筹委会,由联棠召集之。(联棠已允,暂不返穗。)十一时许笙伯来谒，谓已见过张部长，谈话尚洽，仍须送自传及保证云云。事已至此，只得再耐心等待之矣。十一时半午饭。饭后介泉见过，长谈移时，约廿二日晚饮其家，并邀圣陶共谈也。午后二时接漱儿十六日沪竹三号，告珏人病已大好，滋儿则以注射防疫针反应卧息在家，又附致汉儿及笙伯信各一通，属笙所事如无结果，尚以速返为宜。前电之注脚。六时晚粥，食已，与洗人往东安市场闲步即返，继文告余润华来过，谓陪友往市场夜饭，饭后即再来省余云。迪康及津店同人一行今晚十时半返津，行前在余处谈，九时始辞行，润华竟未至，又越半时乃来，谓为科中人事纠纷排解，至此方散，署门将闭，亟辞归，由琴珠代述一切，小小一方地，亦正不易弄也，为之喟然。十时半就寝。梓生今日来，雪村曾于傍晚来看，渠匆匆即去，约后日正午饭其家。

5 月 20 日（四月初四日　乙卯）星期六

晴，略有风。晨五时半起。七时半粥。八时半与洗人、梓生乘三轮到中山公园一巡而出，来今雨轩水榭山子一切如旧，芍药尚未全放，太平花则正当好候，以须出城访友，竟未息足。出园后复乘三轮到西琉璃厂本分店晤稚圃，诸位少坐，稚圃偕余等访商务、中华，伊、王两经理俱未值，折回分店，参观荣宝斋旁陈列之书画，与其经理王姓者畅谈，良艺没落，至感悼惜也。十一时乘三轮返八面槽。十二时饭，饭后拟电致成都章雪舟、昆明吕元章、重庆宗亮辰，迅来京参加干部大会。笙伯自传已缮就发出。二时将铺盖移至演乐胡同宿舍。六时进粥及馒头，食已，便辞洗人，偕芷芬步往宿舍，余即住西屋之左安床，一切已由汉儿早为料理矣，惟桌椅尚缺，须逐渐添置耳。八时许与笙伯、芷芬小酌，而润儿至，九时三刻汉亦

自店学俄文归,因纵谈一切,于润、琴姻事亦有谈及。十一时就卧,
静极,较诸八面槽店楼,诚有天渊之殊矣。

5 月 21 日（四月初五日丙辰　小满）星期

　　晴,较暖。晨五时即起,与润儿同盥洗讫,未到六时也。七时
半张大娘打面享余等。八时偕润步至八面槽,洗人、梓生已出往前
门车站接耕莘矣。少坐,圣陶见过,有顷,洗、梓莘同至,又有顷,芝
九来（昨日电话约定）长谈别绪,知来京甫一月,入教育部办事,亦
相当周折云。十时芝九辞去。十一时圣陶亦去。近午余偕洗人、
耕莘、梓生、联棠乘三轮往南吉祥胡同雪村家午饭,晤稚圃及伏园,
午后二时始散,棠、伏先后行,越半小时余偕洗、梓、莘、稚辞雪村
出,循原路步返八面槽,顺访彦宾未值,而济川又见过,竟又失晤。
日中往返,汗沈透中衣矣,坐息多时,始渐舒。雪、彬书来见询两
事,拟明日晤对,时告之。稚圃到八面槽不久即引去。五时许雪村
来八面槽闲谈,至六时许联棠犹未归,洗、村、莘、梓及余乃过北邻
锡拉胡同玉华台饭庄小酌,地为淮扬馆,肴馔尚佳,饮黄酒,进灌汤
包子。八时半始出,复伴送耕莘往东安门大街东安旅社,辟二一〇
室暂居,又坐谈久之始辞归,余仍徐步返演乐胡同。将入胡同,润、
琴迎面来,谓候余久不至,各返宿舍,顺告若干家具已购置,明日润
即由署中搬来,与余同住云。及余抵寓,已九时三刻矣,见润等所
购木器尚合用,复与芷、笙、汉闲谈,十时半洗足就寝,入睡已十一
时许矣。

5 月 22 日（四月初六日　丁巳）星期一

　　晴暖。晨五时起,坐待至七时四十分进粥,八时始出,步往八

面槽,乃亲笔砚追记昨日事,盖演乐胡同寓所尚未备文房用具也。九时许耕莘来,洗人即与偕出,十一时始返,适稚圃在,耕莘即托渠在青年会开得十七号室,遂自东安旅社迁往焉。接十八日沪圣四号、十九日沪圣五号、滋、湜十八日发沪竹三号各一通。汉儿上书珏人,劝来京为润、琴主婚,余匆匆附笔,未遑写信也。午后为召开干部会议及召秘书、主计两处迅行来京事,洗人持论颇相左,后为联棠、芷芬所催,余乃属伊二人起草送候,洗自定之。六时许,余乘三轮往东四八条访晓先等,坐南屋待半小时许,圣陶、云彬、彬然始自署返,晓先则往中山公园听讲,未之晤。云彬所询两点,当面解答之。近七时余偕圣陶步往东四十条,应介泉之招兼访觉明,觉明亦以听讲往中山公园矣。乃径到介泉家,少坐便饮,长谈极畅,酒半,觉明至,复纵言上下,欢甚,直至十一时十分始辞出,圣陶步归八条,余则乘三轮径返演乐胡同,笙伯已睡,润亦自中山公园听讲久归矣。芷、汉方自青年宫观话剧返,略语即各归寝,余以多饮即入睡,时已十二时馀矣。是日午后彦宾、济川先后见过,晤谈俱久。济川为余觅致之《旧都文物略》询知须八万元,即还之,照时值倍数计,殊不贵也。

5 月 23 日（四月初七日　戊午）星期二

晴暖。晨五时起,润亦随起,盥漱后即往署学习,余以昨备文具,因得坐南窗下记昨日事,自此可不须携册随身矣。七时半早食进面。八时步往八面槽店中。写京祥六号复沪圣三、四、五、号。（发后接廿日沪圣六号。）写京竹七号与在沪诸儿,复沪竹三号,属珏人来京帮同主持润、琴婚礼,将发,接廿日沪竹四号（滋写告,有人撰文补正余之漫谈大行政区）附淑上余书,并代母与汉书,又湜代母与润书,阅悉沪家庭花已斓矣。午前后两晤耕莘。十二时饭。饭后西谛夫妇见过,谈有顷去。五时半小饮并啖馒头。今晚本购票拟往青年宫看话剧《不是蝉》,以心神不快,六时半,即乘三轮返演乐胡同寓所,以票送笙伯属往看。与芷芬纵谈店事,润华八时亦归。九时半汉学俄文归。卢家有戚来访,与接谈移时客去,余乃就寝,比笙伯返,余已入睡矣。

5 月 24 日（四月初八日　己未）星期三

晴暖。晨六时起,润儿即出。七时半早餐,写京竹八号与滋儿,并附一函与调孚,属为声明几点附再谈大行政区之后,表示接受指正云。步出胡同西口乘三轮到八面槽,已九时矣。马思聪地址已得,即附条与诗圣,属即将样书照址送出。午后本拟与芷芬偕访平伯,以须出席编审局所召开之历史教科书座谈会,遂改道前往。二时半到出版总署参加座谈,晤芝九、晓先、云彬、文叔、圣陶、灿然、蠖生等,徐特立亦至,发言颇多精神饱满,可佩也,至七时始毕。走晤雪村,不值,晤彬然,知渠尚未起草,明日且不能出席云。有顷,余乘署车偕云彬、彬然、晓先到东四八条,即在云彬家小饮,联棠已在。有顷,洗人亦至,谈至九时半乘车各归。返寓后与汉、润、琴谈,十时顷琴归店,润送之旋返宿。余须髭不多,反见累坠,因将髭修齐,馀俱剃去。十一时就寝。雨。

5 月 25 日（四月初九日　庚申）星期四

阴雨,气陡寒袭,两夹犹感单薄也。晨五时半起,七时与润同在汉所早餐。八时许始与芷芬步往八面槽,汉与笙伯则往东单菜市购菜,以今晚约人吃饭也。润以雨,署中并不学习,直候笙归始入署云，今日本应开章制小组会议，往返电洽，力子不暇来，彬然又因故不能到，至午后乃分电各人，决延至下星一再召开。十时许偕芷芬往老君堂访平伯，晤其伉俪。十数年未见，俱垂垂老矣。谈次，承以所著《遥夜闺思引》及跋文手写影本各一册见贻。十一时一刻辞出，仍乘公共汽车返店。十二时饭，饭后神思颇懒，时感渴睡。四时三刻与洗人、芷芬步往东单市场闲逛，欲得砚盂诸物以资实用。乃以雨后大都收撤，竟无所得，芷芬则购到圆桌面连脚一事，颇坚实，价仅十四万元，如雇匠定制，三倍其值，犹未足完成也。逛至五时三刻，即在王府井南口乘环行电车到灯市口，三人同下，复步往演乐胡同。甫坐定，汉华、宝懋、联棠俱至，又有顷，至善挈其三子并来，满子则先余等早在矣，因设席共饮，邀必陶、笙伯同饭。饭已，晓先夫妇及方方、中中来访，相与共谈至九时三刻辞去，至善、满子及晓先两家亦去。十时许润儿返，略谈便各就卧。

5月26日（四月初十　辛酉）星期五

晴。晨六时一刻起。润七时许即赴署。七时半早餐，至八时半乃出缓步到八面槽。写京竹九号与珏人，询究能来京主持润、琴婚礼否。至善以叔湘与圣陶书见示，知湘辞意甚坚，谓胃病非休卧不能息，若必欲相强，反致两误云云，是当前一问题也。耕莘来约下午往游卢沟桥，诺之。十二时午饭。饭后接廿三日潹儿四号书及滋、湜沪竹五号书各一，知邀请珏人来京之信尚未到，翼之复进宏大二厂，文权则为西侨青年会，将解散而发愁，云潹信附来上海高教联史学研究会会员登记表，谓予同属转填送者。一时许耕莘至，三刻许与洗人、芷芬四人同出，（适彦宾来辞，今晚即返沪云。）到东华门乘三轮出宣武门，复出广安门，径赴卢沟桥，穿拱极城，入顺治门（北门），出威严门（南门），即到桥塊，计时达两小时，已三时三刻矣。下车步度长桥，桥下永定河浊流滚滚，硿訇作声，卢沟晓月之碑虽存，碑亭则倾圮殆尽矣。复南度旧桥，遥望西山环拱京汉铁路，蜿蜒其间，山水相发，致足赏眺。越半小时回车入城，循原路过村馆，小驻饮茶，虽土釜瓦器，亦颇自得，而沿途所见村落俱好，老幼力田之状至勤奋，是真土改后之佳象乎。入广安门，即驻车赴前门鲜鱼口横街全聚德，时已六时一刻矣。四人坐定，共吃烤鸭饮黄酒，鸭甚肥脆，名下果不虚也。七时半散出，步往大栅栏廊房头条及门框胡同一带闲逛。卅年前旧游之地，重复涉足，景象依稀犹是也，惟在前门大街路东觅一条龙，则不可得矣。八时许即在大蒋家胡同口候电车，乘以到青年会，送耕莘上楼小坐便出，由金鱼胡同步往八面槽店中，待汉儿学俄文毕，然后与润、芷等同归。到寓已十时半。十一时就寝，移时入睡。

5 月 27 日（四月十一日　壬戌）星期六

晴还暖。晨五时半起。润儿六时一刻即骑车入署。七时三刻早粥。八时步往八面槽，填好史学研究会会员登记表书寄予同，属决可否然后代达，盖余既非上海高教中人，刻又离沪来京，似不犯招此冒越之嫌也。书就，即写不列号信与漱儿，属为转送予同，并顺告近状。坐窗下冥想，窗外柳拂燕鸣，颇惹乡思，钩起昨日漱信所言家中初尝鲥鱼食时，殊道念余不置云云，因触景感赋一绝：

簾外柳条翠拂檐，往来梭织有群燕。呢喃若向离人语，忆否江乡鲙正鲜。

似尚可表近来心绪耳。群燕呢喃本可爱，今若嘲人恋此羁旅者，转觉恼人矣，何暗合乃尔。十二时午饭。午后与洗人闲谈，颇有乖迚,实感乏味。桢祥来谈,于其发家致富之由言之綦悉,宗教观念虽深,每事归功上帝。而质朴无饰,转腾半瓶醋之流多多,弥足敬爱耳。南店熊秉钺君为余购到长方端砚一匣,长圆磁盂及小铜勺各一事(俱荣宝斋,价七万二千元)。石父刻姚茫父书联铜尺一器(两明斋,价八千)。案头居然有清供矣。六时唉馒头两枚,啜薄粥少许。越半时与洗人、联棠、芷芬应仲足之约,共乘三轮赴东堂子胡同世界知识社晤仲足、仲持、安平、森禹、祖文、剑心、无垢等,七时三刻始开饮,凡两席,至十时许始散出,步送洗人至金鱼胡同东口,余与芷芬北向走返抵寓所,已十时三刻,与润儿略谈即睡,已十一时半矣。

5月28日（四月十二日　癸亥）星期

晴和。晨六时一刻起。七时许进早粥。九时许笙伯伴润儿往东单购器具。十一时洗人、圣陶、彬然来,有顷,联棠、稚圃来,十二时由芷芬邀必陶、宝懋共饭。饭后在余寓聚谈,于公司过去缺失颇多检讨,然亦有回护处,仍不够坦白也。干部会开成后,宜有佳果可得乎。三时许,光暄、守勤来参加谈话,四时半散,洗、圣、彬、棠俱去,暄、勤留。接廿四日敖、清来书,谓已得电,准备于月初成行来京云。笙、润四时许携物返,未几润又出,至晚九时始归。六时许联棠又来,暄、勤去。七时,与棠、芷、笙共饮,庭中海棠下月起东南,冉冉出树杪,致足赏玩,惜微有云翳,清辉弗畅发耳。汉儿送错、镇两孙入学,顺挈鉴孙访统汉家,晚饭后九时始归。芷芬之顾氏表姊来,汉竟未之晤,承过余一谈。继文、云瑞夜饭后来,月下坐谈移时,九时许偕联棠返八面槽。十时就寝。是日竟未出门。气又微转热。

5 月 29 日 (四月十三日　甲子) 星期一

晴,近午雨,转闷热,下午时阴时雨,入夜又雨。晨五时半起。润六时一刻入署。七时半早餐,八时许偕芷、汉出,步至灯市口东口乘公共汽车赴东安市场下车到店。晤耕莘,知京中凡可游览处俱已涉足矣,谈移时去。接廿五日滋代珏复汉儿书,知将偕潸儿同来门户,属纯葆照管云。(纯葆适自苏至。)汉详复之,再加敦促余亦附条函中并录示近作一绝。写京祥七号寄诗圣,复沪圣六号属即偕久安先行北来,并托转属纯嘉照料珏人旅行诸事。十一时三刻,耕莘又至,洗人因邀联棠、芷芬及余偕莘同出,乘公共汽车到正阳门,步往大栅栏厚德福小酌,风味不恶而价甚廉。(茶饭酒菜共四万元耳。)食后闲谈至二时乃返,顺道在打磨厂口第三家之王麻子购得小洋刀两柄,仿制甚精。(价合一万。)京中王麻子甚多,大类苏杭之张小全,究系地真与否殊难辨认,亦正不必辨认也。联棠以赶作纪录先归,余等四人则徐步自正阳重门入,仍乘公共汽车到八面槽,耕莘返青年会矣。到店后接廿六日滋儿发来沪竹六号,告母氏得票即行云。今晚本定开章制小组第二次会议,六时许力子电话来,谓今晚临时有事,不能分身,属余庖代。六时三刻觉农至,七时许雪村、彬然先后至,乃先与洗人共饭,饭毕开会,村提组织系统草案,决交干部会议研讨,余事亦顺利解决,本小组暂行结束云。九时散,值雨,乘三轮返寓,芷、汉、笙、润、琴俱在闲谈,有顷琴返店,十时半余就寝。汉曾与德、芷通电话,谓笙事当可成,据闻工作已派出云,只财经委员会未批回耳。接翼之廿七日来书,告已在宏大二厂复职云,为之大慰。

5 月 30 日（四月十四日　乙丑）星期二

阴雨，午后展晴。晨五时三刻起。润儿六时四十分出，冒雨入署。七时半早粥。八时乘雨隙出，胡同中泥泞甚，依然数十年前酱缸之观，勉达西口，得乘三轮行，径到八面槽。接调孚廿七日复书，知余前言大行政区一文之意见，已承转达明养云。整理昨晚章制小组纪录。九时许耕莘来，十时半力子来，因以纪录交阅并请签，洽谈一小时，力子辞去。（章制小组暂告结束。）十二时耕莘去，余等午饭。午后写信复翼之，勉其把握现实，顺告润儿将结婚。四时许统汉导余及洗人、芷芬、至善往锡拉胡同十四号看房子，盖店中拟购充编所之用也。屋凡两院，有廿五间，虽稍破旧，而身骨尚好，惟院中无树木，是一缺点耳。匆匆巡历而出，即由东河沿绕东安门大街而返。六时半晚粥。七时一刻偕芷芬步归寓所，坐院中小饮。有顷，笙伯归，谓已见过君立，属径谒张部长询之云。又有顷，润、琴偕来，整理箱箧。十时许始由润送琴出胡同，伊等婚礼决在青年会举行，用聚餐方式矣，俟珏人到即定期也。十一时就寝。

5 月 31 日（四月十五日　丙寅）星期三

晴暖。晨五时半起。六时半润出。七时半始粥。八时步往灯市口东端附公共汽车抵八面槽，下车，适遇斐云在候登，匆匆交语即别去。写信复调孚，即附京竹十号与漱、滋，俾径抵怀夏楼，得省转递之烦也。笙伯电询张部长，据云尚在考虑。有顷，君立电话来，谓笙事不成，可将自传等取回。此事君立似太不负责，令人久候至两月许，不早回绝，殊感欠爽，成否不能强，态度不当如是耳。十二时饭，饭后接廿八日沪圣七号函，详告沪方迟滞不前状，并请示迁动时应带何种文件,因即作京祥八号详复之,惟邮局收件时间已过,须明日之晚,始得附京沪通车南递耳。午后二时许西谛见过,略谈即行。书与云彬,约明晚往晤,今日座谈会不到矣。至善、联棠往清华看叔湘,一时去,六时返,对叔湘辞意或有挽回乎? 耕莘四时来谈,七时同过玉华台应桢祥之约,晤雪村夫妇。凡两席,俱开明中人,至近九时始散,返八面槽稍憩,与芷、汉同归寓,已十时半。与笙伯商决回南事,又与润儿闲谈,仍十一时睡。

6 月 1 日(四月十六日　丁卯)星期四

晴暖,傍晚闷热,旋黑云起东北,大风立至,继大雨,雨止后雷电交作,惟更无豪雨耳。晨六时一刻起。润六时半赴署。七时许早粥。八时后步往店中。九时三刻偕洗人、芷芬往王府井新华北京分店贺开幕。途遇稚圃,邀与同往,晤其经理史修德及华北总分店秘书李宝光。又晤华北联合出版社副经理于强,承史等导引,上下参观后复回寓室,晤商务印书馆分馆经理伊见思、来薰阁经理陈济川及三联书店协理邵公文。十时半始辞出,徐步返店,知笙伯已购得车票,今日下午四时即南归云。十二时午饭,饭后写一信与漱儿,颇致慨于现局之播弄作风,并深自引咎,悔不当轻易令渠北上也。一时许笙伯来店辞行,由芷、汉送之上车,握手话别,不禁黯然。接五月廿八日漱、湜信各一,又附漱致润、琴信。汉儿转来五月十八日业熊信,知将去香港、广州一行云。三时许向觉明见过,长谈至四时三刻始去,上下古今极充畅,约十五日后订期在其家吃晚饭,将邀叔湘共谈也。六时半晚粥兼进烙饼。七时步行返寓,少顷风作,颇为润儿担心,未几润亦归矣。八时半,与芷、汉、润小饮葡萄酒。十时就寝,感时伤事,转侧至一时始入睡。

6 月 2 日（四月十七日　戊辰）星期五

晴暖。晨五时三刻起。润六时半出。七时半粥。八时偕芷、汉步至灯市口乘公共汽车到八面槽。九时许耕莘来,洗人因约渠及余同往中山公园啜茗,在公共汽车中遇元善,至东华门别去。余等到公园后,即在社稷坛北筒子河边柏林中坐,瀹茗徐酌,翛然自得。昨日为儿童节,今日小学仍有放假者,故集队园游之儿童颇多,歌唱跳跃,平添生趣不少。坐至十时三刻乃起行,历巡花坞长廊水榭而出,耕莘别去,余偕洗人在天安门乘公共汽车返店。接调孚、予同卅日复函各一,知欧阳文彬要来,高教联之史学会可以暂不加入。于午后即写一信复谢予同。（备明日发。）十二时午饭。饭后参加干会筹备会旁听。下午四时耕莘复至,洗人约今晚在吉祥戏院听戏,六时半晚饭,进包饺,餐已稍休。七时五十分偕洗人、耕莘、联棠步往东安市场吉祥戏院,入座开锣未久,台上正演《渭水河》,继演《薛仁贵》、《沙滩救驾》,极无聊,旋演《虹霓关》,亦平平。九时许童葆苓之《貂蝉》上演,始渐有劲,葆苓扮相极佳,婉媚动人,艺亦细到,可造材也。十时半休息,耕莘回青年会,有顷,洗人亦先行返店,独联棠及余留待之。越一刻钟大蚂蜡厂上演,葆苓饰费家小张妈,插曲四段,遍效梅、程、尚、荀四名旦,殊见刻画。十一时三刻尚未毕,余即与联棠出院,渠返店,余乘三轮遄返演乐胡同寓所,已十二时许,汉儿已寝,只芷芬与润儿正闲谈,以俟余耳。稍坐起洗脸,各归寝,时庭前月色正姣也。

6 月 3 日（四月十八日　己巳）星期六

晴,颇热。晨五时四十分起。润六时五十分出。七时早粥。

芷、汉先出,余至八时许始步出胡同乘公共汽车到八面槽,同人正在学习也。九时始正式办事,余则一到即写信,一复予同(昨已写就今并发)。一复调孚,附改邀欧阳公函。一致诗圣(京祥九号附洗人条)。一与漱、滋、湜,分别属事并告敩、清即将到京。(以顷接汉电,知二日四时附车来。)且奖湜勤勉再加鼓励(京竹十一号。)上午十一时俱已封发。十二时午饭。上海邮件未至,经电询邮局知京沪通车误点,下午四时犹未见消息也,颇为萦念,电报亦无,想珏等并未动身耳。六时半晚粥并进馒头。七时许步返寓所,有顷,润儿返,因共小饮,未几,琴珠亦来闲坐,汗出,竟须挥扇矣。芷、汉则出访其四表姊,九时三刻始回,联棠曾来一转云。十时琴珠去如店就宿,润与余各归寝。

6 月 4 日(四月十九日　庚午)星期

晴热。晨七时始醒,到京后第一遭也。少延便起。八时许进卧果及粥。润儿八时半出,到八面槽候信,旋偕琴珠来,谓竟无沪信也,以此殊念之。十时许联棠、光暄、守勤、继文陆续来,芷、汉则赴云彬家捉小猫。必陶见过,与长谈。十一时许芷、汉归,因即开饭,暄、勤由必陶留饭,余俱在汉所同餐。餐已将十二时,芷、汉、棠、文、润、琴都往前门车站接敩、清,十二时三刻敩、清、建昌及芷等一行毕至,行李亦且同到,盖京汉车绝未误点,准十二时十三分抵站也。欣晤后即忙于安顿,栗六至近三时余始与敩、清、昌偕出,敩等往南吉祥胡同朝其父母,余则径赴东四八条访圣陶、彬然、云彬、晓先长谈。五时许敩、清亦来八条,薄暮先行,仍就饭于吉祥胡同,约径返演乐胡同矣(住后院)。六时一刻,圣陶邀余同在云彬所小饮,圣出白兰地见饷,菜肴则两家合出也,联棠亦来,渠在彬然家饭,饭后先行。余等饮甫毕,洗人至,因共诣圣陶所再闲谈。九时半电灯忽息,遂与洗人辞出,各乘三轮返。抵寓,清已返,敫则仍留八面槽候洗人也,有顷亦归。余在八条时,永宝送三十日滋华发沪竹七号函来,启视知珏等将于二日来,惟车票尚未到手,或不果行耳。此信即为误点所耽阁者。嗣暗洗人,知尚有续信在芷芬手中也。比返询之,则忘在店中,润儿往取,以人多未克觅致,废然返。渠等不任事乃尔,可笑也。十时半就寝。

6 月 5 日（四月二十日　辛未）星期一

晴热。晨五时三刻起。六时四十分润出。七时一刻早粥。八时许始步往八面槽店中,始见到昨收一日滋发沪竹八号,附湜自编沪五号及漱附言,知珏等仍为车票所沮,三日后方能成行云。接调孚书,知七日将偕诗圣等北来。清偕汉在东单小市购到木器若干,居然布置楚楚矣。盼沪电不至,至焦灼,迨下午四时,得上海电报,知珊偕珏等五日行,是此时已在准备赴北站候车矣,预计后日清晨必可在前门车站接到也,为之一慰。六时半粥仍兼啖馒头。七时乘三轮返寓所,有顷,芷、汉、敫、清、元鉴、建昌始开饭,余亦介坐小饮焉。联棠今晚起亦搬来演乐胡同南屋住。八时半洗人、耕莘偕来见访,谈至九时半去。润儿近十时始归,余已就卧矣。

6 月 6 日（四月廿一日壬申　芒种）星期二

晴,十时雨旋止,午后又复绵延,气遂微闷。晨五时半起。六时三刻粥,今日润粥后始出,径赴署。七时半雪村夫妇挈敏之三子来演乐胡同看敫、清,有顷,村先行入署。八时余偕联棠出,步至灯市口乘公共汽车到店。十时知金鱼胡同东口之青年会礼堂无空,乃与芷芬、至善、汉华、琴珠同过西堂子胡同女青年会看礼堂，并言定十日晚七时用为润、琴结婚之所云。其方式委由芷芬主办，采聚餐形式，不收礼。耕莘本拟即返沪，以知润喜期须留吃喜酒，然后归南也。午后前后，为干会写信，分请愈之、圣陶、彬然、胡绳、荃麟、超白、伯昕、静芷、静庐、雪村按期来会演讲及座谈。写信与予同，附洗人信去。询光岐行未、余前信到未。又写不列号信与漱儿，代转还漱石与笙伯信，并询笙伯返暹事有无变化，至念也。下午看《醒世恒言》。六时半晚粥。七时步返寓，会敭、清等。余九时半即寝，敭、芷、清、汉、润闲谈至十二时始寝，余竟为之不寐，起唤属睡，方得安眠。

6月7日（四月廿二日　癸酉）**星期三**

晴暖，下午四时雨，雨后转凉。晨五时半起，七时粥，粥已，偕敭、芷、清、汉、润及联棠、建昌步至灯市口乘电车到前门，相将入车站，购月台票，略待即进站，车已至，绝未误点，时为七时五十五分也。雪山与珏人、濬华俱安抵，乃接之同出月台，琴珠、继文、达钢始至，遂雇得三轮十二辆，共赴演乐胡同寓所，甫坐定，晓先夫人及满子来访，有顷，雪山、联棠先到店，芷芬、敭、汉亦继往，余十一时始乘三轮赴八面槽。十二时应桢祥之招，与洗人、雪山、士敭、芷芬、宝懋等赴萃华楼午饭，晤力子夫妇、圣陶、雪村、云彬、彬然、西谛、觉农、晓先、静芷、光暄、健雄等凡两席，余与西谛、圣陶、宝懋、玉麟、惠福、云彬、晓先、静芷、彬然、健雄、觉农同坐，直饮至下午二时半始散，余即返店。四时有房牙来邀余及洗人同往演乐胡东头七十、五十三两号看房子，十三号向南颇大，询为马玉昆故宅，子孙弗克继守，今求售矣，正屋犹张悬马之遗象也，为之嗟然。时值雨，即在七十五号暂避,比过,因与洗人联步到四十二号寓所,知珏、潜、清出访八条诸家及南吉祥胡同章家矣,有顷归来,洗人茶后即辞去,余竟未出。七时芷等归,因共夜饭。八时许晓先夫人挈方中来访,与挈等谈至近十时始去。十时半就寝。

6 月 8 日 (四月廿三日　甲戌)星期四

晴和,薄暮雨,有风。晨六时起,七时粥,润则六时半已出矣。八时半掷挡讫,出赴店乘三轮行。十日为政协全国会议开幕,圣陶、愈之等人俱无暇,而润、琴之意,似恐宾客稀少,不大妥适,因定提前于九日之晚行之,乃属芷芬电话通知各地告改前,并往女青年会接洽定局,来宾签名纪念册亦由圣陶题署交来,喜事大致就绪矣,告知珏人,甚引为慰。下午三时半平伯见过,具仪为贺,极为不安,谈至四时半去,明晚将伉俪偕临也。五时半乘三轮先返寓,已起风,比到,雨已至,旋霁,而风不息,墨林在。六时半,芷、汉等皆归,润、琴亦返,因共饭,啖包饺,饮白兰地,珏人与墨林欢然道故,致乐并知晓先夫人亦尝来过云。夜饭后彬然伉俪见过,必陶亦来。八时许至善来接墨林,清、汉等送之。彬然等偕去。士敫往南吉祥胡同未归夜饭,十时后始返。琴珠九时许去,仍宿八面槽,明日将由润儿迎来演乐胡同寓所也。午前发京竹十二号与漱、滋、淑、湜,告珏等安抵状。十时就寝。

6 月 9 日 (四月廿四日　乙亥)星期五

晴暖。晨五时三刻起。润、琴俱请假在家预备一切。七时早粥。八时半出,与士敫乘公共汽车到八面槽。午后得电知调孚、诗圣等明日将到矣。斐云饬人送礼来,且问礼堂何处,具答之。芷

芬、士敩、联棠等竟日开会,女青年会接洽诸事俱由汉儿指挥。六
时半余由店偕洗人、雪山、耕莘等步往女青年会,时宾客已有到者。
至七时半,大部齐集,开明同人到洗人、雪山、联棠等,出版总署同
人到徐伯昕、沈静芬、张静庐等,三联同人到萨一佛、符其珣等,亲
戚到章雪村、士敩、卢芷芬等,老友到西谛、介泉、觉明、圣陶、雁冰、
力子、仲持、平伯、伏园、宾符、晓先、云彬、彬然、仲华、斐云等,请签
署别册入座聚餐,凡一百二十位,预计之数恰如其分,真天巧也。
首由余致辞,继由圣陶、西谛、雪村、力子讲话,至为欢愉,惜地太局
狭,天又奇暖,使来宾不舒,深感歉仄耳。九时始罢,宾客散归,余
与珏人即乘西谛车偕其夫人、公子同返演乐胡同寓所。雁冰夫妇
及王蕴如亦至,参观新房,盘桓至十时许乃去。开明同人云瑞、继
文等闹房为戏,至十一时亦辞去。十二时就寝。

6 月 10 日（四月廿五日　丙子）星期六

晴暖。晨五时三刻起。七时许偕芷芬、士敩、迪康(自天津赶
来贺喜,昨夜即住演乐胡同南屋)、宝懋同出乘电车到前门车站,接
调孚等沪来车,准时到,接晤调孚、诗圣、世泽、士信、光岐、久安六
人,即时遄返八面槽,少息,旋导往东安市场五芳斋进早点,时已八
时半矣。返店后各自部署,午后士敩伴诗圣等游中山公园,调孚暂
止于店楼休息,光岐则赴出版总署编审局洽事。下午六时归寓,知
润、琴导游故宫,奉珏人偕濬、清与建昌同往,上午十时去,下午四
时始还云。七时晚饭小饮焉。夜饭后晓先夫妇来,与珏人等谈至
十一时乃去。芷芬在萃华楼晚宴,十时许归,士敩则归来时余已入
睡矣。

6 月 11 日（四月廿六日　丁丑）**星期**

晴热,竟如深夏矣。晨六时起,料理杂事。七时半粥。九时许
偕珏人、汉儿、芷芬、元锴、元镇、元鉴、建昌及濬华一行步出胡同,
在灯市口乘环行电车到中山公园,在上林春紫藤棚下遇圣陶、叔
湘、彬然、调孚、至善,略谈后即导珏人等观社稷坛,旋至筒子河边
柏林中啜茗,良久,清、润、琴亦至,合坐闲谈,微风洒拂,致足乐也。
有顷,洗人、雪山来,少坐便行,十一时许余等出园,圣、洗等合坐上
林春,犹未散也。出园后仍同乘环行电车东行,珏、濬、润、琴应雪
村夫人之招,径赴东四六条下,由清、建伴之,由魏家胡同往南吉祥
胡同。余与芷及锴、镇、镒是仍在灯市口下,步还演乐胡同。正坐
下料理未了之事,润儿骑车返,传雪村之意,即促赴饮,因匆匆出,
乘三轮同往章家。至则敫、敢俱在,合坐共饮,二时许始罢。谈至
三时许润、琴奉珏人归寓,濬、清、汉、建则往雍和宫游览,余亦辞
出,步至六条口乘环行电车南行,绕至西四下,到颁赏胡同十三号
访西谛。西谛出饭,其夫人及公子则出看电影矣。少坐待之,有顷
谛归,因晤谈久之,且识其同院王天木,五时半始辞归。步至缸瓦
市,仍乘环行电车南行,绕返灯市口下,步归寓所,以热故取汤濯身
易衣始坐,乃感宁静。其时,珏、濬等俱已在寓矣。接八日滋沪竹
十号、湜沪竹七号,告母行后家中宁谧状,且询母安到未。书中头
头是道,至欣慰。湜尤进步,益快然也。傍晚小饮,夜饭后将未毕
事了讫,十时后就寝。又接予同、刚主信。

6 月 12 日（四月廿七日　戊寅）**星期一**

晴热。晨五时半起。七时进面。有顷,雪村见过,少谈即去

署。九时许余偕珏人、濬、清、润、琴、建昌出乘电车往天桥,步入天
坛西门,雇三轮三辆先送珏、濬、清、昌,抵坛,余偕润、琴徐步由柏
荫下到坛之西侧,与珏等会,乃拾级同登,先在祈年门稍憩,然后升
祈年殿,盘桓多时,摄数影而下,惟皇乾殿严扃未入视,旋南行,游
皇穹宇及圜丘,还至坛西侧就茶棚坐,十一时半始出,雇三轮二,先
送珏人、琴珠、建昌到天桥,余与濬、清、润仍步往会之,同乘电车返
灯市口,走还寓所,已十二时半矣。饭后二时偕清同出乘三轮到
店,发出星六所写京竹十三号,仍须明日始得由邮局封送通车也。
石洲送绍酒八瓶来店,约今晚在八面槽开酒会,因电话约西谛,六
时半西谛与巴金至,有顷,石洲、绍岸及孔君至,乃邀芷芬、至善、洗
人共饮,少选巴金、西谛以事引去,麇文焕来,饮至九时始罢。洗
人、石洲、孔君饮后偕余及芷芬同来寓所,十时许乃辞去,余以多饮
亦睡。

6 月 13 日(四月廿八日　己卯)星期二

　　晴热。晨五时半起。六时半在清所粥。七时一刻偕芷芬、
士信出,乘电车赴前门东站,遇稚圃、耕莘、继文、达钢等,准时出
莅三号月台,接到达君、龙文、隆章、陶孙、子如,亦援前例,乘公
共汽车返八面槽。接十日漱发沪竹八号(附漱与濬、清、汉书及
笙伯上余书)。告家中甚好,属珏等多住几天云。又龙文带到十
日滋十一号及湜八号函,亦详告种切,谓于十日沽酒添菜,为润、
琴遥贺,甚欢也。六时半西谛、力子、耕莘、觉农、雪村、彬然先后
至,七时共饭。饭已开在京第二次董事会,深研细讨,十时一刻
始散。散后偕达君、诗圣各乘三轮返寓,热甚,濯身易衣乃寝。
(达君下榻宿舍。)

6 月 14 日（四月廿九日　庚辰）星期三

晴热。晨五时半起。七时许粥。八时与达君、敫、清同出乘公共汽车到店,在站遇诗圣、隆章等。到店后写信分寄家下（京竹十四号与漱、滋、淑、湜、笙伯、佩华、纯葆复前信）、予同（告光岐入署）、刚主（复候来京晤叙）、翼之（复谢致贺）。十一时前交叔循付邮。十二时饭。耕莘今日返沪,二时来辞,珍重道别。下午办出本公司总管理处迁京公告,及具报出版总署备案文,又作书与力子,送还图章并董会纪录请签署,又署方三业务委员之聘书,亦用力子签名办出矣。明日起,总管理处即在京正式办公,余来京月馀,止此一事克慰于心耳。四时许方与洗人、雪山、达君谈,忽砰然一声,梁尘纷落,余所依久锁之门亦突辟推余身,满谓屋顶新建之屋坍塌所致,亟登楼阅视,则楼顶晏然,惟见东北空中冒起黑烟甚浓,以地望推之,当在朝阳门附近,但未悉究为何故耳。正疑讶间,第二声又作,亦冒烟,声较小,似稍远,岂军火库失慎耶,抑别有他故耶?非经公布不能明答也。六时半与汉返寓候润归,已将七时,乃偕同珏人、潏、清、汉、润、元鉴、建昌出乘电车,到前门,赴肉市街全聚德吃烤鸭。坐有顷,士敫、芷芬、琴珠亦自店来会,因团坐饮白干,吃大小两鸭,味极脆腴,付帐为十八万元（人摊近两万元）。清、汉供之,八时半始罢。闲逛大栅栏、门框胡同、廊房头条而返,仍在前门分乘三轮归寓,已将十时矣。十一时许就寝。是日下午一时前瑞卿、伯泉、亮晨自汉口抵此,亦下榻宿舍。沧祥上午九时到此。

6 月 15 日（五月大建壬午　辛巳　朔）星期四

晴热。晨五时半起。七时早餐,煎鸡蛋四枚,又冲乳粉一瓯下之,殊醰饱。八时许偕珏人、濬、清、汉、建乘公共汽车(润、琴已先出)到景山购票入览,循西路登山,历富览、辑芳二亭,止于中峰之万春亭,当正南面坐啜茗焉。九城近郊,尽收眼底,旧日宫禁尤一览无馀矣,惜日出不甚朗,稍远即有烟树之感,为犹有憾耳。九时一刻余先行,沿东路下,经周赏观妙二亭,从明思宗殉国处旁过其前新树丰碑。(甲申三月十九日立,傅增湘撰文,额为"明思宗殉国三百年纪念碑"。)日中通读一过,循门出,候公共汽车返八面槽,珏等则再往团城及北海公园游,想须午后始克归寓也。八时许上海车至,接到达轩、知伊、均一、光仪。十二时饭,诗圣等往接雪舟未得,谓须夜十时始来云。二时开座谈会,四时始已。五时觉明见过,亲约十七日晚饮其家,谈至近七时乃辞去。有顷,余亦乘三轮归,知伊带来十三日漱竹沪九号函,并属光仪携到绍酒两瓶。入夜独饮两玻杯,颇甘之,岂久渴易餍耶。夜饭后晓先夫人来谈,芷、汉、琴则在店开会,仅清、润、敫在家耳。九时半晓先夫人去,余少坐濯身洗足,十时三刻乃寝,芷等之归竟未之闻也。

6 月 16 日（五月初二日　壬午）星期五

晨雨旋晴,仍感闷热。六时半起。七时半粥。八时许步往八面槽。干部大会筹备会更见忙迫。雪舟、景楷昨夜十一时到,亦住宿舍。十二时午饭,饭后接滋儿十四日所发沪竹十二号。下午五时乘三轮返寓。六时半独酌,七时半夜饭。八时龙文、雪舟、瑞卿、世泽、雨岩、必陶等就余住室中开小组会,决定本组名单及如何产生主席团及组长事,讨论至九时三刻始毕。十时许龙文返八面槽,余各归寝。芷、敫、汉等归,已十一时半,余早入睡矣。

6月17日（五月初三日　癸未）星期六

晴热，夜电，发大雨，惟未闻雷。晨六时许起。七时早餐。八时许出乘公共汽车到店。十二时午饭。下午二时出席干部座谈会，为分组及推选主席团事大为费劲，可见内部意见尚多纷岐，说服云云，我终恐劳而无功耳。言念前途，殊堪浩叹已。六时许即与调孚各乘三轮往东四十条卅九号，应觉明之招，夜饮其家。八时许王天木来，乃合坐，见觉明之二子皆俊爽可爱也，近十时始散。本拟往八条卅五号接珏人等归。（调孚夫人、均正、纯嘉、明养、锡光及大同之李林森今晨由沪到京，晓先夫人遂约调孚夫人及珏人、潏、汉、芷、敫、润、琴往其家晚饭，故余拟顺道接归。）以调孚倦行，偕乘三轮径返寓，有顷，珏等始归。十一时就寝。

6月18日（五月初四日　甲申）星期

晨雨旋放晴，日中颇热。五时十分起，匆匆早餐，至六时卅分公司所包公共汽车自八面槽载同人来演乐胡同口，余等偕珏人、潏华及圣陶、彬然等（清晨赶来同乘）相将登，径驶西郊颐和园，比抵园门，才七时二十分耳。入园分组游行，余与达君惮于登涉，先谋憩坐饮茶地，因穿长廊到石丈亭，以太早尚无炉火可供，仍折回在对鸥舫啜茗，至十时许始得与同人等在石丈亭会合。余乃偕珏、潏、清、汉及同人等荡舟泛湖，达龙王庙登岸，穿游过十七孔桥看铜牛，仍登舟回北岸，已十二时，即登听鹂馆聚餐，凡五席，欢叙至一时三刻始罢，二时许在排云殿前合摄一影，乃各散游。余再过对鸥舫，与叔湘、圣陶、彬然、调孚、洗人、明养、锡光等谈杂志进行事良久。余先出，偕珏人及调孚夫人游谐趣园，穿德和园、颐乐殿而出，观玉澜堂(慈禧幽禁载湉处)、耶律楚材祠墓,已三时二十分,亟出园候归车,盖讲明三时半公共汽车来接也。出园久候,竟不至,经交涉后始由站电话招来一空车,乃相将登,径驶入城,已四时矣。比过八面槽,再到演乐胡同口,五时且出头焉。归寓稍休,至六时半又出,乘环行电车到中山公园,与芷、清、汉、润、琴同行,入园后径到来今雨轩,赴干部会议秘书处所召集之晚会,鸡尾酒会颇自由,正惟自由,故殊嫌散漫,终席未发一言,及散出,在电车中遇雪村及墨林,遂大加批评,谓为浪费云。归寓后,同人之在同院各家闲谈者至夥,晓先夫人亦来,十一时始各散去。余就寝已十二时矣,若如此栗六,何以持久乎?均正带来滋儿十五日托带信,昨日忘交与余,今乃忆得递来,知家中一切尚好云。

6 月 19 日(五月初五日乙酉　端阳节)星期一

晴热,午后四时风雨雷电,傍晚始止。晨六时起。七时许食粽,盖昨日珏等为清、汉等所裹煮者也。八时一刻余步往灯市口,乘公共汽车赴八面槽。为云瑞书素册(未出前),到店后面交之。各方面所携推主席团俱已产生,计董事方面为范洗人、章雪山,生产部分为顾均正、唐锡光,管理部分为王知伊、章士信,营业部分为卢芷芬、陆联棠、钟达轩,但自晨抵暮始克定,症结所在不言可知矣。静芷自十时来,与洗人谈,十一时许又邀全体筹委联棠等谈,一时半始去,于此事亦有关系也。下午大雨雷电以风撼窗振户,为之昼晦,幸移时即止,否则屋漏路漫,殆不可思矣。五时许乘雨隙归,三轮抵寓,晤调孚、均正、达轩、士信,约渠等夜饭,皆却之,仍赴鹿鸣春饭,余乃独酌。六时许清、汉、琴、芷、敫陆续返,遂邀调孚夫人同饭,有顷罢,敫、芷俱入店出席干部会议第一次预备会,余以酒后惮出,竟赖去未往也。上午写京竹十五号寄漱、滋、淑、湜,复告近状,下午便接十七日滋写沪竹十四号,告漱儿小产,已入院,经诊治后情形尚好云,但珏人闻之终感不宁也,须续报到来,始可放心耳。汉儿到会,代表京处同人报告,芷芬未几即回,询悉日间推定主席团事有中变,雪舟等又在捣鬼矣,为之愤愤。十时半未待汉儿等返即寝。给寓中张、白两大娘节赏人各五千元,又贴张大娘洗衣费两万四千元,廿斤小米,言明月贴之数。

6 月 20 日（五月初六日　丙戌）星期二

晴爽。晨六时起。七时早餐。八时出,乘公共汽车到八面槽,参加学习,余编在第二小组,公推联棠为组长,九时半毕,再参与锡光之组听谈话,十一时始已。十二时午饭,午后休会,余约锡光、调孚、达君、洗人、子如往游北海公园,近三时行,临时锡光别有约未果,余等乃在东安门大街附公共汽车赴北海,在漪澜堂廊下啜茗,兼进豌豆黄、小窝头、芸豆卷。坐有顷,余偕达君、子如从漪澜堂后登山穿看画廊等处,升白塔,徘徊瞻眺,大畅厥观,伫立久之,循别路下,所经台榭楼阁綦多,虽破旧而结构精严,想见当时穷工极巧,究不失为帝王之家也。返抵漪澜堂,已五时矣,未及渡海往五龙亭、九龙壁等处一游,只得留俟他日矣。出园时遇明养,正偕潘震亚同来,匆匆握别,仍乘公共汽车东归,洗等返店,余则径归寓所。时珏人、濬儿偕晓先夫人及调孚夫人往清华大学访叔湘夫人未归,有顷乃至,即温酒独酌,将漱儿带来之两瓶罄之。七时出,赶往店中,出席二次预备会,通过主席团营业部门所推三人,仍照昨日上午所拟者,惟易联棠为子如耳。席上请明养讲话,题为"为何业务须服从政治"云。九时半散会,余与达君、瑞卿复过吉祥园,看小翠

花、奚啸伯演《坐楼杀惜》，剧前，侯喜瑞演资御马亦佳，均老伶工，
难得多看者，因甚赏之，十二时半始散，乘三轮归寓，居然灯火寂静
矣，少坐濯身即就卧。

6 月 21 日（五月初七日　丁亥）星期三

晴温，入晚热。晨六时起。七时早餐。八时出乘公共汽车。
到八面槽参加小组学习，近十时始毕。十二时饭。午后假寐片响。
主席团人选已定，上午开会。下午二时出席小组讨论问题，五时方
休。六时晚饭，在洗人所略饮。七时请彬然讲学习，九时半毕，而
无聊发问之人颇多，为少数所牵，十时许始得了，腰背酸楚矣，亟
归，已难觅车，偕清、汉、琴步返，少坐饮茶，濯身便尔就睡，倦甚。

6 月 22 日（五月初八日戊子　夏至）星期四

晴热。晨五时三刻起。七时早餐。八时许出，乘公共汽车到
八面槽参加小组学习，九时半毕。偕达君、调孚乘公共汽车赴天安
门游劳动人民文化宫，故清太庙也，今已辟为公园，但不售票，人人
得而入览矣。柏树行列，较社稷坛尤胜，旧有灰鹤群巢其上，倭占
北平时加以扰害，竟远遁，遂不复至，余等就柏林中啜茗，十一时半
乘三轮返店。十二时饭，饭毕芷芬来邀，谓调孚夫人偕珏、濬、清、
汉、敫、琴等在东安市场五芳斋，坚请同往，爰再饮酒，一时三刻始
散，目送珏等登车返寓后乃步归店中。二时许又参加小组讨论，四
时始毕。接十九日滋发沪竹十五号及湜十号与佩华信，知漱儿入
院后经过良好即将出院云。六时许在洗人所饮，达君、芷芬、达轩、
亮晨俱与焉。七时出席第三次预备会，锡光主席，讨论三职工代表
产生方式，主席团已作成提案，照例无甚纠纷，乃出尔反尔，横议丛

生(尤以参加主席团会议者发言最多,更见可笑)。僵持至十一时始散,勉强通过耳。出店时车已稀少,乃与知伊、伯泉步返寓所,打点濯身即睡,已十二时矣。如此张而不弛,吾竟无法追随也。

6 月 23 日 (五月初九日　己丑) 星期五

晴热。晨六时起。七时早餐。八时乘公共汽车到店,参加小组学习,近十时毕。在会隙处理文件。十二时过鹿鸣春饭,以各地同人久吃生厌,特与在京同人掉换尝试也。饭毕返店,假寐片晌。下午各小组讨论改在北海公园举行。二时半乘公共汽车前往,第一、第二两组在白塔后揽翠轩,余二组在漪澜堂,一组在双虹榭,余列第二组,就组织问题商谈焉。五时三刻各组集揽翠轩夜饭。余以先应绍庠之请,须往鲜鱼口大众剧场看京剧,遂与联棠、雪舟、世泽、雨岩、亮晨、瑞卿先离公园,集余寓所小饮。夜饭毕,八时三刻始得与棠等乘电车往,珏人偕焉。至则戏将过半(为新编之《野猪林》)。已为高俅设计害林冲矣,但精采节目在后,亦尚提神。袁世海之鲁智深,洵佳材也。十二时一刻始毕。挤出鲜鱼口颇费劲,出口即雇得三轮二辆,余与珏人乃先归,到寓时别院俱已入睡矣,少坐濯身始就卧。濟儿今日下午四时乘京沪通车返沪,清、汉往站送之登车,俟车开始别,到店后即拍电与滋儿,属届时迎候云。

6 月 24 日 (五月初十日　庚寅) 星期六

晴热。晨六时起。七时早餐。八时乘公共汽车到店,参加小组学习,近十时毕。偕均正、调孚乘三轮往新皮库胡同教育部访芝九,研因面致明日开会之请柬,托分致夷初诸人。有顷辞出,仍乘原车归八面槽。(到部时在门首遇东莼,匆匆立谈即握别。)十二

时饭。午后感倦且腹中不舒,因乘三轮返寓(下午本无会)。偃卧
睡至三时半始起,知雪村夫妇及其二孙、晓先夫人及方方俱来过
也。五时半独坐小饮,瓶瓶罄矣。六时三刻晚膳,清、汉、琴皆归,
润以赴友约未返,芷、敳则留店开会也。余以倦未再出,九时即就
卧,及润等归,已入睡久矣。知联棠亦腹泻且发热云,似此紧张不
已,我恐病者必不止此也。下午在京写京竹十六号,备明日寄与
漱、滋、淑、湜及佩华,告京中近状,并告瀋儿已于廿三日成行。

6 月 25 日(五月十一日　辛卯)星期

　　晴热。晨晏起,已七时半矣,数年来仅见之事也。八时半早
餐。知今日上午仅开主席团会议,下午乃开各单位负责干部大会,
午前遂未出。十二时芷约纯嘉等来饭,适叔湘夫人入城,因共邀调
孚夫人等同饭,芷芬之酒尚未罄,因得小饮焉。饭毕少休,一时半
与清、汉、润、琴及芷芬步往米市街青年会体育馆,盖开明假作干会
会场者。有顷,会众及宾客陆续至,二时半宣布开会,先由洗人致
开幕词,继请愈之讲话。(历三小时,于开明过去未来诸大端,剀切
言之。继力子、雪村与严迪昌、伏园、修德、见思、普荣讲话后,由均
正代表干会致词,末由洗人致谢,始宣布散会,接上聚餐时已七时
许。愈之以地图编刊会正在署中开会,或尚未完,坚邀余同往,冀
与与会诸人一见,乃附乘共趋总署。甫及门,会众已散,正值藕舫、
世英等出,匆匆一握而已。过灿然、伯昕,知无他人留话矣。愈之
仍偕余驰返青年会参加聚餐。八时三刻散,与润等步返寓所。晓
先、达君、芷芬、士敳正在谈话。有顷,晓先辞去,达等复谈至十时
半始散,余濯身就卧,热甚,数起拭汗,南方无此也,十二时后始
入睡。

6 月 26 日（五月十二日　壬辰）星期一

晴，热甚，炎日下不减伏暑矣，绝风夜深始起风，微有雨声。晨五时半起，七时早餐。八时出乘公共汽车赴八面槽。八时半听洗人读大会报告，近十时毕。十二时饭。饭后即乘三轮返寓，知珏人挈建昌偕调孚夫人往饭晓先夫人所矣。余假寐一小时，二时半始起，应均正之约，就余所居室开会讨论生产与营业如何划分问题，均正、调孚、锡光、至善、明养、宝懋、光仪及余皆代表生产部门者，达君兼代管理部门，少坐便行，前往劳动人民文化宫开会。（凡分三组，分代生产、营业、管理三门，生产部门在演乐胡同开会，余两部门俱在故太庙。）出席余等讨议至五时，珏等返，六时许始散，相约共往缸瓦市砂锅居白肉馆晚餐。因与均正等及调孚夫人、叔循、知伊、伯泉一行同乘环行路电车径如砂锅居，凡十二人，点卅二品，全席唤白干小酌焉。方举箸间雪山先入，达君、士敫、芷芬、子如、隆章、雪舟等众随入，盖太庙之两组散会后不期来集耳。又团两席，骈罗焉，可谓极一时之盛，惜炎热难当，无心久坐，匆匆食已，余等先行分头觅路遄返，余偕调孚夫妇乘公共汽车径回寓所，已九时矣，亟濯身扇凉，就榻偃卧，十一时入睡。接廿三日滋（十六号）、湜（十一号）书各一通。

6 月 27 日（五月十三日　癸巳）星期二

侵晨大雨，巷陌滂沱，气稍转凉，午后晴。五时三刻起。七时早餐。九时许雨稍歇，乘隙出胡同，乘三轮到八面槽参加小组学习。大会主席团决定下午分生产、营业两大纲，商量预算云。十二时饭。饭后归寓假寐。二时半昨日原班在南屋开会，除明养、必陶未到外,,光仪易以光祐而达君莅席焉,金谓现在组织尚未定局,部门划分究呈何状,人手分配究作何计,均难悬揣,何独先之以预算,且预算归何人负责,是殆分发标纸,招人投标竞卖耳,因一致决定当前原则为在统一财经人事之下分工负责,并非借端分家甚且分产也。(有部分出席人竟提出如何划分资产者,堪叹。)傍晚间提复第二次大会,五时即散。六时小饮(由珏人亲往春兴沽来)。七时半乘三轮往店出席干部大会第二次会议,主席者悍然自为,以不定预算为诿卸,词气之间大类教训。余不欲僵持,拂袖便回,到寓后少坐即寝。

6 月 28 日 (五月十四日　甲午)星期三

晴热,以雨后气较爽也。晨六时起,七时早餐。八时许出乘公共汽车到店参加学习,十时散。十二时饭。下午二时半开座谈会,请出版总署计画处徐伯昕、张静庐、沈静芷到场,由联棠主席,谈甚具体,六时一刻始散,即与敩等过五芳斋晚餐,旋返店楼。七时半第一二三小组联席开会讨论出版方针及营业计画,仍由联棠主席,大体有综合结论,至九时半犹未终局,先行乘三轮返寓,一路月色甚姣,几望矣。到寓后濯身小坐,啜茗而后寝。

6 月 29 日 (五月十五日　乙未)星期四

晴。晨六时一刻起,七时早餐,整理昨晚综合纪录交联棠,未即到店。十时始出,与调孚乘三轮往候圣陶,十一时乘三轮到八面槽。十二时饭。下午二时半出席第三次干部大会,通过出版方针及营业计画,颇顺利,四时即了,遂接开综合小组商讨组织,六时散,同过五芳斋夜饭,与雪舟、雨岩、达轩、士敩、诗圣、景楷共饮啤酒,决定饭后往西长安街长安戏院听戏,食已,偕秉钺等十余人步往王府井南口乘电车,径抵西单。迪康复至文光书店看联棠,盖联棠先行来此买票,约在文光取齐者。余等立院门候之,有顷,晤联棠,相将入座。余与联棠并坐六排五六两位。甫入座,即开场。戏码为《金锁阵》、《璔球山》、《祭塔》、《卖马》、《打鼓骂曹》、《八蜡庙》六出,生角如谭富英,旦角如梁小鸾,净角如裘盛戎、张洪祥,丑角如马富禄等,俱演三剧,颇卖力,京外不得见此盛况也。虽天热,夜深竟尔忘倦,十二时一刻始散,中间曾两度休息,以角儿易装,非此无以调节耳。(卅年前实无此例。)出院后与联棠先乘三轮返寓,到家已寂静,取水濯身后始就卧,已一时许矣。

6 月 30 日（五月十六日　丙申）星期五

晴热,午后雷雨。晨五时三刻起,七时早餐,八时前赶到八面槽,听叶蠖生讲国际形势,日来美帝益复猖獗,竟悍然武装干涉朝鲜,南鲜傀儡李承晚不济北鲜反攻部队,竟解放汉城,于是美帝无由掩饰,只得硬撞,目前演变方亟,是否不致掀起战祸,殊难逆料。蠖生分析颇细,推断亦详,同人至获好处也,十时毕,即去。十二时饭。下午三时小组再讨论组织问题,已接近有结果矣。六时许雪村来店,乃与洗人、士敩、达轩、均一、亮晨偕村同赴五芳斋饭,饭后返店,已七时三刻,即由余主席,请雪村讲出版及出版业,九时半毕。复与长谈,十时半始出店门,各乘三轮返寓,同人早已陆续散去,行时止余与达君耳。到寓濯身就睡,已十一时。珏人受凉,腹泻,幸不甚剧,且看夜来何如。

7 月 1 日（五月十七日　丁酉）星期六

晴热,入夜闪电起风,未雨,即凉。晨六时三刻起。七时许早餐。餐后作京竹十七号与在沪诸儿,以久无信来,殊念之也。近十时出,乘三轮到八面槽,将信交龙文附去。十二时午饭。下午二时半出席第四次干部大会,讨论组织大纲,虽小组综合已有结果。(推人起草写定印出。)而临时又多岐论,顿见搁浅,主席宣告下星一再开大会决定之,已六时矣。本日晚七时半出版总署有七一纪念会,柬邀参加,当有数十人签名参加之。芷、清、汉、琴俱往,余与敫以倦归休。六时半即晚饭,润儿亦归,竟亦未与会焉。夜饭后润奉珏人往东安市场购物,余与士敫长谈,九时许珏等归。看《醒世恒言》至十时半就寝。清、汉、琴等返寓已十一时半,余早入睡矣。

7 月 2 日(五月十八日　戊戌)星期

　　晴热。晨六时起。七时半早餐。九时许晓先见过,因长谈。珏人偕调孚夫妇及芷、汉、锴、镇、鉴往游雍和宫。十时许叔湘夫妇及其大女霞来访,以珏人及调孚夫人俱出,略坐便去。十一时半珏人等归,带有啤酒两瓶,遂留晓先同饭。饭后二时余偕晓先乘电车到北海后门购票入游,看九龙壁及铁影壁,徘徊于五龙亭、观音殿之间,未渡海子,即北岸仿膳厅前茶棚下啜茗,遇龙文及弘奕叔侄,龙文与余等共茶,奕则雇小舟自荡焉。至六时始与晓先、龙文、弘奕仍出后门乘电车,遇君立,同乘,龙文、弘奕至六条下,余与晓先在四牌楼下,君立则径往王府井也。余偕晓先步返寓所,云彬在,其他同寓之人亦多归来者。清、汉两家具酒肴,治包饺,邀同云彬、均正、调孚、联棠及芷、敫、润共饮啖,谈笑为乐,晓先夫人及方中俱至,因同饭。饭已与云彬纵谈,不觉至十一时送之出,晓先等已先行归去矣。少坐即寝。十二时后雨。

7月3日（五月十九日　己亥）星期一

平明雨，止旋晴，气尚较和。晨五时半起。七时早餐。八时乘三轮到店，出席小组讨论薪给问题。十二时饭。接廿八日沪信，盖发书稽延，而昨又值星期，耽阁也。函内共书四通：一，漱儿告体气复原；二，佩华禀告家中近事，附滋儿加注数语；三，淑儿书请仍在务本继读；四，纯葆写告潜归沪诸状，虽阅时稍久，犹得畅看一番也。饭后清儿示我别封漱与伊书，不啻一思想进步之报告，于对人对事看法俱能随理剖析，的见真际，不道弱女遂能前进至此，可为一抚掌矣。下午二时半又出席小组讨论会计制度。三时许接六月卅日滋儿发沪竹十七号，告检查身体后旧疾并无发展，漱儿正为伊助资补云，未及其他，唯望余等早归耳。四时许散会，六时归寓小饮。今夜店中尚有座谈会，仍谈薪给、会计两问题，余无兴参加，遂未往。九时许即偃卧将息，乃诸儿络绎笑语，直待十一时后始得入睡。

7月4日（五月二十日　庚子）星期二

晴，不甚朗，颇感闷热。晨六时半起。七时许早餐。八时乘公共汽车往八面槽出席小组参加学习，十时许乃毕。十二时饭。饭后归寓偃息。饭前曾写寄京竹十八号书与留沪诸儿及佩华，复上月廿八、卅两次来信也。午睡至二时即起。下午为讨论组织、会计、薪给三项，分三专组研商，余既非主席团又非小组长，专组中复未被指任，例得自由参加，不必定向会中报到，遂未出，就窗下看《醒世恒言》也。五时小饮，五时三刻乘三轮出，径诣八面槽，复偕士敩过五芳斋谈，顺啖烧卖一客。七时随众至孔德学校大礼堂参加京店同人联欢晚会,由学委会叶至善报告。此会为欢迎各地来京参会之同人并庆祝干会之完成,预贺业务委员会之成立云。接演游艺节目,有王葵英之空竹(扯铃)。宋蕙玲之踢毽子,侯宝林之相声,快手刘之戏法。(以上为京店同人何润林招来应景者。)同人自演之京剧两出,先为《武家坡》,何润林(同人)、张君懿(同业),中间插入杨占魁、马敬一之武术表演,(杨为何之师,年六十四,马为杨之师兄,年七十八,拳械工力俱佳,应何之邀请特来表演。)后为《打渔杀家》。(亦由何主演,李统汉、祝次文、曹文翰、张荫卿、刘连荣配之,其余赵曼生、王笑天、于强、田季儒、刘肯堂、李炳华,俱同业助兴者。)十时三刻终场,随众散出,已微雨,遂偕珏人、调孚夫妇、敫、清等各乘三轮返寓,润、琴亦在场,京剧开场前先返矣。十一时半就寝。十二时许雨益转益盛,达旦未休。

7 月 5 日 (五月廿一日　辛丑) 星期三

拦朝大雨,抵午方止,南中亦稀见也,气却大爽。晨六时半起。七时早餐。润儿雨中先出赴署,琴珠以体气不适,珏人属伊留寓休息。八时半雨尚未休,敫、清、芷、汉及同寓诸人先后俱出,余以干会大会未开,只举行小组学习,殊无亲往必要,况兼胡同泥泞有如酱缸,只索偷闲谢往,直抵午间静坐中,却看了四卷《醒世恒言》,勘破世情不少,正不须自招烦恼也。十二时三刻始饭。饭后偃息,睡至二时许始醒,续看《醒世恒言》。六时三刻清、汉归,言晚上七时须出席座谈会,请务往一莅焉,因匆匆晚餐,餐已便出,乘三轮径赴店中,人尚未齐,延至近八时始开会,谈组织大纲,雪山又生枝节,反覆哓哓,务申己意,即前已通过之条文亦多撼动,殊不可耐,激挠至十一时,方得勉终民主云云。在若辈实未梦见剽窃口头禅,终不能掩破绽也。乘三轮返寓，又值雨过，泥泞益甚，抵寓少休就卧，又十二时早过矣。

7月6日（五月廿二日　壬寅）星期四

晴热，午后三时起阵，风雷雨雹齐作，势甚猛，越时始霁。晨六时半起。七时早膳。八时乘公共汽车到店参加座谈会，十一时三刻始已。十二时午饭。下午三时请胡绳讲思想问题，五时始毕，适雨过，送之出。六时许彬然即至，有顷，力子、西谛、荫良、雪村陆续至，桢祥亦来，遂共饭，饭已觉农至。七时许即开董事会，报告干会经过后协商结果，圈定章士敆、顾均正、陆联棠为职工出席业务委员会之代表，并对雪村之离职亦有所决定也。十时许始散，因偕达君、诗圣乘三轮返寓，十一时半始睡。是日接三日滋儿来沪竹十八号，知家中近状尚安，致慰也。

7月7日（五月廿三日　癸卯）星期五

晴热。晨六时起。七时早餐，写信复滋儿未列号，即附琴代珏写书之后。八时半乘三轮入店，即携此书属龙文附出。十二时午饭。接潚儿四日来信，告近状。饭后与调孚、均正逛东安市场，为漱儿治印（昨已先为滋等刻印五方），一巡即返店。下午二时出席座谈会，谈组织、薪给、会计等尚顺利，至四时改开第五次大会，拍手通过各案，干会宣告完成，如火如荼之会只余尾声矣，然今后设施正复不易着手耳。六时乘三轮返寓，满子在，言其家庭琐状，竟与祖姑成隙，真至不幸事，力为劝喻，夜饭而后去。余与均正长谈。十时三刻就寝。

7 月 8 日 (五月廿四日甲辰　小暑) 星期六

晴热,有类伏暑,无风故。晨六时许起。七时早餐。八时出乘三轮到店。九时参加总结座谈,用点将法人人讲话,余大旨谓应变唯一条件为诚意,至放下包袱云云尚在其次也,十一时半暂休。十二时过五芳斋午饭。饭后往图章店取件未获,即返店。下午二时续开座谈会,四时三刻乃毕。五时许过萃华楼,在北院全体摄景即唤紫房子照相馆为之。六时即院中晚餐,凡三大席,各坐十三人,越半时便毕,与达君、瑞卿、诗圣、世泽径归寓所。入夜九时许即偃卧,然天热人嘈,仍至十一时后,始得入睡也。

7 月 9 日 (五月廿五日　乙巳) 星期

晴热。晨六时三刻起。七时早餐。午前未出,君立来访,谈移时去。十二时午饭。饭后少休即出,乘三轮径至八面槽,偕士敷过东安市场取图章,返店小坐。至二时半三联之邵公文,新华之薛迪昌、李宝光、韩志平,联合出版社之于强,联营书店之章士敏先后来,遂开座谈会,直至六时一刻始散,公文讲话最有力,闻者皆感动云。六时半偕洗人、雪山、达君、联棠、士敷、芷芬乘公共汽车到四西,同赴西谛之约,席间晤王天木、张葱玉、苏秉圻,饮至九时始散,复坐院中纳凉进瓜,近十时始辞出,仍乘公共汽车归寓。十一时濯身就寝,热难安枕,移时乃睡。

7 月 10 日 (五月廿六日　丙午) 星期一

晴热甚,静坐挥汗不止也,夜深雨。晨六时半起。七时许早餐,餐已即乘公共汽车到八面槽。有顷,偕洗人、雪山乘三轮先发赴东总布胡同出版总署,候同人到齐,即参加京津出版工作会议开幕礼,听愈之报告,八时半开始,十一时半乃毕。仍与洗人、雪山乘三轮先返店。场上晤季康、冰严,盖代表上海通俗读物联合出版社来署有所接洽者。十二时午饭。下午四时乘三轮到东四八条访圣陶,圣陶病痊出院已两日矣,余将摆脱公司一切行政事务专任编辑事告之,渠亦谓然,是水到渠成之候,宜可正式提出于董会,跳出此一旋涡乎。在圣陶所晤愈之及汝谦。七时胡、沈去,余仍留,即在彼夜饭且小饮焉。夜饭后与云彬、晓先纵谈,近十时辞归演乐胡同,濯身纳凉,移时始入室就卧,挥扇难寐,十二时后始入睡。午后接七日滋来沪竹十九号、湜十二号附焉,详告家中安妥状,惟亟盼余等归去。决定湜究否北来就学耳。公司业务委员会今晚召开谈话会,据士敫归报,十五日前必须正式成立,且大大有所更革云。来此不觉已两月馀,随日记写亦复盈册矣,倦游知归,自宜更端别记之。

7 月 11 日[①]（五月廿七日　丁未）星期二

竟日大雨,遂转凉。晨六时半起。七时早餐。知伊、纯嘉来谈,今日午后即行返沪矣。写信与洗人并转力子及董事会诸公,请解除董事、襄理、秘书处主任各职,专任编辑,备及时提出。十二时在寓小饮,饭后偃卧,二时半乃起。三时乘三轮雨中到店,适值知伊一行登车赴车站,未及照面,至憾。入店询悉去者为知伊、纯嘉、隆章、光仪、均一、锡光、沧祥七人,大约明后日俱有人成行耳。五

---

①底本为:"南归日记"。原注:"旅京两月馀,登临访旧,绰有余快。其间为润、琴完姻,为开明改组,皆足放笔直书资念,日后乃事竟物迁,浩然思归,七月廿一日脂车南辕,廿三日凌晨又抵上海北站矣,摩挲旧居,不胜低徊。"

时许与洗人小饮,六时半与汉儿各乘三轮返寓。接八日漱儿来信,详陈心情怀念京中亲属,令人感动,余不禁归思油然矣。夜饭后与均正、调孚谈。九时许即寝。

7 月 12 日（五月廿八日　戊申）星期三

阴雨终日,气凉如洗。晨六时起。七时早餐。八时三刻出乘三轮径到八面槽店中。坐次,即将所写解除行政职务信,面递洗人,洗人昨晚在八条,圣陶已告之,故早有准备矣。十二时午饭。饭后洗人邀达君、雪山、均正、士敩谈新组织人选,兼邀余住。余谢不置议,惟提出两大原则:既为分工专责,即不应左右兼跨;既为分层负责,即不应上下相越,经协襄理最好,不要兼领处主任云云。陈义并不高,而鄙夫之怀,决不能领解也,亦惟任之而已。四时半达君邀余及洗人在室中小酌,六时即乘车返寓。是日伯泉、景楷、孑如、达轩、士信、雨岩六人离京去沪。夜饭后偃卧看《醒世恒言》,十时半即寝。

7 月 13 日（五月廿九日　己酉）星期四

阴霾,时有细雨,大类江南之黄梅天。晨六时半起。七时许早餐。八时半出乘公共汽车到八面槽。十一时一刻偕洗人、雪舟、诗圣、世泽、士敩、芷芬、稚圃、联棠、龙文、瑞卿往城南访琉璃厂分店,约先到韩家潭悦芳和午饭然后赴南店,即在东安门大街共乘一路公共汽车抵前门,洗等再转六路车往虎坊桥径赴悦芳和。余偕芷芬过打磨厂王麻子买小洋刀,旋乘三轮径往韩家潭。竞先到,待洗等毕至,乃就坐肴馔,芳洁殊适南人之口,举座大欢,食毕已将二时,联袂步往琉璃厂,以路泞殊费力,到店小坐,余托秉钺在两明斋刻桐子母印五枚。有顷，共辞出，洗等偕返八面槽，余则与芷芬过杨梅竹斜街广益书局访季康、冰严，知在观音寺街新生旅社，乃踪迹得之，畅谈移时。三时半乘三轮返八面槽，五时半乘三轮返演乐胡同，在清儿所小饮。夜饭后光暄来访，与谈久之，近十时辞去。越半小时余亦就寝。接十一日滋来廿号信（附漱、湜、纯葆书）。

7月14日（五月三十日庚戌　初伏）星期五

阴，午后晴，又转闷热。晨六时起。七时许早餐。看《警世通言》。九时出，乘三轮到八面槽。看报知美帝军队在南朝鲜出丑，被歼俘在一营以上，战贩必欲一试，其奈士气不属何，虽然大战契机仍在，决不能漫焉不加警惕也。十二时午饭。饭后与士敫返寓，慰问必陶疾。必陶近以工作紧张，肺膈不舒，经透视，大有结核之徵，以是颇影响其心情耳。少坐返己卧室假寐，直至三时始起，只索留寓未出，仍看《警世通言》。亮晨、瑞卿、文涛今日去汉，五时开车。五时半小饮。六时半清等俱归，因共夜饭。八时许取汤就浴。九时三刻就寝。

7月15日（六月大建癸未　辛亥　朔）星期六

晴热，午前雨，夜有雷雨。晨五时三刻起。七时早餐。八时半乘三轮到店。明养、陶孙今日回南。十二时午饭。饭后返寓小休，锴等胡闹，殊可厌。小卧至三时起。六时半芷芬归，因共小饮。业务委员会今晚在店开成立会。七时三刻与珏人、清、汉等往北京剧院看歌舞剧，八时开演，殊无足观。九时许余即偕珏人先归，属润儿买西瓜啖之，然后濯身就寝，已十时三刻矣。

7 月 16 日（六月初二日　壬子）星期

　　晴热甚，夜尤绝风，殊苦。晨六时起。七时早餐。八时许珏人、汉儿、鉴孙往西安门大街答拜李统汉太太，约移时会于北海公园之漪澜堂。九时许余偕润儿、琴珠乘三轮赴之。以隔夜雨，园中若干路径泥泞甚，几致倾跌，到漪澜堂择坐啜茗，良久珏等始至，润琴汉、鉴雇小舟荡桨海子中，余与珏人凭栏观之。阅三刻始罢，十一时许巡行出园，途遇翼云、宾符、仲持、子芬等，匆匆立谈而别。乘三轮径归寓所，适洗人来访，必陶因留午饭，有顷，均正、调孚亦至，遂共饮焉。饭后偃卧，醒来已四时矣。与洗人、联棠、世泽、均正、调孚、芷芬闲谈，约明晨商谈当前公司进行事云，有顷各散。墨林、彬然来访必陶，余俱晤之，彬然少坐便行，墨林则留与共饮，夜饭后始去。达君归寓，因与纵谈。十时濯身就寝，以热，竟难入睡也。

7 月 17 日（六月初三日　癸丑）星期一

　　拦朝大雨，竟日未休，入夜尤绵延不绝，气闷，墙湿，殆甚于南方之霉天，亦可谓之奇遇矣。晨六时起。七时早餐。润儿冲雨入署，余以昨日洗人之约，在寓待之。间与达君、联棠、均正、调孚、芷芬、士猷闲谈，至十时许洗人、雪山、雪舟、至善来，乃邀诗圣、世泽俱集南屋商人位，余端坐听之，直等愁坐听雨耳。十二时雨中移饭（自八面槽移一席饭来）。就餐。餐后复谈至二时三刻散，余竟未出，偃卧看《警世通言》，略合眼少憩而已。六时晓先来访必陶，有顷其夫人亦至，乃过余长谈。夜饭后九时半始辞去。十时三刻就寝，雨湿难堪，颇兴回南之想耳。

7 月 18 日（六月初四日　甲寅）星期二

晴凉，入晚热。六时起。七时早餐。八时乘三轮到店参加第二组学习，推宝懋为组长，用艾思奇《社会发展史讲义》，约定轮任主席及纪录云，九时毕。十二时午饭。属秉钺代向两明斋刻治之铜印八枚，送到连匣计十七万六千元，较东安市场各家几减一半，京中市估，亦大相悬殊若此耶。下午六时半雪村、彬然来，西谛继至，力子旋到。七时许即在屋顶露天晚餐，八时许就屋内开董事会，通过组织大纲及业务委员会组织与会议简则。雪山亦提函谢事，于是村、山大逞机锋，颇有卷土压人之概，纠缠至十时半始散，人位犹未落局，洗人想罢额难眠矣。余自会出，乘三轮返寓，濯身就卧，已十一时许，胸中磊块不免，殊难自克。

7 月 19 日（六月初五日　乙卯）星期三

晴，尚爽，傍晚又雨，气复转闷。晨五时半起。七时早餐，餐已便行，乘三轮到店，七时半学习，久安主席，余纪录，讨论第一讲第一、二两节，九时一刻始毕。写信寄滋、湜，告即将南返，湜决定北来，俟到沪打发。十二时午饭。饭后无事，看人下棋，村竟日在三楼指画。傍晚六时余乘三轮返寓，渠犹未离八面槽也。人云俨已复辟，此语亦殊感别饶奇趣耳。七时晚饭啖菜肉包，少饮白兰地下之。夜九时半即寝。

7 月 20 日（六月初六日　丙辰）星期四

晴热，夜阵雨。晨五时半起。七时早餐。九时许与达君、联棠、芷芬出，各乘三轮到八面槽。有顷，约洗人同往景山万春亭啜茗。尹默所书明思宗殉国处已撤去,未审何故,岂皇帝不配殉国乎?在亭上周瞩九城远及郊坰,气象万千,洵非他处可及也。坐至十一时一刻下山出门,洗人往访力子,余等乃返店午饭。下午三时往东四八条访圣陶,以适值署中有事,未归饭,不之晤,仅与满子闲谈,移时折返寓。六时三刻夜饭,饭后与芷芬复往八条,访圣陶、墨林兼晤云彬、彬然、晓先,畅谈至十时一刻乃辞归。复与士敩、达君、均正、芷芬、联棠纵谈十二时始寝。

7 月 21 日(六月初七日　丁巳)星期五

晴热。晨五时半起。七时早餐。九时乘三轮到八面槽,知出版总署购车票信已向车站登记,至十一时询悉下午一时可购取,乃乘三轮返演乐胡同寓所告知珏人等。今日为元镇生日,午间合寓唉面并在中院之庭中摄影留念。食后部署行装讫,偃卧少休,三时起属珏人、卧云及清、汉等径发车站。余与调孚辞必陶等出,同过八面槽辞洗人等,知达君、均正、联棠为总署所留,须下一日行,乃临时退票,芷、敩等送余与调孚到车站,珏人、卧云、清、汉、润三儿、建昌、继文、至善俱在,少顷,即送余等四人登车,所购票为三等卧铺,余与珏人占十二号中下铺,调孚、卧云占十三号中下铺,两号上铺俱空,盖铺位票不能退去也。四时廿分开行,清等别去,不免依依耳。车过天津,迪康在东站候余,馈送苹果、虾米等物,谈十分,车开离去。七时在餐车进啤酒及客饭。八时许即支铺,以天热坐窗口纳凉,过济南后始就寝。

7 月 22 日(六月初八日　戊午)星期六

晴热。晨六时撤铺,已过泰安。七时廿四分到兖州,购西瓜剖食,珏人即以为餐,余等则饮茶啖干糇为粮,惮于上餐车也。十一时十七分到徐州,仍啖糇为午餐。一时另四分到符离集购烧小鸡六只,备携回送人之用。四时十七分到蚌埠,淮河大铁桥已修复,车即径之。近日豪雨,淮涨,自固镇以南直至明光路侧,田地多漂没,而以长淮卫临淮关一带尤惨,一片汪洋中,仅露屋脊烟突,轨道亦若沦巨浸中,下视水面,距轮仅尺许耳,为之心悸,然环顾车中,客都指画谈笑,无所动于中,又不免为之愤愤矣。八时五十分车抵浦口,时已垂黑,越十五分,分三段开入渡轮,十一时十二分毕渡,廿七分即自南京下关开出矣。在渡江之前,就餐车进啤酒客饭,故转入沪宁线后便支铺就卧,二时另五分过常州,五十分过无锡,三时三十七分到苏州,余等即起,在开行中整理行装,至黄渡,天大明矣。

7 月 23 日（六月初九日己未　大暑）星期

晴热,时有阵雨,仍类梅天。晨五时另八分,车抵北站月台,纯嘉、文权、潸、漱、滋、佩、湜、葆、顯、预俱在迎候,乃分携所带诸物,列队出站,道明在外守候,乘福特先送调孚、卧云,返永丰坊,然后长驱归霞飞坊家中,诸赖纯嘉照料,顺利到达,纤毫无失,殊可感也。到家后呼汤洗浴易衣,始得安坐。九时许榆生见访,盖渠近住亚尔培路联桂坊五号,适来看余,巧极,否则失晤矣。谈移时,君宙来访,榆生去。复长谈至十一时半乃辞去。今日滋儿生日,组青、文权、潸儿、顯、预、硕三孙、漱先、弥同、漱石、佩华、纯葆及滋、湜两儿午间进面,午后偃卧,群儿大嬉,一则喜余等之归,一则为滋儿祝,殊喧闹,初不知余之情绪,乃隐伤,大非昔比耳。六时夜饭,饭后漱石先去,权等继去,组青亦于八时许去,惟漱儿、弥同留与漱谈京沪两地情况,颇畅。十时各归寝,以积倦,未久即入睡。

7 月 24 日(六月初十日庚申 中伏)星期一

阴晴间作,有风。晨五时半起。七时半漱、滋、弥同乘三轮往
开明新村。九时半珏人、湜儿乘三轮往钱家致慰候并带北京土仪
去,将于返途顺过潛儿家午饭云。余本欲往福州路访予同,以有阵
雨,且知渠有文协等会,未必晤,遂罢,拟晚间至其家访之。写信两
通,一致洗人,一致在京诸儿女,告安抵情形,惟未出,只得留待明
日发寄。午小饮。饭后偃息,二时珏等归,滋儿亦以积倦请假归
休。四时许,珏、滋往江家访问,顺致叶家托带之物。五时许予同
来谈,即以京况告之,并送口蘑一匣,又关涉人事函件亦面交之,约
明日下午三时在衍福楼晤谈,移时辞去。六时半钱培之来访,答珏
人之释,并询房屋是否肯让云,有顷亦去。七时余小饮,珏、滋归,
遂共饭。饭后登楼听黄静芬播唱两挡,双杨、严雪亭各一档,久不
收听,亦殊解念,九时半即寝。

7 月 25 日(六月十一日 辛酉)星期二

阴晴间作,透风处殊见凉爽。晨五时三刻起。八时乘三轮到
衍福楼,时方学习,同仁邀余讲北行印象,为陈所见所感以厌之。
知胡、嘉将北上,即以湜儿相托,与之同行,余本拟一往怀夏楼亲言
之,以予同有约,免再跋涉,因书条属漱儿转告,竟未往。十一时农
祥来谈,十二时予同亦至,因共饭焉。下午与予同谈,三时予同行。
四时四十分余仍乘三轮径归。六时许滋儿归,乃开夜饭,余小饮。
纯葆上午归苏。夜饭后仍听书。十时始寝。

7 月 26 日（六月十二日　壬戌）星期三

晴热。晨五时半起。七时偕滋儿出，同乘廿四路电车到爱文义路西摩路转一路电车，径到永丰坊，虽时早，车尚不挤，然亦立至外白渡桥始得坐也。到怀夏楼晤调孚、锡光、伯恳、佳生、鞠侯、沛霖、祖璋、振甫、亦秀、艺农、亚南诸同仁，畅谈离悰，极快。下午衍福楼转来洗人廿三日所发快信，告室部人位已与愈之、西谛等商定，仍挽余任总管理处办公室主任，属速返京云。余虽不耐播弄，决然引归，今再纠缠，雅非所愿，且俟达君、均正归，晤详悉后再定行止。五时散班，偕艺农、亦秀、滋儿同乘电车循原路归，到家正六时也，少坐即便小饮。夜饭后仍听书至九时半乃寝。

7 月 27 日（六月十三日　癸亥）星期四

晴热。晨五时一刻起。九时半出乘电车至老北门，步往衍福楼，知予同曾来一转，竟未之晤。十一时许榆生来谈，移时去。渠在本市文物保管委员会任编纂，眼前可谓得所也。接稚圃廿四日信，谓有张家口蘑菇另邮寄沪云，此老周到之至。接愈之廿五日快信，劝余及调孚勿消极，且力促余北上任总管理处办公室主任云，友情可感也。下午二时写信先复洗人，允仍充原职以塞其望，惟即时北行，则须屏当再定，职务债权属人暂代，余思此信到京，又必有人引起无谓不快，叹其计之未售耳。四时半离店，仍行至老北门乘电车归。六时半同光来，因共小饮，半酣，守宪亦至，长谈至九时始辞去。同光即将返浦江，特承过存，可感也。客去，仍听书，十一时始寝。

7 月 28 日 (六月十四日　甲子) 星期五

晴热。晨五时即起。七时与珏人往四茹春吃面。返后为珏人写信与清、汉、润、琴诸儿，详告返沪后情形，并打点湜儿北行诸事，九时许出，携此函乘电车诣怀夏楼，漱、滋各附一信，即送惠民附出。十二时午饭于漱家，晤调孚、锡光，即复愈之信，并将洗人来信传示之，渠等亦劝应允之也。稚圃所寄张家口蘑菇递到，即复书谢之，兼托觅屋。五时散班，与滋儿乘车西行，六时到家，知钱氏亲家母来访珏人，托带多物携京云。六时半小饮。夜饭后往访均正家，询其季铨等是否与湜偕行，以胡嘉定卅一日动身，拟与之结伴同去也，乃均正夫人适去苏访戚，未之晤。八时后仍听书，十一时始寝。

7 月 29 日 (六月十五日　乙丑) 星期六

晴热，北风颇烈，傍晚阴翳，似有飓象。晨五时三刻起。均正夫人来谈，盖昨夜自苏归，知余过访，特来回话也，决先遣季铨等四人及一女佣先去云。七时廿分出乘电车到老北门步往衍福楼，盖预期予同于八时相晤也，坐甫定，曙先来访，有顷，守实亦来，九时许予同始至，共谈至十时许守实去，曙先仍留谈。季铨等同行事与锡光电话洽妥，一面致电均正告之，一面属纯嘉设法购票。十二时予同邀曙先及余过杏花楼小酌，二时仍返衍福楼。知伊、振甫接华震磬信，知元龙自院返乡，病日笃，刻仍拟赴苏入院求治，颇望有款济之云。知伊以此信见示，余与予同商量似前已支过二百万，已超月薪三个月，难于续支云云，拟俟知伊等出面代借或可通融耳。纯嘉来言车票短期定不到，已为预先登记，须八月十日始可得票云。现在旅行如此之难，殊感不快。均正处电报多发，而湜亦枉候多日

矣。雪舟已自津过宁来沪，惟未来见，不知又捣鬼如何也。三时许
予同、曙先去。四时半余亦离店乘三轮以归。将到家，值微雨，惟
未几即止。六时滋儿归，漱儿同来，因共夜饭，余仍小饮。湜儿心
急，拟卅一日不用卧铺，单身乘三等座车先行，余嘉其勇，许后日再
另托纯嘉设法。夜饭后漱、滋、湜、佩同往兰心看话剧，余与珏人在
家收听弹词。十时滋、佩、湜归，漱已径返新村矣。十一时寝。

7 月 30 日(六月十六日　丙寅)星期

　　晴热。晨五时即起。畏暑未出。十时许榆生见过，长谈至十
一时三刻乃去。十二时半午饭，饭后漱儿挈弥同来。余偃卧，铭青
至，又起与谈，至三时去，复卧入睡片响，四时半起。六时小饮。夜
饭后文权、潜儿、硕孙来，九时半权等去，漱、弥均留住焉。濯身听
书，十时半即寝。

7 月 31 日(六月十七日　丁卯)星期一

　　时露阳光，时有阵雨，北风颇厉，殊闷热，大有秋来景象矣。晨
五时即起。八时半出，晶晶日照，乘电车到老北门下车，已有细雨，
行不数步，大雨立至，倚立中汇大厦东壁下暂避，时延安东路(爱多
亚路)正有游行，以雨纷纷散队，来集墙下，几难容足，爰高价雇三
轮到衍福楼，比及门，日又出矣。登楼晤予同，有顷，雪舟亦至，相
与闲谈，窗外时晴时雨也。十一时接静芷信，知今晨由京抵沪，暂
寓外滩汇中饭店三○五号，带到洗人廿九日信及业务委员会致余
及调孚信，附到会中通过之部科级负责干部名单，属及早北去就任
新职云，仍挽余任总管理处办公室主任，调孚则任生产部副主任，
芷芬将转新华书店总管理处，单上已无其名矣。十二时午饭。饭

后一时半乘雨隙雇人力车赴怀夏楼,晤锡光、调孚,以静芷携来函件示之,当即电话致静芷,约过谈,乃已他出,遂写信送去,请择期电示,再往谈云。五时散班,与亦秀、滋儿同乘电车西行,至陕西北路分途,余等到家,幸未值雨也。接廿九日清、汉来信,复告近况,并知西谛为余事曾当众开炮,大发说论云,芷芬则静待交代即往新华报到矣。六时即小饮,夜饭后滋儿复出参加团小组,十时始返。余濯身就卧,听书为乐,十一时乃入睡,窗外月色时姣,大雨时作,达旦犹有雨声也。

8 月 1 日(六月十八日　戊辰)星期二

阴雨。今日为中共建军廿三年纪念日,各地均有盛大游行示威,上海尤隆重,三日前即分头组织队伍,凌晨在跑马场集合分途出发。中区各地上午均断绝交通兼之绵雨,遂未得出。写信复在京诸儿并复洗人廿九信,附滋儿信去。午间在家小饮。一时半与湜儿偕出,乘三轮车往衍福楼。初抵里口,已见雨,及登楼,粒雨打窗矣。有顷雨止,予同来。三时许静芷电话来,谓日内正忙,有暇即来访云。四时半余辞予同,偕湜儿出,步至老北门乘电车归。组青在,六时滋儿归,因共饮同餐焉。湜儿明日可成行,纯嘉已为购票矣。从前存薪已结出,除前支三百卅万外,尚找得三百四十余万也。南北播迁,或可稍资挹注乎?夜饭前后雷电交作,大雨时注,九时许稍止,组青去,余亦就寝。店中接电报知达君、诗圣、世泽卅一日行,是明晨必可抵沪矣。

8 月 2 日(六月十九日　己巳)星期三

晴热。晨五时即起,有顷,纯嘉、道明至,盖甫自车站接送达君等来,顺接湜儿行李送新村待发也,谈至七时,余及滋儿偕登同行,余到衍福楼,滋等则径赴新村漱儿所暂顿。午饭后达君来,备告北京村、山等等无状,叹恨久之。三时许世泽来,带到卅一日清儿手禀告,京中房屋奇贵,连日奔走,唯店中仅租得十四间耳,是余之愿望或虚矣。四时半离店,乘道明便车返家。六时后小饮。夜饭后听书。八时半滋儿归,告已送湜儿上三等坐车。诸事妥贴矣。湜儿初次远行,既无人作伴,又未得卧铺,枯坐两宵,殊放心不下也。十时就寝,寝前胡佳生来谈。

8月3日（六月二十日　庚午）星期四

晴热,午前后时有阵雨。晨五时起。八时乘三轮到衍福楼。佳生来辞行,明日行矣。予同未到,午后调孚来谈,即赴会去。接洗人卅一日及一日两书,属发布职务名单并促及早莅京,与达君商后即复之。接润儿一日书,因复之并及在京诸儿女,告此间房屋当可出脱,如遇相巧之屋可即赁下。诗圣到衍福楼晤谈。四时半离店,仍乘三轮返家。六时滋儿归,因共夜饭,余小饮焉。饭后潜儿来省,九时后去。余以倦即卧,潜去未之知,并忘濯身矣。一瞑觉来,已十二时半,反覆思念湜儿,转不能寐。

8月4日（六月廿一日　辛未）星期五

晴热,时有欲雨之象。晨五时起。八时出乘三轮到衍福楼。颉刚来谈,为联棠事颇纠缠,余仍劝其婉约行之,移时去。锡光、调孚、祖璋自怀夏楼来,与达君、予同及余共商同人北迁办法,以洗人有书属酌调,即由余择定也。及午,锡光等去。接当日八时北京电,知湜儿已安到,极慰,即作书谕在京诸儿告慰,并补昨函之不及。午饭后荫良来谈,知十日又须北行矣。渠为转工业部,所拉益甚感苦也。函告时仪,联棠已返穗,如有接洽可径往访之。四时半乘三轮南归。六时滋儿归。即开饭,余仍小饮。夜饭后少坐即就卧,以啖瓜稍多,中夜起如厕,腹鸣不舒云。

8 月 5 日(六月廿二日　壬申)星期六

晴热。晨五时起。七时滋儿先行,径如怀夏楼。余与珏人八时半出,共乘三轮,亦赴怀夏楼,濬则过访卧云兼存漱家。十二时余过漱所饭,会珏人,而濬儿、顯孙俱在。饭次谈悉翼之父子又告失业,殊为扼腕。轶程来谈,移时乃去。下午四时偕珏人先归,仍乘三轮,到家已五时许矣。韵锵今日出院,在新村晤之,虽经大创,体气尚不大亏,劝其多多摄养,且缓从业也。六时夜饭。夜饭后顯孙来请,明午其家邀余等往饭焉,少坐,复剖瓜享之,八时半归去。九时半漱、滋、佩联袂归,盖在国际看电影,以是迟迟也。十时就寝。午后接芷芬三日书,知已购定小雅宝胡同五十一号屋一所,计地四分,有屋十三间半云。如何处理,却大费周章矣。

8 月 6 日(六月廿三日　癸酉)星期

晴热。晨五时许起。九时许漱石偕阿菊来,十一时与漱、滋、佩、菊、弥同等应濬招往饭其家,余与珏人同乘先发,十二时小饮焉。叔道自甬来沪,佩华往谒,请来家便饭,乃以即将赴锡不果,转邀余等往其戚叶家小酌,定明晚晤之。下午二时三刻与珏乘三轮先返,以被汗,故濯身偃卧,幸无客至,四时始起,漱、滋、佩、弥同亦旋归。漱石、阿菊则径去矣。六时夜饭。饭后漱、弥归去,余即听书至十时三刻始睡。滋、佩夜谒叔道于其戚家。

8月7日（六月廿四日　甲戌）星期一

晴暖。晨五时起。八时出乘三轮径赴衍福楼。十一时许孙彦衡来访，欲与开明往来代售书籍。彦衡名鉴，为伯南师之嗣子，从未见过，经谈始悉，余为介达轩与谈，或可如其愿向乎？下午一时，调孚、锡光来衍福楼，谓静芷即将至，因约达君、予同共候一谈。有顷，果来，谈至近三时乃，去并约择期再行来店座谈一次云。接洗人五日函催同人北上，并属拟上海办事处简则。当时与达、予、调、锡诸人商决，即先通知祖璋、沛霖、振甫、郑缤、伯恳、巴溥、应治、鞠侯、艺农、其赅十人，请准备成行。五时下班，即乘三轮归。六时文权、潘儿来，遂偕同珏人及权、潘、滋、佩步往陕西路公寓宋家，应叔道之招。晤叶氏维精母子，七时半开饮，近十时始辞归。权、潘径去，余等仍步返。浴身就卧，已十一时矣。

8月8日（六月廿五日乙亥　立秋）星期二

晴热终宵，浴汗，不图秋至乃转剧暑也。晨六时起。写信复洗人并寄在京诸儿女，促湜儿来信。八时半出乘三轮到衍福楼。九时半出席人事委员会，了清积案并宣告结束，即将案卷等件移交人事科。发布科级负责名单并致函在留各人，约于下午三时在衍福楼会谈。十二时午饭，饭后与亚平谈。三时祖璋、锡光、陶孙、均一、纯嘉、诗圣、世泽、知伊、通如、子如毕集，余及予同、达君莅焉，商定北迁人员旅费、房舍等办法，五时一刻始散，仍乘三轮径归。到家，接五日芷芬函，知京屋已成交八成，房价付讫矣。并附汉与滋信及清与佩信。六时小饮。夜饭后珏人偕滋儿往伯恒家，晤仰之、培之昆季，托让屋，阅时返，谓日内有回音云。十时就卧，汗淋难贴席也,殊苦。

8 月 9 日（六月廿六日　丙子）星期三

晴热,午后雷阵大雨,移时复晴,暑仍不减。晨六时起。均正
夫人见过,告明日将挈诸孩先发北行矣。八时出乘三轮往衍福楼。
予同未至沪处,临时名单无从决定也。沛霖决先遣一儿与均正夫
人偕行,为借款一事又使人为难。元龙病危,其父震磬先生年七十
矣,仅恃此子来衍福楼看余,垂泪相对失声者,屡勉劝慰之,许帮忙
善后而去。饭后雨中写信寄芷、敔等,复慰芷芬兼示京屋接收分配
诸事。四时三刻出衍福楼,乘三轮返淮海中路一带,平地又水深没
胫矣。车涉之水花四溅,行人殊恼也。六时滋儿归,因共夜饭,余
且小饮。夜饭后珏人偕滋儿过均正家,与其夫人话别,八时许乃
归。湜儿五日信寄到家中,告沿途情形并报考诸事。余偃卧听书,
不觉入睡,谅积倦所袭,遂尔委颓乎?

8 月 10 日（六月廿七日　丁丑）星期四

晴热。晨五时半起。八时出乘三轮往衍福楼。调孚见告,静
芷明日上午当来店讲话,并云沛霖搬家为难颇周章。因与达君、予
同商量约调孚饭后来谈,由锡光、调孚传言勉为解决,即写详信与
洗人,托均正夫人带去。均正夫人今日下午七时即动身赴京也。
午后发布总管理处驻沪办事处临时办法并组织名单,即与达君、予
同邀单列同仁恳谈,俾各人了解经过云。四时半乘三轮返,翼之
在,因与长谈,六时共饮,夜饭后八时乃去。余濯身小卧,不久入
睡。漱儿来,即住焉。

8月11日（六月廿八日　戊寅）星期五

晴热，终夜浴汗。晨五时起。七时偕漱儿乘三轮赴衍福楼，有顷，滋儿亦乘电车至，同人齐集。八时锡光、调孚同静芷来，余为主席，即请静芷讲话，历一小时许毕。亲切恳挚，同人颇有感动者。话罢，复与略谈，即辞去，今日下午即北返矣。陶孙今日亦成行。祖璋为北行旅贴事不甚了了，颇滋纠纷。鞠侯情形与沛霖同，当属予同一与恳谈也。饭后予同至，谓已晤及，问题亦并不易解耳。四时半出乘三轮返，六时小饮。夜饭后潨儿来，九时去，余即寝，然浴汗难入睡也。秋热中人殊不适，亦恐蒸损田禾耳，颇耽忧。

8月12日（六月廿九日　己卯）星期六

晴热依旧，终宵被汗，难睡也。晨六时起。八时出乘三轮赴衍福楼。元龙之堂弟持震馨信来，谓元龙将不起，仍请公司再借二百万应急云云。此事实为难之至，爰与达君、予同商议，即以三人名义措五十万送去。复告公司格于通例，已无法续商矣。盖自起病以来，病假津贴照支外，已支过四百万，同人救济亦已再度鸠集，竟难开口也。午饭后接湜十日与滋、佩信，知已考取大同中学，汉附言属珏人对霞屋勿过廉让人，致失去京屋平衡云云。言甚切至，无如此间情况，一时亦正难觅得顾主也。五时下班，乘道明便车返。六时小饮，西和之四弟来谈，谓其三兄要屋，余允之，属其出价再商，移时去。夜饭后珏人、佩华往视潨家，九时始返。余濯身就卧，喘热难当，即听书亦无兴耳。

8 月 13 日（六月三十日庚辰　末伏）星期

晴热,时有黑阵,惟未得大雨。晨六时起,竟日未出。上午十时半君宙见过,长谈及午乃去。饭后偃卧听书,四时始起。六时小饮。夜饭后西和之三弟来回话,以友人无力为辞,房屋事遂阁置矣。此事颇烦心,急切实难安排妥帖也。作书与洗人,告此间近状,并附书与在京诸儿女告房子难出脱事。滋、佩各有一信附入,备明晨到衍福楼即发。夜仍听书,十时濯身就卧,十一时入睡。

8 月 14 日（七月小建甲申　辛巳　朔）星期一

晴热,入夜尤闷,盼雨矣。晨六时起。八时出乘三轮赴衍福楼。予同竟日未出。接十日润儿书,知征集科已于九日正式自计划处移并于图书馆,并告清儿之意颇欲与余合住云。接九日士斀书,告诸事待展开,望余等从速北行。接十一日洗人书,续调七人并促单身同人最好委屈将就,不必坐待寝车。当俟明日晤予同后,并约调孚诸人一商再发布。接十日佳生书,告安抵北京。发致觉、聿修信,一汇稿费,一告行踪也。四时三刻离衍福楼,乘三轮径归。六时小饮。夜饭后濯身听书,十一时毕,浴汗难寐,竟夕不能安睡也。

8 月 15 日（七月初二日　壬午）星期二

晴热,苦闷,午后有雷阵,未得畅雨,仍还热,入夜尤甚。晨五时半起。八时半与珏人偕行出乘三轮,先送至漕家,然后赴衍福楼。予同已先在,有顷,达君至,调孚、锡光亦至,乃召集诗圣、惠民共商,奉命调派人员及安排交接诸事。午后先由诗圣复士斀,余将于明晨发付讫,再写信分复之。四时三刻乘雨隙坐三轮遄返。陈西和之三弟来见,谓有人需屋询价待商,余与约定一数,俟明后日看屋再定云。六时滋归共饭,余仍小饮。夜饭后畏热偃卧,播音亦惮听也。数起濯身,殊无好眠。

8 月 16 日（七月初三日　癸未）星期三

晴热犹昨,殊不见凉。晨六时起。八时出乘三轮赴衍福楼。发布续调七人北去,并召集大凡、光仪等谈话。午前东华电话见邀,约明晚饭其家,兼招予同、调孚,即属余转达云。下午调孚来衍福楼,各写详信分致洗人、均正、士畋,告此间情况,用快递发出,冀今晚通车可带出也。四时许震磬又来云,即日载元龙返乡,盘川之资无出,仍由达君、予同及余凑五十万,知伊、振甫凑卅万,适芷芬划廿万来,遂并一整数与之。五时下班,仍乘三轮返,漱石挈弥同在,须小住数天,因共夜饭。房屋颇有人来看,俱无决定。孙家寄顿之物今夜已来取去。八时即濯身就寝。浞儿有信来（十二夜写、十三日发）,告大同已取,正待再考育英云。

8 月 17 日（七月初四日　甲申）星期四

晴,蒸热,下午颇有飓象,迄无少变。晨六时起。八时出乘三轮到福州路。写信复浞儿,并分寄汉及润、琴,滋亦附信复浞。接十四日洗人信,谓屋尚须待腾空及修葺,颇望携眷,同人暂缓成行云。此间号召北迁煞费周章,今若以此相诏,是自毁前言矣。只得婉转传述而已。元龙本言返乡,乃忽以妇有分娩之象,不克成行,电话来商,欲于新村指拨较大之屋容其做产,余实无法应付,只能回绝。渠家固遭不幸,而枝节横生,开明亦为之焦头烂额矣,奈何。

午前东华来访,长谈移时,亲邀而去。下午五时余偕予同乘三轮往应东华之招,有顷,子敦、幼芝、纪堂陆续至,七时许开饮,九时始散。步返霞飞坊,已九时三刻矣。仍听静芬播唱,十时半乃濯身就寝。

8 月 18 日（七月初五日　乙酉）星期五

昙热,傍晚有阵雨未透。晨五时许即起。八时半出乘三轮赴衍福楼。接十五日洗人书,知新开路屋已购定,惟须四五十天后始可用云。下午书复洗人。四时一刻离店,乘三轮遄返,行抵新邑庙前,大雨立至,忽张篷掩蔽,裳履皆濡矣,及过思南路,绝无雨,地犹燥,行人不知雨也。比到家,家人亦讶之,是夏雨隔块田之说,信然哉。六时小饮,漱、滋偕归。夜饭后濯身就卧,听静芬播唱,浴汗难任久听也。十时半寝。

8 月 19 日（七月初六日　丙戌）星期六

昙闷,午后阵雨时作,入晚稍凉。晨五时半起。七时纯嘉来,有顷,荣发之子送板箱至,先做样子备装运书籍者,谈至八时三刻同乘三轮赴衍福楼。杂事坌集而予同上午未到,只得代决之。下午四时五十分出,仍乘三轮返。六时许漱、滋俱归,小饮共饭。夜饭后濯身偃卧,以新凉易睡,静芬播唱竟未之听也,十一时醒,未久仍入睡。

8 月 20 日（七月初七日　丁亥）星期

晴热。晨六时起。今日汉儿三十初度,为治面,邀濬、漱两家共餐焉。午刻有粤人黄姓来看屋,讲有八分把握,约明晨十时来付定,乃下午来,复以过户困难见却矣,此事至为廑虑急切,真难处置也。二时本有谷城之约,须赴海光图书馆开新史学研究会,以天暑路远,惮于跋涉,竟未往。六时权、瀿来,共饮,进面。八时,二漱及弥同归去。九时许权、瀿亦去。余仍听书,至十一时濯身就睡。

8月21日(七月初八日　戊子)星期一

晴热如蒸,夜深始有阵雨,然仍终宵浴汗也。迩年以来,气候大变,直觉只有冬夏而无春秋,奇哉! 晨五时半起。八时半出乘三轮赴衍福楼。为均正支款交淑铨并写信详询京况。接十八日琴珠来信,告身体已渐复原,并告润儿近日工作情绪尚佳,惟忙迫异常,时开夜工及星期工云。下午三时许锡光来衍福楼商谈,以接洗人书,属即赴京一行,询行否也。余等皆劝渠即行,俾行政评薪及基层组织先可着手焉。四时五十分乘三轮返。六时小饮。夜饭毕濯身偃卧,听书以逭秋暑,近十时大雨,滋儿方归,盖团中有会,延迟乃尔也。出十七日北京附信呈余,一为清上余者,一为清与滋、佩者,一为汉与漱者。知芷芬已于十四日正式到新华总管理处办事矣,顺告湜况并及小雅宝胡同房屋云。十一时就寝。

8月22日(七月初九日　己丑)星期二

晴热依然,下午三时许阵雨,夜七时又雨,终夜不见星。晨五时半起。八时一刻偕珏人出,共乘三轮过同孚路,珏到瀿家,余则径往南京路、浙江路下车,即在沈大成进点,计炒肉团子一枚、鳝拌面一碗,需费五千二百元,盖小帐加二,此风迄未少戢耳。食已,步往衍福楼,汗沈衫裳矣。陈逸人来访,廿年不见矣。接十九日洗人函,有所指示,拟与予同、达君商后再复之。饭后增祺来谈。一时三刻乘三轮到仙乐书场,盖珏人与濬儿先已买票,约在彼处听书也。至则韩似良之《水浒》已将终场,继为杨振雄之《太真外传》、严雪亭之《杨乃武》、张鸿声之《英烈》、黄静芬之《倭袍》,最后为姚荫梅之《啼笑姻缘》。外边下雨,竟未之觉,五时乃先退出,仍与珏人乘三轮归。珏人近以眼目不甚清晰,今日由濬陪往孙镜阳眼科诊治,不免江湖气,亦只得存而不论耳。六时小饮,又有人引人来看屋,至为厌憎也。夜饭后濯身就卧,九时即入睡。

8 月 23 日（七月初十日　庚寅）星期三

阴,午后时雨时止,入夜自凉。晨五时许即起。八时出乘三轮赴衍福楼。写信复洗人、又复清、汉兼及在京诸儿女,托沛霖带去,盖今晚渠挈眷成行也。闻长江轮渡有阻,须别船过江始达浦口,因电宁店派人在渡口协助。此次破坏必出匪特之手,是诚可恶,当事者之疏于防范,亦不得辞其咎也。下午予同即行。四时四十分乘三轮归。六时小饮。夜饭后濯身偃卧,同样听书,与昨前迥乎不侔,快然有凉感矣。十时半睡。

8 月 24 日（七月十一日辛卯　处暑）星期四

晴,较前昨大和,入夜凉。晨五时半起。七时与滋儿出,偕乘电车到怀夏楼,以锡光今晚即北行,有若干事须与洽谈也。有顷,达君亦至,谈至十一时达君先行。午后得均正致调孚书,知锡光亦须出席全国出版会议,当多留京中二十天,只索料理手边各事,须廿八日与均正之子女得行矣。三时接洗人廿二日书,言京屋腾空难,同人眷属安排极不易,并告锡光出席会议事。四时半偕漱儿乘三轮返,伯恒夫人来访珏人,兼邀往饭,移时去。六时小饮,组青来,因共饭。朱姓又介徐姓来看屋,居然拍落,当场即付定二千五百个单位,约明日办过户手续云。九时许组青、漱儿辞去。十时半就寝。

8 月 25 日(七月十二日　壬辰)星期五

晴热,午前后雨。晨五时半起。八时半出乘三轮,径赴衍福楼。寄复洗人廿二日信。十一时滋儿来,取款即返,将会同徐姓办过户,至下午四时佩华电告已办理妥贴矣。五时离店,乘三轮归。六时小饮,朱姓偕姚姓来,请求贴费,此等处若辈必然之举,余为出一百单位与之。《开明通讯》第一期送到。十时就寝。

8 月 26 日(七月十三日　癸巳)星期六

阴,早中竟雨,延绵遂尔终日夕也,气乃大凉,积日炎威扫地尽矣。晨五时即起。七时半出,留滋儿在家照料书籍装箱,余即乘三轮赴衍福楼。写信告在京诸儿女霞屋已定局诸事,发出后即接廿四日清儿来书,告湜儿育英已取,惟检查体格肺部不强,须照 X 光决定,如不严重,仍可入学云。是又一疙瘩也。并告业熊一家由赣入京需费浩大,筹措煞费心力,更感为难。下午四时一刻乘三轮归,纯嘉正暂同华坤、晋元在装箱,先由老虎车车出十二箱,馀六箱,须明后日始再运,忙碌至七时半始毕,殊铭劳照也,因具酒食与之同饭,饭后纯嘉等辞去,余亦疲乏欲眠矣,九时半即寝。

8 月 27 日(七月十四日　甲午)星期

阴霾,偶有雨,仍凉。晨六时起,竟日未出,而人来者多,纷纭杂沓,殊感烦苦。八时车夫来,续将书及大镜六大箱车去新村集中备发运。十时许徐一芝偕姚姓、王姓、曹姓来谈家具让与,出价奇苛而缠绕多时,未之允。十一时半翼之来,因共饭,小饮。饭后滋、佩出看电影。二时翼之辞去,甫送至门而铭青、德锜至,遂折回长谈,珏人则为家具事又与朱姓交涉。四时许翼之、铭青、德锜偕去。五时漱石来,六时共饭,余仍小饮。七时伯衡夫人来,坚邀三十日全家过饮其家,谈至八时半辞去,九时偃卧听书。十时半就寝。

8 月 28 日(七月十五日　乙未)星期一

晴凉,晨阴。晨五时半起。八时出乘三轮到衍福楼。锡光来辞,下午二时行矣。诗圣明日行,亦来告辞。接廿五日洗人、汉华各一书,即写复托锡光携去。下午四时五十分乘三轮返,葆贞在,盖昨日自苏来沪,珏人特函召来会者,询悉苏地各情,诸戚均好也。且小住数日,俾与珏话别。徐姓日间曾来,余未晤,因未见,若何解答也。六时小饮。夜饭后农祥、亦秀夫妇来访,谈至九时许辞去。十时就寝。

8 月 29 日(七月十六日　丙申)星期二

晴爽,微热。晨五时半起。理书桌。八时半出乘三轮赴衍福楼。诗圣、世泽、永清、竹君今日下午行。五时一刻漱、滋二儿来衍福楼,同步至牯岭路铭青家应饯行宴,晤翼之、继高。七时开饮,九时始散归。珏人感冒发热,德锜往接,未能行,遂未到。归后知徐姓又来,以未晤仍无交代。十时半就寝。

8 月 30 日(七月十七日　丁酉)星期三

晴,微阴,早晚凉,午仍热。晨五时许起。八时许出乘三轮赴

衍福楼。无事可办,枯坐而已。托纯嘉定车票拟于九月十日左右
北行。下午五时下班,坐待滋儿之来。阅三刻始至,乃同乘三轮往
北京西路晋福里三号钱伯衡亲翁家。至则珏人、潴华、文权、佩华
已先在,嗣后达君夫妇、农祥夫妇络绎来,七时许开饮,馐丰酒醇,
不免多饮,饮后复谈至十时许始辞归,竟醉矣。归后即寝,幸未
呕吐。

8 月 31 日(七月十八日　戊戌)星期四

晨阴,旋有雨即止,近午晴。六时起,仍觉酒意之重。八时
半乘三轮往衍福楼。聿修见过,以致觉译事敦托,殊感关心。五
良电话谓来访我,迄未至。下午四时剑三来访,多年不见,又增
老矣,近以出席华东区会议自济南来沪(渠任职山东省府文教
厅),谈久之,健吾师陆来,剑三遂偕之去,有顷调孚来,一转即
去。予同未到,剑三问及而未之晓也。五时乘三轮归。六时小
饮。夜饭后徐姓来续付款,约九月六日先迁入一部分眷口来云。
十时就寝。

9 月 1 日(七月十九日　己亥)星期五

晴,又转炎热,早晚蝉噪,如伏暑矣。晨五时半起。八时出乘
三轮赴衍福楼。予同仍未到。五良来访,大发牢骚。颉刚见访,属
署名堀尾向苏南行署争回提去苏州图书馆善本事。此稿由起潜属
草,汪旭初领衔云。剑三约今午来衍福楼共饭,因留颉刚与此。十
一时三刻调孚来,十二时一刻剑三来,遂与达君、颉刚、调孚、剑三
过杏花楼小饮,谈至二时半始散,余仍返衍福楼。四时五十分乘三
轮归。六时小饮。夜饭后朱、姚二姓续来访,将徐氏尾款缴清,但

票期迟至十一日云。伊等去后,呼汤濯身,感热难眠,又终宵浴汗也。

9 月 2 日（七月二十日　庚子）星期六

晴热,午后昙,傍晚微雨即止。晨五时三刻起。八时出乘三轮往衍福楼。予同来谈及昨五良事,又知北迁之计,实出夫己氏之诡谋。一方迎合政策,一方即实施借刀杀人也。人心险毒至此,尚堪设想否? 五良之牢骚非无因矣。下午四时半乘三轮遄返,仅值细雨。五时半文权、潘儿偕来,因共小饮,六时滋儿归,询悉漱儿今日不来矣。八时三刻权、潘去,余亦濯身就卧。上午在衍福楼写信寄在京诸儿,告此间准备就绪及行期确定诸项。近午接芷芬三十日书,附湜儿卅一日书,知湜已缴费入学,育英方面通过不必休学一月云。小雅宝屋亢氏十日左右可出清。至清、汉南来一节,以种种关系拟作罢矣。余即再书一纸,附号信寄去,属止行。

9 月 3 日（七月廿一日　辛丑）星期

拂晓雷电交作,大雨倾盆,移时始止,七时又呆呆日出矣。晨六时起。淑侄来,交成绩总结报告,取应缴各费去。九时理柜,将书案抽屉内物及岸上诸物,尽数纳入新购之樟木箱中,由滋、佩归聚,移时始毕。十时半徐姓又偕姚、王两姓来,谈于付款事有所争占,余明知若辈伎俩,慨然应付之。十一时半与珏人、滋、佩分乘三轮往潘所,盖约请葆贞午饭,邀余等同与也。葆贞昨住组青所,今午径往余焉。漱儿亦至。午后二时漱儿奉珏人往茂昌配置眼镜,佩华与昌顯出购物,余则与滋儿、葆贞步返霞飞坊,四时许,珏等皆归。六时晚饭,饭后漱儿归去,滋等整治行囊,余以力倦即寝。

9 月 4 日（七月廿二日　壬寅）星期一

阴，早中雨。（午后略止，傍晚转甚，入夜雷雨。）晨六时起。
葆贞偕滋儿往新村滋儿所。余八时乘三轮到衍福楼。雨岩、趾华、
芳娟、光仪、大凡、国维、裕康及陶孙夫人今日北行，遂写两信托趾
华带京，一致洗人，一与在京诸儿，告十四日必行及两地准备各项。
达君今日亦乘车赴穗，如耽阁稍久，将偕同联棠由穗径发，转汉入
京云。予同下午始至。接一日洗人书，仍以房屋住眷难安顿为言，
但去者车位俱已定妥，殊难变更，只得到时将就矣。五时下班，值
大雨，雇三轮送归，费五千元，较平时加一倍半。沪人乘机要利之
术，真无孔不入也，一笑。六时滋儿雨中归，知葆贞留住新村矣。
小饮后登楼，坐雨，看窗外雷电交作也，九时就寝。三楼已腾空，今
日徐家派匠来葺理。

9 月 5 日（七月廿三日　癸卯）星期二

晴，不甚朗，午后微阴，北风颇烈，夜半大雨达旦未休，气转
凉。晨六时起。八时半出乘车赴衍福楼，以隔夜积潦，电车停
驶，余车涉水而过，宛如行舟矣。亟欲北行而车位必须迟至旬
后，至感焦急也。饭后，与予同畅谈治史诸事，深叹今后谈者日
稀矣。四时三刻乘三轮返，积潦已退去。到家，见葆贞，知方自
新村来，夜饭后即辞去，住组青家，明晨乘早车回苏也。九时许
徐家大女率佣妇二人来打扫，盖明日上午九时须先进屋也。十
时就寝。家中接清儿三日信，告不能南来迎取之故，并告湜已入
学上课矣。

9 月 6 日（七月廿四日　甲辰）星期三

拦朝大雨,绵延不休。晨六时起。八时许徐家匠人即来续修,据云九时其主人即须进屋,户口已报出云,即留滋儿在家照料。余八时三刻冒雨乘三轮往四马路。等衍福楼,予同已先在。写信复清儿,附致洗人一缄,午前送邮,俾今日通车,可收寄也。午后予同去复旦。写信致调孚,为滋儿告假。严大凡之父慧剑书来托照管,具征舐犊之深,即复书慰之。四时三刻乘三轮返,徐家眷属已于午前进屋,堂中绛蜡高烧,糕馒分堆,完然旧式,亦一趣也。连送搬场者在内,近二十许人,老稚杂沓,余只得退避二楼矣。及登楼,翼之、文权、瀋儿俱在,因草草合饭,略饮菜豆烧酒,聊解雨寒。夜饭后翼之先去,权、瀋九时始去。缘瀋儿帮同,珏人为余翻好一丝绵小袄也。十时就寝,原住三楼之人皆并入二楼,滋住亭子间,佩华、阿凤则在余房中设地铺耳,形同逃难,盖感车期之遥远,为可恼也。

9 月 7 日（七月廿五日　乙巳）星期四

阴雨。晨六时起。滋儿仍留家为徐氏报进户口。八时乘三轮赴衍福楼,写信与漱儿转三日清函,并附款卅万元,属周迪贵代购药,清所托办者也。予同上午未至,午后来传述绍虞之言,拟为余饯行云。友情可感,只是抱愧负疚耳。四时许漱儿来衍福楼,越三刻,与偕乘三轮返。徐家初搬,凌乱之象已渐好,余等处二楼,亦可暂安也。瀋儿在,因共夜饭。九时许瀋、漱偕去,余亦就寝。秋霖缠绵,夜深转甚,不免令人兴愁也。

9 月 8 日（七月廿六日丙午　白露）星期五

　　阴霾,时有濛雨,午前,略露阳光,气复闷热。晨六时起。八时乘三轮出,径到衍福楼。报载美帝侵朝空军竟在旅顺附近海洋岛南击落苏练习机,似此蓄意挑衅,其心殆不可问,亟起保卫世界和平,人人有责矣。午后予同来,知明午绍虞或来此续叙谈也。五时散班,小雨中乘三轮赴潗所,有顷,滋儿至,良久,珏人、佩华始至,盖家中陆续有人来取物,漱石、组青上下午来,应付需时,及珏人临出而钱家亲母来送行,以是珏人等近七时始到耳。夜饭已,珏人、权、潗、滋、佩及昌预往国际书场听书,余则乘三轮独归,以汗沈难耐,不得不先返濯身也。濯已,偃卧听播唱。十时半珏、滋、佩始归。十一时寝。接汉儿五日信,告亢家须月底始能出屋,并托买绒布等事。

9 月 9 日（七月廿七日　丁未）星期六

　　时阴时晴,午前后及傍晚俱有雨。晨六时起。八时乘三轮赴衍福楼。申凤章来看余,谈稿件事。调孚来,旋返新村,晤予同。写信复汉儿,即付邮。十一时绍虞来,有顷予同来,近十二时乃乾来,因同往杏花楼小酌特为祖钱,至可感。谈至二时俱折回衍福楼再谈。三时许绍虞、乃乾偕去。四时许予同亦去。午前五良又来发牢骚,其意欲在沪处占一席,属余向章、范透露,亦无聊之思也,但其话中对夫己氏之不满,殆若有深恨然,可见怨毒之中人矣。五时乘三轮归。六时小饮,潗、权、顯来,夜饭后潗、权去,顯孙留。听书至十时寝。

9 月 10 日（七月廿八日　戊申）星期

晴热。晨六时起，即将卧床卸下，备晋元来装寄。七时偕滋儿出，进点于四茹春，归途过瑞金一路一理发店理发。九时返，晋元已在捆扎衣箱矣，凌乱杂沓，只得耐之。十时许君宙见过，在杂乱物堆中匆匆坐谈，不久即辞去。十二时珏人、滋儿往八仙桥弟妇所吃饭，濬儿挈昌预来，漱石及其弟妇顾太太、漱儿及弥同俱来，因共饭。饭后晋元扎床。二时许珏、滋归，濬、预去。抵晚始将床两具分四件车往四马路，备明晨先行寄发。六时夜饭，与晋元饮谈，权、濬复来。夜饭后晋元先去，漱石等续去，九时许权、濬、漱、顯亦去，余等即支地铺就寝焉，如此行径，想须再过三宵，殊感苦。秋季房捐八月分水电及单位找算合九十万元，与徐姓结清，由余付出。

9 月 11 日（七月廿九日　己酉）星期一

晴热。晨六时起。七时半乘三轮赴衍福楼。具永亨支票九十万元，送归交滋儿面致徐姓。今日调孚北上参加全国出版会议，余写信两封托带京，一致洗人，一与在京诸儿女，告行期已定，得电后多些人到站相迎，俾手提等件可以不致碰头云。下午四时翼之来，谈至五时偕出，伊归厂，余则赴权、濬所夜饭，乘三轮以往。至则珏人、滋、佩已在，有顷，漱石、弥同等至，半领，漱儿始至，谈次决定漱儿送余等北行云。八时半与珏、滋、佩别权等步返霞飞坊。是夕为地藏诞，俗例烧九四香，然解放以还，风气丕变，一路行来，香火远不逮昔矣。到家后濯身就寝。接九日湜儿信并附汉儿加识之语，知佩华新华事已成就，只待报到办公矣，又知家具亦已有若干购到云。

9 月 12 日（八月小建乙酉　庚戌　朔）星期二

晴不甚热，夜深有雨。晨六时起。七时四十分乘三轮往衍福楼。鞠侯来谈，十时许去。珏人、滋儿偕往新村诸戚友家辞行。十一时三刻来衍福楼，漱儿与俱，因同往五芳斋午饭，各啖过桥面一碗而已。饭后过鹤鸣购皮鞋，漱返怀夏楼余返衍福楼，滋儿乃侍珏人顺道购物，径归霞飞坊。人民银行存款提出，属隆章划京备用。五时乘三轮归。六时小饮。夜饭后濯身就卧，听书至十时入睡。此间户口已报出，迁徙手续一切办妥矣。

9 月 13 日（八月初二日　辛亥）星期三

晴热。晨六时起。八时乘三轮赴衍福楼。予同下午来，与长谈，盖明日即须挈家北上，不自觉其别绪之长也。下午五时乘三轮径归。知晋元为扎缚行李已竣，只待明晨车赴车站报运矣。六时夜饭，漱石来，即住余所，备明日车馀剩各物去。九时许即寝。

9 月 14 日（八月初三日　壬子）星期四

晴热。晨六时起。七时晋元等至，备车行李，余即辞霞飞坊先行，乘三轮到衍福楼，约午后在车站与家人相会。十时辞衍福同人，出乘三轮到怀夏楼，一一与同人话别，即在彼午饭。饭后一时半偕纯嘉往车站，文权、漱石已先在。有顷，家人潜、漱、滋、淑、佩及昌颢、昌预、阿凤等乘福特至，即相将登车，行李等俱由纯嘉先为报装妥贴矣。月台上送行者有予同、翼之、维精、组青及其他亲友多人。二时五十分开，彼此依依，潜、淑、佩尤相对泣，余维不欲见，坐车厢深处避之，然心头犹辘辘难受也。九时许即抵南京下关，以轮渡之栈桥尚未修复,只得下车转汽车,到江边再上渡轮,手提行李十余件,又须照顾妇弱,滋儿于是大苦,最后始押行李到江边,相将登轮,已十一时半矣。渡轮过江只十分钟,到浦口转车,乃大费周章。排队候出,并顾行李,立一时许始克登车,而津浦硬席寝车真乃板床,坐身又窄,殊局促,勉理各就卧,热甚,汗出如沈矣。挨至二时五十分始北驶,积倦所协,只得睡去。

9 月 15 日(八月初四日　癸丑)星期五

晴热。晨六时醒来,已抵明光,起身盥漱讫,推窗延览,正值灾区各处水尚未全退,但较干之地已补种晚秋,且多像样者,足征号召斗灾之功为不可泯也。过蚌埠诸站,十一时到符离集,购熏小鸡为餐。十二时过徐州,下午四时过兖州,七时过泰安,九时过济南,即睡,但臭虫为患,殊难入睡也。

9 月 16 日(八月初五日　甲寅)星期六

晴热。晨三时许邻座之人多有起整行李者,盖天津将至,有多客须往大连,下车转道也。余等为之扰醒,只得起身。车抵天津东站,天始大白。有顷,掉头西开。七时五十分已抵北京前门车站矣。站上接者云集,芷芬、达先、润华、陶孙、诗圣、世泽、裕康、思杰、清华、汉华、建昌、琴珠、继文、永宝等俱在,分提行李,顷刻完成,极感。出站后又分雇三轮送至演乐胡同安顿讫,始辞去,拜惠实多也。少坐后即偕珏人、清、汉、漱、滋前往小雅宝胡同五十一号新购之屋履勘,屋尚精致,且正在饬匠修理,惟原主亢家尚须至九月底始可出屋,则诸事阁浅,不免闷损耳。返道过小油房胡同,入视诗圣、陶孙、永清、沛霖诸家,俱已安排妥贴,并不如想象中之狼狈,至为引慰。现在西院亦在陆续葺治中,不久当能各得其所也。午后未出,与均正、必陶、佳生略谈而已。夜润儿自北海归,盖出版总署正在布置出版事业展览会,连忙多日,明晨清早即须前往也。芷芬亦自新华书店归饭,共谈至十时许乃寝。晓先夫妇偕来,十时乃去。

9 月 17 日（八月初六日　乙卯）星期

　　晴暖,夜雨转凉。晨六时起。九时半与洗人、均正、锡光、佳生同出乘公共汽车往北海公园,参观出版事业展览会开幕式,由愈之致辞。当场晤叔阳、文彬、邦桢、家璧、君匋、仲康诸稔友,旋离场,与洗人、锡光、佳生同过阅古楼,入观三希堂法帖,原刻年久失修,非复当年景象矣。下楼到漪澜堂啜茗,愈之、圣陶、彬然来会,愈之有事先行,圣陶与彬然则留坐长谈。有顷,芷芬偕林生至,林生少坐便去。抵午,余与洗人、彬然偕乘圣陶车返演乐胡同,约共饮酒、食蟹。到家后半小时均正、锡光、佳生悉返,亭午开饮,各擘蟹为乐。饭后与圣陶纵谈至四时许始去。光暄来谈,抵暮去。六时夜饭,仍小饮。九时许润儿于雨中归。为住房分配及佩华就业诸事,与芷、敫、清、汉、漱、润、琴畅谈,十一时半始寝。

9 月 18 日（八月初七日　丙辰）星期一

　　晨雨旋止,早中日出,晴爽宜人,入夜真一凉如水焉。早六时起。七时沛霖来访,知余将与汉、漱、滋往游颐和园,请与偕行,即返寓接其夫人、稚子同来,因乘二路公共汽车到东华门转乘京颐汽车。九时启行,十时许即抵园门,汉等纵步登陟,余仍独坐石丈亭前轩中啜茗。其时,远山如沐,湖光掩映,澄鲜难状。阅一时半未

觉枯坐也。一时许汉等来集,因共饭。饭后同行,于清晏舫侧雇舟
横渡昆明湖,至龙王庙登岸,渡十七孔桥,摩挲铜牛,循二龙闸北至
耶律楚材祠,复游德和园及谐趣园,至三时半出园,仍乘京颐汽车
返城。四时半抵东华门,转雇三轮归演乐胡同。六时夜饭,仍小
饮。饭后与均正、芷芬、达先及清、汉、漱、润、琴等闲谈。九时五十
分寝。

9 月 19 日 (八月初八日　丁巳) 星期二

　　晴凉。晨六时起。七时佩华往新华书店正式报到。八时半余
步往八面槽,与均正偕行。处理杂事。晤锡光,谈评薪诸事。十二
时步返演乐胡同午饭,食蟹。午后雪村夫人来。二时余复出乘三
轮到八面槽,与洗人谈。与薰宇谈。梓生来晤。六时步返寓所,知
珏人等又往小雅宝看屋,匠工仍寸步进行,亢家亦无移动征兆,殊
见闷也。七时许诗圣、达先、芷芬俱集,因共小饮,并啖水饺。有
顷,晓先夫妇至,云彬至,原拟集谈评薪诸务,以客多而止。八时半
达先、漱、滋、湜往游中山公园,余与晓先送诗圣出,顺道步月至史
家胡同口折回,复与云彬、晓先谈。九时半云彬、晓先夫妇去。十
时寝,有顷,漱等归。

9 月 20 日 (八月初九日　戊午) 星期三

　　晴凉。晨六时起。漱儿今日南归,与谈一切琐事,九时乃出,
步往八面槽。处理杂事。十二时与达先偕步返寓,午饭与清、汉、
漱、滋、琴、湜、达、珏等食蟹。午后二时属别漱儿,乘三轮重到八面
槽。写信与翼之,并寄徐云泉。三时五十分达往等车站送漱儿。
润儿以积倦下午请假在寓偃息。四时五十分达、汉、琴返店,知漱

已安排上车,且亲见开出矣,并告芷芬、佩华亦在站上送别也。六时下班,与达、汉、琴步返寓,佩华在,盖取行李,明日备正式住入新华宿舍矣。六时半小饮,倾日前所储之馀沥即晚饭。中数人便先后来八面槽晤谈。夜饭后圣陶、墨林伉俪偕来,谈至十时一刻始去。洗人竟日出席会议,未之晤,及圣陶临去,始见返,匆匆数语,即各就寝矣。

9 月 21 日（八月初十日　己未）星期四

晴凉。晨六时起。八时半出,步往八面槽。写信分寄伯衡、叔道、惟精,告抵京情形。十二时半乘三轮返寓午饭。饭后汉、滋又往小雅宝胡同看屋,知南屋已修竣,惟室外围墙尚未修,亢姓仍无动静耳。润儿未入署,上午尚勉坐,下午竟发热,卧床,月来为出版会议及出版事业展览会事积劳已甚,非好好休息不可矣,为之奈何。晓先所编《初中本国近代史课本》上册已出版,今日由出版总署送赠一册。诚之为李永圻托荐事已转圣陶复回,只得俟便书告之。下午二时再往八面槽乘三轮行。晤锡光及洗人。六时仍乘三轮返寓。晚饮啤酒。夜饭后在南屋与均正、锡光、达先、诗圣商全般名单及评薪原则,至十一时一刻始散归寝,入睡已将十二时。是日雪英、云华陪珏人往东单市场购得大橱一、小橱二、衣架一、沙发二,用去一百另九万五千元,近来京中木器之贵,可想矣。

9 月 22 日（八月十一日　庚申）星期五

晴凉。晨六时半起。七时三刻出乘三轮到八面槽,参加第五组学习。九时散,正式办事,后将以为常。写信寄文彬、子敏、坚吾及复诚之,寄回李永圻自传。十二时一刻步归寓所午饭。饭后假寐,至二时一刻起,仍步往八面槽。写信寄君宙、震渊。五时许圣陶来谈,因与小饮,达先偕焉,即办公室购啤酒及热肴,且谈且酌,殊得也。是夕店中晚饭为牛肉饺子,余等即取足,于是饭亦解决矣。七时一刻,圣陶出城开会,余与达先亦各乘三轮返寓,芷芬等正在夜饭,因与闲谈。十时就寝。

9 月 23 日（八月十二日辛酉　秋分）星期六

晴爽,夜月色甚姣,佳候矣。晨六时半起。七时半出乘三轮到八面槽,轮值学习小组主席,九时一刻散。处分杂事。十二时二十分离店步返寓所午饭。饭后小睡片晌,二时一刻起即出乘三轮赴店。洗人、锡光俱自会场散归,因纵谈。六时与达先偕洗人归,步经灯市口安利号购得啤酒食物等,到寓与润儿四人共酌,余以馒头代饭。食后复与洗人谈,九时半始各就寝。十时半芷芬始归,与佩华、蕴玉偕重又作食,扰扰至二时半始息,余为之失寐。

9 月 24 日（八月十三日　壬戌）星期

晴,略暖,夜月微晕。晨六时起。湜儿早出赴太和殿青年团集会。十时许偕同珏人乘三轮往北海,度堆云积翠桥,由东道进,穿倚晴楼,循长廊过漪澜堂出分凉阁,在开明所设书亭稍息,晤统汉、远钢等,旋过出版事业展览会第一馆(双虹榭西北新建之西厅),看五四以来出版业之发展与遭际,继至第二馆(法轮殿),以先已入视,未再入,径拾级升山,至正觉殿参观第三馆,陈列品为刊印发展过程,自殷商甲骨、汉晋木简,下逮唐五代宋元明清各种版本及晚近铅印、石印之本,虽陈列无多,而具体而微,足以推见全貌之一斑矣。珏人以惮于登陟,立法轮殿后待余,适润儿过余亦下,乃经其办公处所一览即出。第四馆在悦心殿,更在山上,竟未往,出园后仍乘三轮返演乐胡同。双合盛送来五星啤酒一箱,盖昨与洗人、达先、芷芬约合购,电属今日送来者也。午饭后假寐。湜归饭即寝。三时半余偕滋、佩乘电车赴中山公园巡历一周,五时出乘三轮径返。夜饭后珏人偕芷芬、汉儿往大众剧场观昆剧,滋、湜两儿往北大听郭沫若演讲。十时就寝。十二时一刻,珏等归,又越半时,湜亦归。

9 月 25 日（八月十四日　癸亥）星期一

昙转暖,颇感闷。晨六时起。七时三刻出乘三轮,径往八面槽参加学习。九时半与诗圣、达先、继文及赵掌柜同往西总布胡同及新开路看公司所购之屋,屋大而杂住之家甚多,出屋修理均需时日,匆匆丈量而出,盖三院合并收拾,更感困难耳。十二时返店。有顷,颉刚见过,因与同出,饭于灯市西口之洞天酒家,饭时晤陈万里,匆匆即别,饭后偕颉刚步返演乐胡同,谈至二时许辞去。余因偕至灯市东口,送之上电车,然后步往店中。雪山自沈阳返,今晨抵京,下午与谈关外情形。六时步出店,仍徐行返寓,今日往返数四,皆徒步,不免吃力矣。少坐与芷、达、润、滋等饮啤酒,共进晚餐。晚饭后达、清、琴往前外大众剧场观京剧,芷、汉、润往大华看电影,滋则出外理发,独湜留。九时许余即寝,达等之归竟未之闻。

9 月 26 日（八月十五日甲子　中秋）星期二

晴,凉爽,夜月色甚姣。晨六时起。七时三刻步往八面槽,参加学习,处理杂事。与洗人、均正、锡光谈。十二时半步返寓,午饭,饭后二时出乘三轮到店。与洗人、锡光、雪山、达先谈店务,有所决者,即发布,免迁延。六时离店乘三轮返寓,雪村夫妇在,谈有顷,雪山、洗人亦至,因共饮,闲谈至九时,洗、村、山等去。珏人偕诸儿女出门步月,越时乃返。十一时就寝。

9 月 27 日 (八月十六日　乙丑) 星期三

晴暖,午刻起风,向晚止,入夜遂凉月仍好。晨六时起。七时五十分出乘三轮赴店参加学习,处分杂事。十时均正、锡光、调孚、至美、祖璋来店谈事。十二时半与汉儿偕行,步返寓所午饭。下午二时出乘三轮到店视事。二时半召开第一次室务会议,余主席,六时犹未毕,宣告暂止,明日上午续完之。步出店门,徜徉径归。夜饭时与芷、达、润共饮啤酒。七时半偕珏人及均正、云华、芷芬、汉儿同往东安市场吉祥戏院,看韩世昌、白云生剧团演昆剧。在场晤云彬、云裳、晓先、雪英、靳以。剧目为《嫁妹》、《借扇》及全部《牡丹亭》,演至《惊梦》,忽悬示十时半停戏,盖奉公安局命令,又须演习检阅也。急与在场诸稔友出院,顺金鱼胡同步月而归。至灯市口马队自北来,立道周观之,至演乐胡同口立久始过完,乃辞云彬诸人,转身入胡同返寓,诸人皆寝矣,少坐亦就卧。

9 月 28 日 (八月十七日　丙寅) 星期四

晴凉,偶有风旋止。晨六时三刻起。八时始出,乘三轮,挈建昌至八面槽。参加学习,处分杂事。十时半续主室务会议,近十二时完毕。十二时半步返寓所午饭,晓先在,因共饭,饭后二时与偕出,渠至总署,余则赴店也。是晚七时半锡光传达出版会议,下午散班时因留店未返,即与汉儿、琴珠、继文同往东安市场五芳斋吃蟹黄包子,顺饮生啤一升。食已返店,候久乃得听,九时半始毕,急乘三轮返寓。少坐，与清、汉、润、琴谈。亢家通知明日即搬走，属住人入内，俾便照料云。下午一时芷、汉即往，与之办点交，珏人、阿凤均往照看。是夜滋、湜、凤皆住在小雅宝屋珏人仍返演乐胡同。十一时寝。

9 月 29 日（八月十八日　丁卯）星期五

晴爽。晨六时半起。七时半珏人即往小雅宝屋，滋适返，因仍与汉、润伴之同去，携带箱笼杂物多件，预备陆续取去矣，现在只待全屋修竣便可逐间安排，转觉匠工程力之迟缓耳。八时到店学习。午偕洗人、锡光、调孚、达先步往王府井敦厚里刘家饭店便酌。其地虽僻处里弄之底而声名颇著，生涯不恶，以其善治闽菜而取价不昂也。近以竞争，之故，贴邻开一广东食堂，同里又设一梁家饭店（粤菜）相角逐，今后如何不可测矣。饭后走返店楼，与同人谈处务会议建立事，均正亦来。五时半与汉儿乘三轮到小雅宝屋，视珏人等，湜儿已放学归，共挤南屋中，北屋及东西屋虽已出清，而待修之处尚甚多也。有顷，滋儿归，又携到箱篓等件，少坐，余即偕珏人、汉儿各乘三轮返演乐胡同。六时三刻夜饭，仍饮五星啤酒。饭后与家人闲谈。十时半就寝。接漱儿，昌顯信各一。

9 月 30 日（八月十九日　戊辰）星期六

晴爽。晨六时起。七时许珏人即载物乘车往小雅宝屋，今晚即与滋、湜等同住新宅矣。七时三刻，乘三轮赴店。参加学习，处分杂事。叔湘入城，均正、调孚、至善、祖璋等乃来八面槽举行生产部部务会议。十二时洗人及余邀叔湘、均正、调孚、祖璋、宝懋往萃华楼便饭。至善先已归去，未及焉。一时三刻返店。三时出席部科座谈会,讨论组织联营机构事。六时偕洗人返寓,在清儿家食蟹,晓先适来看佳生,因邀与共饭。饭顷,云瑞来,亦拉同持螯。八时半滋、佩往小雅宝,润、琴偕敤、汉往大华看《中国人民的胜利》。九时晓先去,洗人、佳生各归寝,余亦就卧。十一时许润等始归。

10 月 1 日(八月二十日　己巳)星期

晴爽。晨六时起。八时许与洗人、均正、佳生、达先、建昌步出演乐胡同,到东四南大街,参加受检阅之男女学生队伍已布列俱满,东西不能相越,因循边道北行至四牌楼,不得再过,即折回。午刻在均正家食蟹。饭后珏人自小雅宝来,谓沿途三轮绝踪云。余家亲属除余夫妇及达先、琴珠外,俱参加检阅并游行,清晨即出,琴珠因到小雅宝午饭,至是偕珏人同返。有顷,余偕珏人步归小雅宝,与赵掌柜接洽修屋事,坐定未久,佩华、湜华、滋华陆续归。傍晚余重返演乐胡同,阿凤从,属购诸物。七时许夜饭,湜儿亦来,即与余同榻,备明日同游昌平明陵也。夜饭毕,遣阿凤返小雅宝。余与清、汉、芷、达、湜纵谈至十一时,乃各就寝。

10 月 2 日(八月廿一日　庚午)星期一

晴爽无风。晨五时三刻即起。七时赶到八面槽,与清、汉、湜、芷、达及锴、镇、鉴、昌,俱店中同仁均正、祖璋、锡光、世泽、芳娟、大凡、竹君、永锐、继文、漱玉、连荣、云瑞,及津店同人国豪、述彭并芷戚述琇、贾、顾两家子女四人,凡廿九人,共乘一大敞车,北发,出德胜门,循京南公路,过清河、沙河两镇,到昌平县,再向东北十馀里,乃抵十三陵之五牌石坊,已十时一刻矣。车复入抵红门,余与达

先、云瑞、世泽、连荣、继文、芳娟、竹君、大凡下车步行,馀仍乘车先
驶径赴长陵相待。余等循神道入,在翁仲、石兽之间徘徊指讲,并
摄影多帧。徐步北行,越涧过冈,至十二时许始达长陵祾恩门外。
先至者已畅游出来,坐树荫静待矣。余等至,先饮水取食,略憩然
后入,穿祾恩殿,登宝城之楼,摩挲成祖文皇帝之陵碑而后出,已将
一时,其他诸陵,竟难一展,即树荫再憩片刻,开车循原路南还,三
时许过昌平,同人停车入视,余以感累,与漱玉坐车中待之,越时始
见返,遂御车亟行,六时抵德胜门。入城后先过东四大街,余等即
在演乐胡同西口下,相将返寓,馀人皆至八面槽集散也。夜饭后遣
湜儿返小雅宝报珏人。余呼汤濯身,洗足易衣就寝,亦过至九时三
刻矣。是夕竟得酣睡。

10 月 3 日(八月廿二日　辛未)星期二

时昙时晴,南风作,还暖。晨六时起,未几珏人即至,谓昨夜未
得好睡,今破晓便起云。有顷,珏人与汉儿往市场购菜,径返小雅
宝,余移时乃出步往焉。行至南小街,珏人正携菜乘车自朝阳门大
街南来,晤之,仍属先行,比余到匠人正掘地治沟,并在北东西三屋
分别修饰也。十一时半与珏人、滋、湜、佩食蟹。十二时三刻始饭。
午后略卧片晌。四时许汉儿来,五时许余与偕返演乐胡同。是夕
约子敦来寓持螯小饮,兼邀洗人、雪村、圣陶、文叔、云彬、彬然、晓
先作陪,六时后先后来集,晓先并偕勖成至,雪山亦适自天津归,并
敔、芷,合计凡十三人,以坐窄不容,敔遂向隅云。谈至九时后始
散,余与芷芬为走送出胡同。润、琴在小雅宝晚饭,亦九时许始返
寓。十时就寝。

10 月 4 日（八月廿三日   壬申）星期三

晴热，入夜微雨即止，有雷电，子夜月色甚姣。晨六时即起。
八时乘三轮到八面槽，参加学习。子敦见过，以所著《苊庵治学类
稿》见贻，谈久始去。渠昨晚归去已薄醉，遗帽未检，今来询，盖中
途购苹果所失也。午返演乐胡同，与达先、清儿共饭。检取杂物若
干，属滋儿携归小雅宝，今晚余即拟住入矣。下午二时仍到八面
槽，处分杂事。作书莘田约谈并与夷初约时将往谒。复申凤章。
六时离店，乘三轮诣小雅宝新屋，润儿、湜儿已返，有顷，滋儿亦归，
乃共夜试暖，白酒微饮焉。夜饭后达先、清儿、琴珠、建孙俱来省，
盘桓至九时半，始偕润儿同返演乐胡同去，余亦就寝。接予同、云
泉、子敏、坚吾、濬儿、漱儿各信又致觉信。

10 月 5 日（八月廿四日   癸酉）星期四

晴暖。晨六时起。七时半自家出步往八面槽。参加学习。九
时半召开室部座谈会，均正、调孚、雪山、达先皆到，并请洗人列席
谈书稿处理及文书处理联系事，十二时散。午与达先、琴珠诣敦厚
里刘家馆饭。午后写信复予同、致觉。五时三刻离店乘三轮返家，
数十年来不守先业，飘泊赁庑，不图龃龉忧患之顷，转得于无意中
卜宅京华，升沉祸福讵可凭哉。六时半小饮，夜饭后润儿复到署，
有所事，径返演乐胡同寓所，须星期日搬来也。九时即寝。

10 月 6 日（八月廿五日   甲戌）星期五

晴暖如昨，还润。晨六时起。七时三刻出乘三轮赴店，参加学
习。十时莘田、毅生、静庵来店谈出版《明清史料丛书》事，均正、

调孚与焉。拟先出《太平天国史料》及《明末农民起义史料》两种，名义为北大文科研究所及北京图书馆合编，初步商谈甚洽，俟再商订约手续云，移时辞去。午刻与洗人过玉华台饭，其地本为淮扬馆，新改粤菜，房屋虽修葺焕然，而生涯颇淡，气象亦欠兴发，恐难久持也。业营部部务会议今始促成，乃定九日下午二时召开第一次处务会议，并电促达君、联棠北来，渠等纵不能即至，亦不当久滞南疆也。余游明陵所摄小影，已由继文、云瑞、汉儿分别晒出，一在石鳞旁，一倚卧马侧，又一在华表之前，与湜儿并立，均尚可，足为北游留念矣。五时三刻离店，乘三轮返家。六时半小饮，滋儿以参加团会未归饭，润儿则饭后便返演乐胡同，着手整理家具，预备搬来家中。日间子敦饬人送赠所刊《陟冈集》三册，皆其三兄之遗著。夜饭后披阅之，且坐待滋儿之归，近十时始见来，余乃就寝。离馆前曾复一信与漱儿，交大凡为附出，想三日后当可到达耳。

10月7日（八月廿六日　乙亥）星期六

晴暖。未明即起，正五时半立院中望东旭，藉纾郁勃。七时半出乘三轮赴店。参加学习。梓生来访。在新长城看定之玻璃书橱两具已修整出新，属于下午送家。午与洗人、梓生、锡光、调孚、雪山往东安市场东来顺吃涮锅羊，一时半返店。下午与锡光杂谈。六时拟乘三轮径归。为敫、汉所邀步往演乐胡同夜饭，兼晤芷、清，盖珏人在晚饭俾食后同归也。饭后检点余物，雇三轮三辆，润儿送余与珏人返，略加措置，即属润行，属明日乘假日迁来本宅。十时半就寝，十二时始入睡。

10 月 8 日（八月廿七日　丙子）星期

晴爽。晨六时起。九时滋、湜两儿往演乐胡同,接取润、琴衣物等件。越时清、琴、湜先携什物来,并挈建昌同来,有顷,润、滋及达先、佩华同押家具到来,一时众手并举,未及午,大致楚楚矣,余即定居于北屋之东室,可以艮宧移颜之大橱卧床,俱安设妥当。饭后达先、清、昌去,汉儿来,即偕湜儿往看兵器展览会。移时芷芬偕纯嘉、宝懋来,访纯嘉,以五日由沪行,昨晨到津,为南开大学交货,当晚来京云。略谈便辞去。余竟日未出。入夜与珏人、润、琴、滋、佩、湜同饭小饮焉。十时寝。

10 月 9 日（八月廿八日丁丑　寒露）星期一

晴爽。晨五时半起。八时半出乘三轮赴八面槽。九时一刻偕达先、锡光、诗圣、纯嘉诣新开路十三号公司所置屋履勘,盖房客多迁空,仅馀两三家未出,先已派人驻守,今特往察耳。约略分配,备午后提处务会议决定之。十一时半返八面槽。十二时与洗人偕往刘家馆进面。下午二时半出席第一次处务会议,晤叔湘,盖难得相见也。会议至六时方毕,天已垂曛,而洗人等又须赴萃华楼开业务委员会,余即与琴珠乘三轮径归。润、滋、湜俱已在,即共夜饭,余仍以五洲白酒两小杯自劳焉。饭后琴珠奉珏人往演乐胡同看清、汉,兼访均正夫人,且慰问亚铨,滋亦赴八面槽参加团会,近十时伊等始先后返,余就寝又将十一时矣。房屋修饰已竣表面,颇呈金碧富丽之观,珏人大为欣悦,盖辛苦一生,垂老始得宁居,宜其有此也。

10 月 10 日（八月廿九日　戊寅）星期二

晴爽。晨五时三刻即起，天甫黎明也。七时五十分出乘三轮赴八面槽店中。参加学习。处理杂事。总管理处一室两部各派人会勘新开路屋，预拟配置。昨晚业务委员会决定收撤宁杭两店。十一时三刻西谛见过，谈印行《古典文艺丛书》事，十二时一刻同往东安市场五芳斋小饮，邀洗人、雪山、调孚与俱，饮后以蟹黄包子为餐，一时三刻散出，西谛诣文物局，余等返店。写信寄绍虞，备告近状。五时五十五分离店，乘三轮归。小饮，夜饭讫，清、汉两儿及芷芬来省，谈至九时半辞去。十时就寝。

10 月 11 日（九月大建丙戌　己卯　朔）星期三

昙，近午开霁，夜曾微雨。晨六时起。七时五十分出乘三轮赴店。参加学习。处理杂事。十二时应兴业银行冯克昌、钟翔云、仇振涛之招，与洗人、雪山、世泽、士敩偕过萃华楼，稚圃、士敏已先在，少顷开饮，居然盛设，一时三刻散归店楼。三时一刻偕士敩、云瑞乘公共汽车往团城看文物展览会，有辽东汉墓壁画及新疆寺院壁画之摹本等，其中所陈书画手卷，实感未协，盛舍利之银棺，则今日殓骨灰匣之嚆矢也，殊为异品耳。四时一刻出，顺道入北海公园，自倚晴楼进廊，在漪澜堂啜茗小憩。五时一刻行，循廊出分凉阁，度积翠堆云桥出园，仍乘公共汽车返八面槽，正六时矣。是夕开董事会，来力子、雪村、西谛、彬然四人并洗人、雪山及余，凡七人，七时晚饭，八时开会，分代四人得开会法定数，所议俱无所决，惟洗人请假返沪，属余庖代一事通过耳，十时散，乘三轮径归。知滋、湜看电影甫返，晓先夫人亦来游方去也。少坐后即寝。

10 月 12 日（九月初二日　庚辰）星期四

晴暖。晨六时起。八时半出乘三轮赴店,处理杂事。十时召开第二次室务会议,十一时三刻毕。十二时半与雪山、锡光、调孚、达先同邀洗人过五芳斋小饮,兼为饯行,二时返店。三时四十分与达先、纯嘉、继文送洗人行,同到车站,稚圃已在月台矣。在车站遇家璧夫妇,盖会议归去,适与洗人邻室,至堪欣慰也。四时二十分开车,目送其行而后出,即与达先、纯嘉、继文乘一路公共汽车返八面槽。接君宙九日书告近状尚适也。六时乘三轮径归。少坐即夜饭,仍小饮焉。午饭时芷芬曾来家,余未之晤。九时三刻就寝。

10 月 13 日（九月初三日　辛巳）星期五

阴。晨六时起。为力子书额,送五十年代出版社。八时三刻出乘三轮到八面槽。九时半偕调孚步往翠花胡同十六号北大文科研究所,访莘田、毅生、静庵,未晤毅生,但与莘田、静庵畅谈并参观史料储藏室黄册题本,盈宇充栋,如为大规模之整理,非三五十年不为功也。出版《明清史料丛书》事已洽妥,待缮约互签矣。十一时半辞出,乘三轮返店。十二时半与汉儿往喜相逢午餐,以蟹黄烧卖代饭。下午二时薰宇来八面槽。李林森约夜饭。三时与雪山、锡光、调孚、达先、诗圣谈参加联营机构步骤,先统一意见,备明日处务会议提出讨论。五时三刻李君偕均正来店,遂邀同雪山、锡光、调孚、薰宇、达先、宝懋分乘三轮九辆同出前门,径赴韩家潭悦芳和宴饮,八时半始散步至虎坊桥,各乘三轮分途归。余则与达先同返小雅宝,清儿在,谈至九时三刻始偕达归去。午间圣陶、翰仙、晓先俱来家访问,余均未晤。十时就寝。

10 月 14 日（九月初四日　壬午）**星期六**

　　昙，终阴，夜半雨。晨六时起。七时半出乘三轮赴总管理处。参加学习。以新屋已届换证税契之期，即以契据等检出，仍恳稚圃代为办理，盖原经手人可减省麻烦，故不得不重烦之也。乃忘带户口证，遂于九时一刻乘三轮遄返觅取，少坐后离家，步由小雅宝西口出，经南小街无量大人胡同、金鱼胡同抵八面槽，殊感乏力矣，衰老袭人，无可奈何耳。午刻就处叫六芳斋炒面代饭。饭已，即偕汉儿步往东单木器市场，购得沙发等数事，并定制书橱六具，备庋沪来书籍，不拟另制木架矣。吴继高来八面槽访余，适值开会，匆匆略谈即去。二时返处，主开第二次处务会议，讨论参加联合发行机构准备工作，六时始散，即乘三轮径归。七时小饮。佩华归来。夜饭后诗圣、雨岩、永清、芷芬、汉儿来，盘桓至九时三刻各辞归。十时就寝。

10 月 15 日（九月初五日　癸未）**星期**

　　阴雨竟日，傍晚转冷，已有寒冬来袭之兆矣。晨六时起。整理文房杂物，分别庋放。十一时达先、芷芬、清华、汉华、韫玉、建昌、元锴、元镇、元鉴及白大娘母女一行十一人来，盘桓竟日，余遂为之辍作。下午五时半先为汉、锴、镇治餐，俾先归去，遣锴等入学也。六时半仍小饮，与达、芷、清闲谈。夜饭后润儿出访友。八时三刻达、芷、清等一行辞去。十时就寝。十一时润归。

10 月 16 日（九月初六日　甲申）**星期一**

　　晴，大凉，俨然初冬矣，下午转阴。晨六时起。八时四十分出

乘三轮到处视事。午饭后华问渠之子树人来访,现住米市大街青
年会,专任文通书局联络事宜,谈移时辞去。房屋税契事尚缺证
件,稚圃约明日再去一再劳干,甚以为歉。六时离处乘三轮径归。
今日建昌生日,珏人以雪村夫人来招同往演乐胡同吃面,滋儿及琴
珠俱在彼处夜饭。七时,余与润、湜同饭小饮焉。九时许珏、琴、滋
归。十时就寝。

10 月 17 日（九月初七日　乙酉）星期二

　　昙,午后晴,不甚朗,入夜,初月朦胧,旋星月交辉,北地气宇之
宜人有如此者。晨五时三刻起,甫黎明也。八时出乘三轮赴处视
事。参加学习。午待滋儿共饭不至,至一时始独往六芳斋吃蛋炒
饭。下午二时半召开第三次室务会议,五时散。越半时乘三轮径
归。六时半夜饭,余小饮。润儿则往中山公园音乐场看少数民族
文工团演出之音乐歌舞,清、汉、敫、芷、琴俱先在彼候之矣。饭后
与滋、湜两儿相度地位,略将书橱搬动。十时就寝。润、琴十一时
始归。房屋税契事已由稚圃代办讫,十五天后取,可凭证往财政局
领回蓝图及契纸,此公办事周到妥当,殊可感也。

10 月 18 日（九月初八日　丙戌）星期三

　　昙阴间施,夜半雨。晨五时半起。八时出乘三轮赴总处视事。
参加学习。复申凤章,寄稿酬,并说明如有修改,仍须烦笔云。午
乘三轮归饭,未归前,芷芬来处晤谈,于开明措施不免牢骚,余谓经
手事件终须有一明白交代,尽其在我必不错也,饭时思维当局之含
胡、从业员之骄纵,交织以成此局,收拾实非易易,前途棘手,自在
意中,且静俟之耳。下午二时复出,仍乘三轮返处。杂务纷集,逐

件对付,六时始了。下班后与琴珠同离总处各乘三轮径归。七时夜饭并小饮。夜饭后清儿、达先挈建昌来省,有顷,佩华归来,于是团坐纵谈,殊以为乐,盘桓至九时三刻,清儿等归去。十时就寝。

10 月 19 日(九月初九日丁亥　重阳节)星期四

阴霾,时有濛雨。晨五时半起。八时三刻出乘三轮赴总处视事。十二时半偕达先步往演乐胡同,在清、汉家吃饺子,晤芷芬及其表兄陈君。此人甫自南京来,想系谋事者寒暄而已。晤均正,洽版税事并代公司慰谢春夏之交赶编自然教本,又晤必陶,为公司慰问因公婴疾兼慰视其夫人新产,皆致函而出,过南屋,遍晤鞠侯、祖璋、沛霖、伯恳、至善、叔循、艺农诸君,五时乘三轮复返总处。料理诸事讫,已六时一刻,亟乘三轮径归,已入夜久矣。到家小饮。夜饭后督润、湜糊窗,以叫匠估价乱讨价,发愤自动手也。十时就寝。

10 月 20 日(九月初十日　戊子)星期五

晴不甚朗。晨五时三刻起。八时半出乘三轮赴总处。参加学习。十时半乘三轮往北大文科研究所,晤莘田,以《明清史料丛书》契约相示,征得同意,遂纵谈移时别过,静庵则已赴开明交稿矣,即乘三轮遄返。据调孚云,稿已交到五之二,人则不及待已行矣,一何相左至此乎? 平伯尊人阶青先生日前逝世,圣陶昨有电话通知,约今晚在其家一谈,谋所以佐之云。午刻步归家中吃饭。二时复出,又乘三轮赴处视事。写信两通分复潜、漱两儿。六时下班乘三轮赴圣陶之约,遍晤墨林、文叔、云彬、彬然、晓先,即在圣陶所小饮,商定由开明借版税五百万与平伯,俾料理治丧云。食顷,珏人偕湜儿来八条,遍访叶、宋、傅、丁诸家。九时一刻余等辞归。步至北小街五条东口,始雇得三轮三辆,乃乘以归家,润儿正在糊窗,移时始毕。十时半各就寝。

10 月 21 日(九月十一日　己丑)星期六

晨阴旋晴,午后尤朗。早六时起。七时三刻出乘三轮赴总处视事。午间与达先偕返演乐胡同饭于清儿所。二时复偕达过老君堂十九号访平伯,吊其尊人之丧,顺送开明借款五百万元面交之,略谈即辞出,达先往西总布胡同督工,余则走朝阳门乘公共汽车返八面槽。六时乘三轮径归,琴珠、滋儿以开会未归饭,润儿则饭后赴三联,有顷,佩华归。九时半就寝,十时滋儿归,又越三刻,润、琴乃归。定制书橱本约今日交货,乃届时失约,致使书箱不能取开,日记本亦无从取给矣,明起只得另纸记下,备取得后重过入录也。

10 月 22 日①(九月十二日　庚寅)星期

晴朗。晨六时半起。十时许与润儿出散步,由小雅宝东去,转大雅宝西回,略知居处近旁情形及交通四出之道而已。珏人督滋、湜两儿及琴珠、佩华缝制窗帘及张布门幔等事。饭后珏偕润、琴、湜出,先清、汉将同往东单催书橱,余以感累未出,与滋、佩闲谈。五时许润、琴先归,谓出前门购灯罩,未去东单云。既而珏等归,谓东单木器,摊主甚狡恶,货早做好并不通知且乘机要索增价,经汉儿与之交涉,卒加六万元(六具共一百五十六万元,又加送力二万元),始肯送来云。待至六时一刻始见车到,物甚拙劣,不称心,然

①底本为:"燕居日记第一卷"。原注:"南归未久,又敦促北行,诸儿且为余卜宅于东城之小雅宝胡同矣,遂舍弃霞寓,举家北迁。九月十四日离沪,十六日抵京,十月五日始克宁居,廿二日始赓记此册,易称燕居,示北迁,且以聊志寝兴,亦从其实耳。"

亟需应用,只得将就矣。七时小饮。夜饭后润、滋、湜三儿将书橱
安置妥帖,只待调取,沪来存书,便可展开皮阁,积郁为之稍舒。
清、汉来省,携来十八日洗人书,告安抵上海,体仍未复,有待静养
云。伊等盘桓至十时许始辞去。越半小时就寝。

10 月 23 日（九月十三日　辛卯）星期一

　　晴朗。晨六时起。八时三刻出乘三轮,赴总处视事。复洗人
劝静摄。接颉刚十八日武功张家岗来书,盖为辛树帜所邀,同往彼
处西北农学院参观,小住数日,即须返沪云。因即复一书,径寄沪
寓。十二时许乘车返家午饭。饭已即行,步由南小街西总布胡同、
东帅府胡同、校尉营、金鱼胡同返总处,历时四十分一试,脚力亦
好,初不在省车钱也。下午六时离处乘三轮径归。到家小饮。夜
饭后达先来,与润、滋、琴、湜纵谈,九时半去。十时半就寝。

10 月 24 日（九月十四日壬辰　霜降）星期二

　　晴,初月晕,旋明澈如镜,几望矣。晨六时起。上午在家休息。
芷芬偕润儿归饭（自是以为常）。饭后,琴珠、达先先后来省。二
时同出,各乘三轮赴总处。坐有顷,与达先、诗圣、纯嘉、雪山、调孚
乘三轮往新开路新屋看修理情形,至则西院已大致就绪,惟东院正
在修饰,中旬日之后,宜可迁入办公云。五时许仍乘原车返处,应
雪村、彬然之约,至则已先在,乃偕同雪山、锡光、达先,与之共往东
安市场东来顺啜著长谈,对薪制决定三原则备提业务委员会参考,
顺吃涮羊肉,八时半始散,分道各归。到家知湜儿在青年宫看话
剧。十时就寝。十一时三刻湜儿始归。

10 月 25 日（九月十五日　癸巳）星期三

晴和,夜月甚好。晨六时起。八时出乘三轮赴总处。参加学习。处分杂事。十二时一刻乘三轮归饭,知珏人已往视覃夫人新产,在清儿所午饭,芷、润则先已饭毕矣。有顷,,独自进饭,芷、润赴署。下午二时出,仍乘三轮赴处,珏人犹未归也。到处后写信复申凤章,以其昨有信来,愿续编俄文读本,因与详道致酬及修稿等办法。五时三刻离处乘三轮径归,知余午后离家不十分钟珏人便即归来耳。且知晓先、彬然顷亦来访,才行未久,深恨未及面之也。六时半小饮。夜饭后步月庭中,萧然自得,此境殊未易多觏,何忍恝置之,因徘徊久之,九时半归寝。

10 月 26 日（九月十六日　甲午）星期四

晴朗,夜月尤姣。晨六时起。九时出乘三轮赴总处视事。寄书唐坚吾,复前信,并为其戚张洪立来京失待道歉。十二时二十分步回家中午饭,饭已未久即行,仍徒步返处。下午二时卅分召开第四次室务会议,四时五十分始已。五时三刻离处乘三轮径归,月上东墙矣。六时半小饮。夜饭后灯下打五关,久不为此,偶一弄之,亦殊有兴也。十时就寝。

10 月 27 日（九月十七日　乙未）星期五

晴,明早晚已感寒冷。晨六时起。八时三刻出乘三轮赴总处视事。雪山方召集同人,传达参加中国图书发行公司准备情形,九时半方毕。作书与莘田,送去《明清史料丛书》正式契约请给签,并告太平天国金田起义纪念日,据罗尔纲考证为一月十一日(一九

五一年为百年纪念），请参证。十二时一刻步归午饭，晓先夫人及
芷芬俱在，且已饭讫矣。余乃从容进食，下午一时三刻仍离家步往
总处。巴金来访，知将出国参加世界和平大会。目下国际形势甚
紧，援朝之局在所必行，反美乃当然之事。拥护世界和平，反对侵
略战争，此其不容或缓之候矣。六时乘三轮归，到家已黑。六时三
刻小饮。夜饭后与儿辈闲谈。九时三刻即寝。

10月28日（九月十八日　丙申）星期六

晴凉。晨六时一刻起。七时五十分出，三轮赴总处。参加学
习。巴金来，因约晚饮，为之饯行。谈有顷辞去，订傍晚来集。十
二时一刻乘三轮归饭，晤芷芬，知今夜有他约，不能陪巴金。下午
二时仍乘三轮返处。复君宙，告近状。盛厚元来访，为叶惟精带到
甬产虾酱两瓶。其人本在江海关任事，近方调来海关总署，今日才
到云。谈次知为戴氏之戚，未久即行。金静庵来谈，又洽太平稿数
事。傍晚圣陶、彬然、雪村应约来，巴金亦至。六时许乃偕均正、调
孚、锡光、达先同往萃华楼，讵知适逢人家喜事，雅座已占空，不得
已折至对门惠尔康吃烤鸭，脭脆远逊于全聚德，名之不可不尊，又
得一例证矣。八时半散，乘三轮径归。十时就卧。

10月29日（九月十九日　丁酉）星期

晴朗。晨六时起，即将橱架出清，备庋书。九时许南城发行所
派工友刘富才押送存栈书籍十七箱，装大卡车运到门口，适芷芬、
达先亦同时抵达，乃偕同润、滋、湜三儿及琴珠、佩华帮为搬书，纯
嘉亦到，乃为之打头拆卸，费力殊甚。十一时已全部拆出矣。拆出
时《丛书集成》之箱柜多有擦损及折坏者，盖运时火车不能渡江，

中经多次挪颠,遂尔遭损耳。又劳纯嘉、达先等为之胶合修整,扰扰至午饭后二时半,始克安排粗了,而书发满地,凌乱杂堆,橱架窄小,远不能容,只得再慢慢地设法上架矣。四时许纯嘉、富才、芷芬先后去,独达先留,仍帮同料检。五时许汉儿挈镇孙来,即去。夜饭后达先归去,而清、汉复挈建昌来省,云瑞亦同来,九时半始偕去。余料检书籍至十时半乃睡,上架者仅五之一耳。

10 月 30 日 (九月二十日　戊戌) 星期一

晴朗。晨六时起,即理书,九时出乘三轮赴总处视事。少选与达先、诗圣、纯嘉乘三轮往新开路履勘新屋修整情形,日内即可竣工,大部分屋可以搬入应用矣。十一时半仍乘原车返处。十二时半步归。午饭以湜儿生日以面代餐。云彬、晓先、芷芬俱在,饭后遂与长谈,近二时乃同出,云等返出版总署,余仍徒步往总处。二时半召开第五次室务会议,汇报参加中国图书发行公司准备工作,顺议房屋分配及定期迁址办公等事。六时离处东归,乘三轮行。珏人应清儿之约,在伊处夜饭,琴珠随伴焉。盖调孚夫人于昨晨到京,今夕清为接风邀往陪座也。九时许珏、琴归。余夜饭后仍与湜儿理书,至十时半始洗手濯足就寝,累甚矣。

10 月 31 日 (九月廿一日　己亥) 星期二

晴暖微润。晨六时起略加理检。七时三刻出乘三轮赴总处。参加学习。以取房契诸事托稚圃午后交来红契及蓝图等,并告税局户名,且为转正矣。此老可佩可感,如此诚近人所难及也。十二时半步归午饭,饭后理书,至二时三刻始出乘三轮到总处,六时乘三轮径归。夜饭后与湜儿对手理书,将全部《丛书集成》理清,十时三刻就寝。接潄儿廿八日书,附致滋、佩信。

11 月 1 日（九月廿二日　庚子）星期三

　　晴。晨六时一刻起。七时三刻出乘三轮赴总处。参加学习。九时应雪山召,出席各部室主任座谈会,研究参加联发组织意见。公司为应付同人住屋问题,今日看定新开路七十号甲屋一所,付房租一年八百八十万元,下午即订约成交。十二时半步归午饭。饭后理书,至二时三刻始出,仍乘三轮返处视事。五时三刻复乘三轮径归。夜饭后滋、湜出逛市,余又理书至九时半,始将地上杂堆之书悉数上架,虽架头积置依然凌杂,而当地一清,未始非一快事,但分别部居,又不知需时若干始可就理耳。十时许滋、湜归。十时半就卧。

11 月 2 日（九月廿三日　辛丑）星期四

　　晴,稍暖,气略润。晨六时起。八时三刻出乘三轮往总处视事。写信寄叶惟精谢虾酱之赠,并告近状。十一时半珏人来八面槽,十二时许清儿亦来会,因偕同珏、清、汉、达、琴过东来顺吃涮羊,一时半散出,又偕珏、达、清乘三轮往新开路七十号甲看公司新赁之屋,住两家尚宽,住三家则厨窄难容矣,殊难委决。继转至十三号办公新屋视察,即可入居矣。有顷,余偕珏人步返家,达、清则分返八面槽及演乐胡同,余感乏力,遂未出。五时半匠人来拆锅炉,至八时半始毕。夜饭时湜儿归,即卧,又感疾矣。此儿体弱,殊堪担忧也。滋儿在南吉祥胡同章家晚饭,十时始归,余坐待其归,始就卧。

11 月 3 日（九月廿四日　壬寅）**星期五**

雨午后止，傍晚晴。晨六时起。八时半出乘三轮赴总处视事。
史久芸、蔡同庆自沪来，邵公文电约在玉华台宴之，顺谈联发进行
事。十二时与雪山、达先雨中赴约，晤伊见思、王木天、沈静芷等，
下午一时半散，订明日上午九时在西总布胡同中华书局办事处集
商。返处后接洗人三十日书、诚之一日书、乃乾一日书，本当一一
作复，而杂务丛集，（主开处务会议，六时尚未毕，宣告延会。）竟搁
笔未果行。六时下班乘三轮径归。夜小饮，饭后与湜儿闲谈，渠今
日请假休息，午后起，仍感无力云。润、琴、滋看话剧《和平鸽》，十
一时半始归，余已睡矣。

11 月 4 日（九月廿五日　癸卯）**星期六**

晴寒，初见薄冰。晨六时起。九时前达先来，同往中华办事处
集议，召开五家干部会议，当即通过决定事项，成立筹备会，推邵公
文为主任，史久芸、蔡同庆为副主任，章雪山为秘书长，仲秋元、徐
启堂为副秘书长。继组织秘书处，分四组，以章士敩任文书，仲秋
元任议事，王木天任总务，伊见思任招待，十二时散会，中华备膳留
饭，一时半始辞出，因与达先顺过办公新屋一看，正在装设电话，而
世泽、龙文、永镜、久安、裕康、芳娟、竹君、琴珠、汉华等俱在看屋，
遂结伴走归八面槽，已二时许矣。四时许乘三轮到演乐胡同，与编
部诸君晤谈，顺以预支版税百万元交与祖璋。六时下班与鞠侯同
行步，未久遇熟车，即别众，乘以先归。夜饭后润、琴、滋、佩同出逛
市。（佩方自新华归，被邀复出。）余与湜儿复理书，拟将《四部备
要》理清，乃未及三之一，已十时矣，即属湜儿洗手就寝。（伊自告

奋勇,其实病尚未痊,今日仍留家休息也。)余亦随息。十时许润等始归。业熊吉安来信矣。

11 月 5 日 (九月廿六日　甲辰) 星期

晴寒,已稍杀,仍有薄冰。晨六时起整理《备要》,并将上月廿二日来日记过录毕,已九时半矣,因与润儿偕出乘三轮往演乐胡同看达先,知芷汉、均正等两家俱赴西山看红叶,乃顺候调孚,略谈而行,复偕达、润步往老君堂俞宅拜奠阶青先生,致赙十万元。晤西谛、莘田、建功、毅生、稚圃诸人,坐有顷,候雪村未至,乃起行。西谛欲过余谈,遂偕稚圃、建功共乘谛车南行,润、达则步以归。十一时西谛先去,稚、建仍留谈,近午皆去,遂与家人共饭,清儿适携元鉴、建昌来同坐一圆桌,至欣快也。饭后清、润、滋、湜、琴、佩、鉴、昌等一行往游西郊公园,余与珏人则偕达先步往小油房胡同四号,遍访鞠侯、沛霖、祖璋、陶孙、诗圣、伯恩、永清诸家,在沛霖、祖璋、陶孙家皆略坐,至三时辞归,达先则赴南吉祥胡同省亲矣。返家后续将《备要》检查,一一核齐,天已垂曛。晓先夫人偕士方来,略为盘桓,即取木箱乘车去。上灯时清等始归,遂共饭。饭后润、滋、湜佐余理书,将《备要》依次上架,至十时,仅及史部之半,乃洗手各归寝。清、鉴、昌九时前归去。

11 月 6 日 (九月廿七日　乙巳) 星期一

晴冷。晨六时起。八时三刻出乘三轮赴总处视事。十时接开处务会议,为占屋办公,生产部颇有争执,而硬调琴珠留京店事尤见崎龅处,争之不易,如此信乎豚鱼之说,古人其欺我哉! 时局紧张,昨日各党派联合宣言发表后,援朝抗美之志愿军已出动矣。战争恐不免,吾人大需作准备再历长期抵抗之境,庶有豸乎? 十二时半归饭,仍乘三轮。下午二时复乘三轮往总处。书复洗人、乃乾并致西谛、静庵、予同。接三日濬儿书告近况。刚主托便人携书来候。达先、雪山竟日在中华办事处为五联开会,阁事不少。六时下班前,雪村来处一转即去。平伯来谢孝,先还款二百万元。下班后即乘三轮径归。意兴阑珊,小饮遣之。夜饭后督润、湜两儿将《四部备要》全部理毕,入橱,九时三刻即了,心为一舒。十时就寝。

11 月 7 日(九月廿八日　丙午)星期二

晴冷。晨六时起。八时三刻出乘三轮往八面槽,指挥总管理处搬入西总布胡同甲五十号新屋。(此屋前门在新开路十三号,今修理后由后门改作前门。)各科之动员者一时纷纭归齐,即用排子车运往,十一时许已迁到,惟待部署整顿耳。余十时半乘三轮携零物先赴新屋,俟各科陆续到来乃步出。午饭路较八面槽近一半,单程一刻钟可达矣。琴珠事已与稚圃说明,请以熊秉钺接办京店会计云。下午二时步往西总布胡同总处,坐位尚未安置,至四时始粗定。张志公偕均正到总处来晤,盖今日由粤抵此先住旅馆,请指屋,因属纯嘉伴往新开路甲七十号看房,即指定南屋,为其住眷之用,并先支薪百万元,购置器具云。接予同四日复书,知沪上同人之偃蹇,殊可笑也,正忙迁屋未克即复之。五时归,达先、芷芬、汉儿俱来晚饭,以六时须偕润儿、琴珠同往出版总署,听宦乡时事报告也。饭毕待行而湜儿归,遂未及饭即偕润等一行同往。有顷,滋儿归即饭,余属其不必出,静待润之归报可也。九时许润等归,芷、达、汉则径返矣,再具饭饭湜儿。十时半就寝。

11 月 8 日（九月廿九日丁未　立冬）星期三

晴冷。晨六时起。八时三刻出，步往西总布胡同总管理处视事。生产部今日亦由演乐胡同迁来搬迁纷纭，自在意中，抵晚方定。十二时半偕达先、清儿、汉儿、琴珠同行归饭，滋儿骑车先返，润儿及芷芬、晓先已先在。饭后听润等传达昨晚宦乡说辞，时局当然紧张，但美帝悍然向中苏作战，恐尚鲜力量耳。至少眼前不能有此也。晓先代达署方意旨，胡嘉所编外国史，请不必续成云。一时许汉、滋两儿奉珏人往瓷器库普渡寺后巷，看昨为静鹤所赁之屋，馀人各归工作本位矣。余候至二时三刻始见珏归，乃步往总处处分杂事。定明日起更改办公时间，上午八时至十二时、下午一时至五时已出布告矣。芝九、尔松来访，谈片晌即去，以将夜饭故。六时下班，天已黑，即步归，小胡同中竟须摸索而行，殊见困顿。夜饭后，润、琴、滋、湜挈阿凤同往大华看《攻克柏林》电影。余及珏人留家。十时就寝。十一时润等始归。

11 月 9 日（九月三十日　戊申）星期四

阴，地略润，近午放晴，下午畅朗矣。晨六时起。八时三刻出，步往总处视事。达先昨得瑞卿电报，知业熊、静鹤一家已由汉北来，计时明晨九时可到，幸已为赁妥房屋，只需略加打扫便可住入，当另作一番安排也。十二时步归午饭，晓先夫人在，因共啖面，饭后少坐即行，一时又到总处。沪京津同人为评薪延办事有表示，余意自当即办，只以意见不统一，遂致办不通，奈何。（洗人养疴，申浦、达君滞踪香港，雪山忙于联发，一切重任全凭仔肩矣。）五时下班，仍步归。滋儿车送什物至普渡寺后巷，会达先、汉儿亦送物去，

大致楚楚,俟静鹤到,可以应付矣。六时半滋归,遂共夜饭。饭后
又理书。接漱儿六日都字七号书报近况。十时就寝。时事日紧,
店事日纷,竟难安睡。

11 月 10 日(十月小建丁亥　己酉　朔)星期五

晴冷。晨六时起。八时三刻出,步往总处。九时属清、汉、滋
三儿往前门车站迎业熊、静鹤。接绍虞七日两信(上下午分到)。
接迪康信。十二时归饭,晓先、芷芬、润儿俱在,有顷,清、汉、滋导
熊、鹤及升埼、升基、升埣、升埸与新生之外孙至,盖车到脱班,顷方
自普渡寺后巷安置行李毕,始来谒省也。十二年不见,相当狼狈
矣,转觉无言,默对良久始具饭。饭后余等仍各到处办事。傍晚珏
人、湜儿乃送熊、鹤等去演乐胡同云。接千帆信,自沪转来。余下
午写两信,一致西谛转绍虞书,为乃乾呼援,一复迪康,述踞炉苦
衷。五时下班,与琴、滋步归。夜饭后润、琴出访陈贤辉,九时半
归。十时就寝。

11 月 11 日(十月初二日　庚戌)星期六

初阴有风,午后放晴加冷。晨六时起。八时三刻出,步往总处
视事。书复刚主。十二时步归午饭,饭后即行,一时召开部室主任
座谈会,商量派送出版总署所征干部短期训练班学员事,开明应调
三人,决一室两部各提一人,由各单位自行决定,候汇送。旋经讨
论,结果办公室提曹永锐,生产部提王滋华,营业部提赵惠岩,须下
星一始得核定云。静庵来访。振涛、翔云来访。复程千帆。复郭
绍虞。五时下班仍步归。夜饭后润、滋之同学王传英来访,其人新
由清华大学毕业,现在邮电部工作。佩华归。九时半传英辞去。

十时许就寝。

11 月 12 日（十月初三日　辛亥）星期

晴冷,有风。晨七时起。十时鞠侯、祖璋、伯恳来访,谈移时去。十一时珏人往演乐胡同,应必陶夫人之招吃弥月酒。十一时半稚圃来,谈至午去,留饭未果,承以延光室所印书谱真迹见贻,至纫也。十二时饭,润、琴犹未返,一时始归,重具餐焉。饭后润、滋、湜、琴、佩出逛市,余独留。接李湜、王业康、姚平请柬,晚六时在萃华楼宴饮,乃青年出版社负责人也。四时乘三轮往演乐胡同访均正、调孚,知均正、祖璋、士敫俱接柬,因留谈至六时,与均、敫俱赴萃华楼,晤李、王、姚三君及静芷、静庵、公文、和坤等,凡两席,大都三联同人也。八时半散,乘三轮径归。珏人午前出覃家,具晚餐款之,午间即在清、汉所饭,余往演乐胡同时始知之,比筵散归,珏犹未返,润儿往迓之,九时三刻始见返,盖与墨林长谈耳。十时半就寝。接致觉书,知勋初作古,甚悼。

11 月 13 日（十月初四日　壬子）星期一

晴寒,路上见冰。晨六时起。八时半出,步往总处,冒风以行,殊见艰苦矣。北地早寒,有如此者。室内初炽炉。移案整理抽屉。十二时偕达先、澄之往新开路西口潇湘酒家吃面及银丝卷、肉包子,遇佳生,因共座焉。食后返处。二时主开处务会议,决定加辟单身同人宿舍及评薪等案,移送业务会议诸事。五时下班仍步返家中,以今日为润儿生日,清、汉两儿俱同归吃面,晚饭后聚坐闲谈,八时半清、汉归去。九时一刻余即就睡。接洗人八日书,知体气难复,今冬或且滞南云。接惟精十日书,托询清瓷市价,其人盖好藏旧磁者。

11 月 14 日（十月初五日　癸丑）星期二

晴寒，道上冰益多。晨六时起。八时三刻出乘三轮赴总处。为参加中国图书发行公司事雪山抽人往助，致开明本身工作每多积压，将来五家干部联合会议开过后，正式联管处成立，不知又将成何景象也。十二时步归午饭。饭后少坐便行，仍到总处视事。接予同十一日复书并转到洗人书，知体气难复，一时决不能北来也，为之长叹。五时下班步归。芷芬在，因共夜饭，饭毕即去。静鹤来省，旋去，夜饭后润、琴往看之，八时半归。湜儿晚归，为重具餐。九时半就寝。

11 月 15 日（十月初六日　甲寅）星期三

晴寒，道上积冰不消。晨六时起。八时三刻出乘三轮赴总处视事。十二时步归午饭，饭后仍步行到处。二时列席业务会议，到静芷、灿然、雪村、彬然、芷芬、雪山、均正、士敫八人，育才未到，锡光、调孚均列席，临时推雪村主席，舌剑唇枪，机锋四起，夫己氏挟霜霆以抟击人，一时获逞矣。关于评薪及芷芬去留事俱得解决，惟待尸位者挺身挨打耳。自蹴炉火噬脐，何及只怪人情味太重，代洗人受过也。会期自午后起直至晚九时半始散，中间惟六时至七时夜饭稍得休息，虽潇湘酒家所治之湘菜，亦食之未甘也。散会出，步至西总布胡同东口，乘三轮归，时滋儿偕阿凤往视静鹤未归，湜儿在北京剧场看《和平鸽》。有顷，滋、凤归。十时半就寝。十一时湜儿始归。

11 月 16 日 (十月初七日　乙卯) 星期四

晴寒如昨,傍晚略润。晨六时起,尚未全明。八时三刻出步行到总处。出版总署通知调训干部须缓办矣,或亦与时局有关乎?十二时步归午饭。一时半复到处视事。五时下班仍步归。明晚在家备肴,请业熊,拟邀芷芬、达先、诗圣、雨岩、纯嘉、世泽、继文、锡光同与,已遍约之。夜饭后湜儿偕静鹤来,盖湜放学后径往看静,复、同到清、汉所夜饭,然后偕归也。佩华归。九时许静鹤辞归。余理书至十时始寝。

11 月 17 日 (十月初八日　丙辰) 星期五

连朝浓霜,晴寒。晨六时半起。八时三刻出步往总处视事。雪山又以琐事横干与争甚愤,若辈居心如此,诚不可以理喻矣。十二时步归午饭,适芷芬来饭,因与畅谈,颇以山事为戒,勖宅心忠厚。饭后步返总处。下午锡光拉拢将上午事明日召开处务会议解决之。五时下班,约世泽、诗圣、纯嘉、雨岩、锡光、继文、芷芬、达先同归晚饮,业熊已先在,清、汉及建昌亦来。饮后聚谈甚欢,九时半始散去。十时就寝。

11 月 18 日 (十月初九日　丁巳) 星期六

晴寒。晨七时始起。八时三刻出步往总处。联棠自穗至,元载、学麒及工友陆银富自沪至,俱于晨七时至九时间到。九时三刻开处务会议,联棠、锡光均未参加,祖璋、至善又横肆讥弹,纵经解释而意存挑剔,殊不可以言喻矣。十二时半方毕,因与联棠、雪山、锡光、孝俊、达先、诗圣、雨岩同往东单新华南菜馆午饭。饭后步返总处,准备董事会报告。接洗人一函(马元载带来)。予同两函(一付邮来,一带来)。洗人迄未康复,附致董会函属代续假。予同书,一报洗人病状,谓至堪殷忧,一属照拂光岐,盖近又牵动旧疾也。午后先复予同,陈近状并告决心引去。润、琴本拟今日南行,临时车票为政府所揽去,只得延缓。五时半雪村、彬然来,有顷,力子来,又有顷,觉农来,至六时乃就坐晚餐。甫举箸而西谛至。饭已,即开董事会,士敦以业委书记列席,经详细报告后,决定照业委意见接受干会前此所提薪给案修正通过。(本无问题,只为雪村有意高调,遂致周折遭议,再经由学会声色业染,集矢于所谓总经理焉耳。)最后讨论洗人续假案,余力持一月前诺之说,煞费唇舌,始由力子、西谛、觉农、彬然之支持,得将代理名义解除,然办公室主任兼职未去,终堕圈套耳。直磋谈至九时半始解决,分路散归,润、湜两儿已在外间相候,乃以电炬为导,扶将以归。珏人以连日劳动,致神经痛复发,余归已睡矣。平伯来总处,承赠所书《醴泉铭》扇面照片,可感也。余连日沉气,今晨即感便闭,午后及夜饭三次如厕,讫无影响而腹胀胸懑,周身不舒,甚矣我惫也。夜寐不宁,为胀懑故,虽两起仍不得解。

11 月 19 日(十月初十日　戊午)星期

晴,略和。晨七时起,大解未畅,胃纳顿呆。十一时平伯饬人送龙榆生书来,拟为溥西园刊行遗著。此事今非其时,恐无望也。胀懑未消,午饭亦仅一碗,夜虽勉持一杯,饮后啜粥而已,体气陡衰至此,刺戟之为患甚矣。午后润、琴往看世泽,居然得票,二时三刻归来,三时即由滋、佩、湜伴送如前门车站,俟开车然后归报,已五时矣。沛霖伉俪见过,坐谈移时辞去。汉挈元错、元镇、元鉴及升基诸孙来省,芷芬亦随至。入晚芷、汉等归去,留升基住此。夜饭后闲坐至九时就寝。

11 月 20 日 (十月十一日　己未) 星期一

晴,较暖和,傍晚起风即止,夜月甚好。晨六时三刻起,精神不振,步履吃力,八时五十分勉强出,缓步往总处,疲甚。十二时偕敦、清、汉、滋归面,以今为珏人生日也。静鹤挈升堉、升垲来,亦为珏人生日来吃面者。午后敦等返处办事,余即未出。写信与雪山辞办公室主任,即举士敦真除并再致书于力子辞襄理,附钞致雪山函底。又分致圣陶、彬然、觉农、西谛,皆送山函钞底,告所任开明本兼各职分别辞去矣。夜饭后静鹤、堉、垲辞归,基仍留。滋为钞函底备明日发出,九时半始毕。十时就寝。

11 月 21 日 (十月十二日　庚申) 星期二

晴和如昨。晨六时半起。写信与锡光,托转均正、调孚,亦附函底说明原委,连昨备各函统交滋儿带出,分别托士敦送达,目前诸事较有安排,心头转得一松矣。午饭后汉儿来省,劝暂请病假,不必辞职。三时公共卫生局来劝种牛痘,亦甚感麻烦。五时清儿来省,为余事竟致涕泣,余心负疚,谁实为之,只有呼天一问矣,奈何? 有顷,清去,均正、调孚、锡光、达先、诗圣俱至,金以大局严重,不宜恝然出此,力劝收回前信,暂时在家休养。达先当将晨间所托各函原件陈还。(致圣陶、彬然者已由至善带去。)余重违其意,无法固执,姑收回,爰将原函录存,亦他日一重公案也:

　　　山公台察:弟入冬以来体力顿衰,初无疢疾,忽感不舒,来势甚锐,必非细故,只以洗公南去暂属庖代,不得不勉事支撑,依时到班。一月以来，支绌万状，幸赖我公之扶掖及诸同仁之翊助，仅免覆辙，中心菀结，益增负荷。前日得请于董事会解除代职，由我公主持全局，深为公司额手。良以我公元功宿望，必能振导群伦，纠正偏差，措公司于磐石之安也。在昔弟奋兴过当，有如中酒。及至宿醒已解，转觉疲惫难任。昨日星期休假，胃纳陡呆，胸懑腹胀，动弹维艰。今日强起来店，虽乘车以行，亦大感心跳头晕，腰脚酸楚。窃自惴之，恐难久支，再三思维，非闭门自摄，断难复健，用敢沥诚奉白，请将办公室主任兼职即予解除，所有事务章副主任士敫自克担承。在章君年力方富，正宜及时磨练。况在大力甄陶之下，必能展布所长，协赞一切。明日起弟即拟在家调养，冀回健康，维我公务有以玉成之至，襄理一职，早已完成历史任务，目下视之，几等刍狗，除径函董事会请求解免外，亦恳垂察愚忱，力予支持。方今革新伊始，百端待理，临难苟免，必滋物议，而陈力就列不能者止，亦为古人所尚，弟量力知止，自谓并不悖义，想我公身行数万里，莅事数十年，洞究物情，深谙世故，宜蒙含笑首肯耳。专肃即颂大安，并维朗照不宣。

所以录告力子诸公者，正恐他日口耳相传，昧此真相，误会滋多，转增恶声耳。少坐，均正诸公辞去，余惟有铭感老友之关切而已，夫何言哉。六时半夜饭。九时半就卧。初时月色甚好，临睡陡生云翳，顷刻冥黑，中夜以后复现皎洁矣。

11 月 22 日 (十月十三日　辛酉) 星期三

阴霾竟日，气较暖。十一时雪山、联棠、子如、达轩、景城、守中、雨岩来访，子、达、景、守今晨方从上海来京，赶到出席五联干部会议者也。略谈未久即辞去。午饭后芷芬来，未几晓先、芝九偕计剑华来。剑华已入人民教育出版社，亦于今晨到京也，谈移时辞去。二时许静鹤来，四时半挈升基去。傍晚，工友张幼宣送绍酒两瓶至，谓达先将来晚饭，属伊办来者。有顷，达先至，盖先已赴出版总署洽事，乃来慰候余者。甫坐定，而滋、湜亦归，因共饮，且夜饭焉。饭后与达先痛谈，尽情一吐，亦稍快舒也，近九时辞去。余咳呛不止，涕痰交涌，殊可厌，而步履总感吃力，且怕风，短期内恐难出外耳，十时就寝。

11 月 23 日 (十月十四日壬戌 小雪) 星期四

阴寒晚晴，夜月甚姣。晨七时起。竟日未出，亦无客至。饭后珏人偕湜儿出，以湜儿下午无课，遂偕之往东单市场闲逛也，四时半归，为余购得长方小几一，乾隆窑瓶一，共九万七千元云。夜小饮，滋儿以接待沪来同人，在八面槽聚餐，未归也。八时许清儿偕芷芬、元章、之刚、迪康来访，谈至九时半辞去。有顷，滋儿亦归。今日宜有润、琴信而竟未至，不识因何懒笔如此也。生产部送罗尔纲笺证之曾氏所藏《忠王李秀成自传》原稿(即亲供底本)来，属审阅，午后即披阅一过，拟俟明日好好细看也。十时就寝。

11 月 24 日 (十月十五日 癸亥) 星期五

晴寒，厚冰，晾衣见曝即冻，南方无此骤冷也。七时起。竟日未出，下午与湜儿整治堆书，将若干可纳橱书之背后者尽量收容，至晚勉毕，《丛书集成》橱头杂堆之帙廓然一清，大致楚楚，眼为之明矣。今日锴孙生日，滋儿下班后即往演乐胡同吃面，面后同往大华看《攻克柏林》下集。汉儿饭后曾来邀请珏人往面，以畏风增咳而止。入夜小饮。饭毕,阿凤以多票饬往大华看戏,九时许偕滋儿归。十时就寝。

11 月 25 日（十月十六日　甲子）星期六

晴寒如昨。晨七时起。达先来省,坚请今晚务往董、业两会之座谈会,并告愈之、圣陶俱到也,旋辞去。为生产部审罗稿,书审读意见与之。午饭时清、汉及元锴偕滋儿同归,元镇则晨与达先来者,共饭毕,谈至一时一刻乃去。据汉儿云,今晚之会以力子,政院临时有集议暂延,见有油印物分送受柬者,或将送来也。余既知之,当然不往,但此通知迄未见到耳。三时属湜儿送锴、镇归去。接君宙廿二日复书。接琴珠廿三日报安抵沪上书。五时半滋儿归,匆匆饭已,即复往总处开团小组。六时三刻佩华归,即令复书与琴珠,属即返。九时半滋儿归。十时就寝。

11 月 26 日（十月十七日　乙丑）星期

晴寒,午后回暖,冻略开,傍晚起风,又转冷。晨七时起。竟日未出。珏人偕滋、佩、湜于十时后往演乐胡同清、汉家。午后调孚见过,长谈,谓愈之曾约谈,于开明前途颇有启示云。近四时调孚辞去。有顷,滋、佩归。将晚,珏人归,言湜儿偕元锴游北海公园,未克同返也。六时夜饭,湜始归。以天气陡寒,九时即濯足就寝。中夜一时醒,风揭窗纸,终宵未停声,遂失寐,迄明风止。接淑华信,知近状尚佳,已晤及润、琴矣。

11 月 27 日（十月十八日　丙寅）星期一

晴寒。吾室初生地炉。晨七时起。九时出乘三轮到西总布胡同,达先、联棠等正在灯市口五单位联合干部会议参加开幕礼,举未晤,仅晤均正、调孚、锡光、诗圣等。接云章天津来书,知在滨江道招商局船务科任事,即复之。十二时归饭,仍乘三轮行,犹感两腿不舒也。饭后晓先、芝九见过,出云彬柬余两绝句,有"萧朱隙末多先例,且将馀怒付东流"之语,老友关切,频加慰藉拜嘉多矣。一时五十分晓先、芝九辞去,余以感乏力竟未复出。下午围炉读归玄恭《万古愁》曲,洞观世态,举目沧桑耳,胸为一宽。五时湜儿先饭即往长安戏院参加五联联欢大会,滋则由店径往矣。六时小饮。夜饭后与珏人、阿凤围炉絮话。十时就寝。十一时滋、湜偕归,隔窗禀白各归卧,余始安枕入睡,老去情怀若是,其可笑乎?

11 月 28 日（十月十九日　丁卯）星期二

晴寒。晨六时半起,隔夜炉火犹可接也。九时许出乘三轮往总处视事。十二时归饭,仍乘三轮行。饭后一时五十分复出乘三轮到处接北大文科研究所请柬,约明晚在孑民纪念堂宴饮,适董、业联会改于明晚举行,是彼此冲突矣,不得已,作书与莘田辞谢之,甚拂盛情也。五时下班乘三轮径归。芷芬来,因共夜饭,饭已略谈便去。九时即寝。

11 月 29 日（十月二十日　戊辰）星期三

晴寒。晨六时半起。九时出乘三轮到总处,将昨日所写分致洗人、予同书交分店科转沪处。北大文科研究所请客,为迁就我店今晚之会事改于明夜举行。两次来电话接洽,殊隆重,盛意弥可感也。十二时归饭,仍恃三轮。下午二时复出,乘三轮赴处。五时许彬然、灿然、雪村、育才、圣陶、西谛、静芷、力子陆续至,最后愈之到,觉农则以牵于他会,未克来。六时半开宴,凡两席,余与力子、育才、静芷、彬然、圣陶、灿然、西谛、愈之同坐,其他均正、调孚、祖璋、达先、联棠、诗圣、雪舟、达轩、锡光、雪山别列一座,菜肴由潇湘酒家承办,颇丰腆,而湘味甚佳。移时席散,开始座谈,于组织及已往检讨又絮叨一番,业会所提报告表面自己引咎,而处处攻击总经理,力子卓然以为不可,须大加修改始能发表云。拼命以文化对立为工具,此獠之心肺,诚别有安排者矣。磨延至十时始散,其实无所决也。滋儿八时即来候,至此相将离处,各乘三轮以归。到家两足冷甚,即就寝。

11 月 30 日（十月廿一日　己巳）星期四

晴寒。晨六时三刻起。八时五十分出,步往西总布胡同总处视事。达先等又在开会,竟日未之见。十二时归饭,亦步行。饭时清儿偕滋儿同归,谈至一时先去。二时许余复出,步往总处。五时半圣陶、云彬来,六时余与均正、调孚偕乘圣陶之车,驶往松公府北京大学孑民纪念堂赴莘田之约。其地本傅恒故宅,今为北大博物院之一部。中设蔡孑民铜像,陈列藻饰俱极华贵。坐有顷,西谛、有三、锡予先后至,莘田、毅生、静庵、觉明早在候晤矣。七时就席,宴饮至八时许散,谈至九时三刻始辞出,仍乘圣陶便车送云彬等归,然后经南小街即在小雅宝西口下车,步返家中。时滋儿正在青年宫看话剧,余坐至十时半就寝,比滋归,已十一时一刻矣。

12 月 1 日（十月廿二日　庚午）星期五

晴寒。晨六时五十分起。九时出乘三轮往总处。写信寄颉刚,询前邮到未并陈近状。是日起,在总处包半膳午饭,即未归。

下午看《宋词举》。五时下班仍乘三轮归。夜小饮。接润儿书,知今日成行,预计三日必到京,甚慰。九时就寝。

12 月 2 日(十月廿三日　辛未)星期六

　　晴较昨前略和。晨六时起五十分起。九时乘三轮赴总处。晤达先,畅谈移时,开明前途障翳仍多,断非枝枝节节所能解决,恐终致望望然而去之耳。饭后迪康、瑞卿、宗岱来晤,有顷,偕达先同以出席会议引去。看杭州王有宗《今字解剖》,甚有条理。五时下班乘三轮归。静鹤挈升塇、升垲(新生之外孙,最近余命名)在,即留之过宿。夜小饮。饭后佩华归。滋儿以团中集会,到西总布胡同去,九时半乃返。十时就寝。

12 月 3 日(十月廿四日　壬申)星期

　　晴和。晨七时起。促滋、佩、湜准备赴前门车站接润、琴。七时三刻出,饬阿凤随往。沪车本于八时二十分到京,乃临时改动,且误点,直至十时另七分始接到,及归来见余,已将十一时,带到漱儿信,甚慰。泽如、永锐、裕康、树成、学麒来谒,泽如已辞去开明,在财政部粮库任营造工作,不负所学,亦可喜也。芷芬、清、汉及建昌、元鉴来候,润、琴将午与泽如等同去。平伯见过,留与共饭,谈至下午二时辞去。四时许业熊挈埙、基、垞三孙来省,夜饭后偕静鹤等归去。九时许即寝。

12 月 4 日(十月廿五日　癸酉)星期一

　　晴较昨寒。晨七时起。九时出乘三轮到总处。在滋代母寄潘、漱函中各附两语报平安。偏头痛甚剧,每晚醒来,左手麻木,殊非佳兆,或以室内生火故,且随它去者。饭后作书寄伯衡,告润、琴安归并谢赐物。静鹤颠沛甚,其次女在抚顺者,又告病急切不得钱,余假十五万元与之,俾速汇出。五时下班仍乘三轮归。到家小坐,便尔入晚,即暖伯衡所贻酒小饮焉。夜饭后滋儿奉珏人往东安市场购物,移时即返,润、琴、滋、湜灯下围谈至九时许始各就卧。

12 月 5 日 (十月廿六日　甲戌) 星期二

晴寒。晨六时半即起,天犹未大明也。八时五十分出乘三轮赴总处。五单位联合干部会议已完毕,今日上午即晤到雪山、雪舟、达轩、联棠、子如等。芝九来谈,约明夜饭余家。饭后一时半雪山召余及达先、锡光、调孚、均正、联棠、雪舟、子如、达轩谈话,决定七日起召开出席五联代表及部科主任各级工作会议书记座谈会,九日止,将泛谈今后分工任务及待遇问题云。通告当日即发出。五时下班仍乘三轮归。入夜小饮。饭后围炉闲谈,家人妇子融融如也。十时就寝。接云章复书,知其夫人已南归,星六或来京谋晤也。

12 月 6 日 (十月廿七日　乙亥) 星期三

晴较昨和。晨六时五十分起。九时出乘三轮到总处。雪山正召集各分店经理及各地职工代表谈话,余别视事,未与焉。接予同信,询近状。午后写信复云章,属星六来京把晤。是夜三联联营及开明联合招待三家代表于森隆,以示慰劳,余以先约芝九在家晚饭,亦未参加此会。五时下班仍乘三轮归,到家晓先、芝九已在,遂共小饮。夜饭后长谈至八时半乃辞去。清儿挈建昌、元鉴于夜饭后来省,九时一刻归去。滋儿在家,夜饭后复到店演习,十时乃返。

余俟滋归，濯足就寝。

12 月 7 日（十月廿八日　丙子）星期四

早上彤云四塞，似将雪，近午开霁，转不甚寒。晨六时三刻起。七时五十分出，与琴珠同往总处。参加座谈会，八时至九时由联棠作五单位联干会情况传达报告，九时半至十二时由达先作总管理处报告。牖青见过，谈片晌去，盖亦充中华代表来出席联干会者。饭后作书与圣陶，告近状，并转致觉信与之托代谋。接绍虞四日函，复余前书并询版税新办法。下午一时半续开座谈会，先由均正作生产部工作报告，至三时。余为雪山所拉前往五联临时办事处（在中华驻京办事处内）出席会议，提名参加中国图书发行公司管理委员会，晤久芸、傅卿、孝侯、公文、太雷、国钧、农山、达人、屏翰等诸君，开明提出洗人、雪山及余三人参加管委会，五时犹未了，余乃先退，返抵总处，同人已下班，纷往米市大街青年会参加本店联欢晚会矣，致联棠所作营业部工作报告竟未之闻也。稍稍整理讫，即离处乘三轮赴青年会，有顷，同人到齐，即摸彩入座，饭时，余略致辞，馀人说话者不少。饭已，馀兴有活报、相声、京昆剧清唱等，皆同人自表演，余亦被推唱《板桥道情》一段，至九时一刻始散，与琴珠各乘三轮归。业熊以取棉服来我家晚饭，余归晤之，移时滋儿下装归，遂偕熊同出，过利华制服号顺送渠回。有顷归来，知棉服竟未做好，须明日下午始可送来云。润儿夜饭后出访光暄，至九时半乃返。十时就寝。

12 月 8 日（十月廿九日丁丑　大雪）星期五

初阴旋晴，风作，午前后尤甚，气又转寒。晨七时起。九时出乘三轮到总处,本续开座谈会,以临时五联代表召开联席会而止。复绍虞。下午一时半代表复回,乃续开座谈会,由各分店经理报告情况,并传达同人意见。五时尚未毕,宣告延会。余乘三轮返,业熊在,棉服已取到,夜饭后归去。家人围炉取暖闲谈,至九时半各归寝。

12 月 9 日（十一月大建戊子　戊寅　朔）星期六

晴寒。晨七时起。九时出乘三轮到总处。同人应公会之号召,多有参加庆祝平壤解放大游行者,各地分店代表几全部与之,清、汉、滋三儿俱去。为予同暂支五十万元,送出版总署马君托带与光岐,因作书复告予同;兼陈最近心境,俾共喻之。复书沪处转洗人,慰问康复。复书西谛（前有信来）,为余心清托售书已代介五联事。下午二时五联又召集会议,余以总处仅留一人,未便抽身,竟不往。受生产部托,看谢再善重译本《蒙古秘史》。五时下班乘三轮径归,滋儿已散队先回家中矣。入夜小饮。七时许佩华归。润、琴夜出,九时三刻乃归,余已就卧矣。

12 月 10 日（十一月初二日　己卯）星期

晴寒。晨六时半起。今日仍开座谈会,未往,书条与达先请假。九时三刻圣陶来访,谈极畅,留与共饮。饭后二时偕往东四十条访介泉,晤之,又纵谈至四时半,始与圣陶辞出,竟未及往过觉明也。与圣陶同步至九条东口而别,伊走归,余则乘三轮径返,已垂黑矣。知友聚谈,竟日为乐,久无此快矣,今乃得之,殊慰岑寂。静鹤挈升基、升埒来省,晚饭后去,留升基住此。滋儿为结婚事格于团颇懊,余谓此等处行其是可也,何必多所顾虑乎,稚子无用,徒闷损何为。十时就寝。

12 月 11 日（十一月初三日　庚辰）星期一

晴和。晨五时五十分即起，长空满缀繁星也。八时三刻出乘三轮赴总处，即偕达先过中华办事处出席中国图书发行公司之管理委员会，通过五单位合约，十二时方散，步返总处午饭。座谈会照常开而余牵事未克与。下午写信三通，分复君宙、惟精及致觉。与雪山、锡光、均正、调孚、达先、诗圣、至善、纯嘉、稚圃、雨岩、统汉、世泽、龙文、祖璋，约订于明日晚上六时在总处，公宴雪舟、联棠、迪康、亮晨、镜波、子如、伯泉、沧祥、元章、瑞卿等各分店经理及各职工代表包景城等，帖已分发，菜亦定妥，仍由潇湘承办。五时下班，偕均正、沛霖、滋儿过新开路访调孚、志公之家，志公早已住入，调孚则昨始搬来者也。少坐已黑，即辞出，徐步以归。夜小饮。饭后清、汉来省，顺为滋婚事商得办法，谈至近十时归去，有顷，各就寝。

12 月 12 日（十一月初四日　辛巳）星期二

晴暖，地润。晨六时起。八时五十分出乘三轮赴总处办事。座谈会上午下午均行，症结所在，厥惟待遇，沪处青年同人表见尤不入眼，思想云云，奚啻千里，是岂时代病乎？中国图书发行公司已成立总管理处，邵公文任总经理，开明已被抽去五人，章锡珊任副总经理兼秘书处主任，陆联棠任服务部长，章士敫任秘书，沈陶孙及李统汉备用云。夜六时半在办公室大会议室举行宴会，主客俱到，独缺津店吴述彭耳，且谈且饮，至八时始散。余为雪山所留，与锡光、雪舟、联棠、均正、调孚、士敫谈分店人事，备明日分别召各经理谈话也。九时均正、调孚先行，润儿亦来处迎余，近十时余亦行,与润步归。到家已十时一刻,滋儿亦方自清所归来也,余少坐即寝。

12 月 13 日（十一月初五日　壬午）星期三

晴和。晨六时半起。八时五十分出乘三轮到总处。九时半与雪山、锡光、诗圣、雪舟召蓉、昆、渝三店经理及职工代表谈话,尚允洽,十二时三刻始毕,因同到潇湘酒家吃面。饭后返处,云彬、觉明先后见过,共谈至二时半始辞去,盖伊等与西谛、金甫、平伯等俱在中华办事处谈古典文学出版事,已决由彼接受出书矣。开明交臂失之,为他人所先,又蒙拒人之名,殊感遗憾耳。下午召穗、长、汉三店经理及职工代表谈话,沪店经理列席。五时犹未毕,气氛亦尚好,余以有云彬之约,即乘三轮遄归。至则云彬与晓先已先在,谈有顷,晓先去,云彬留,相与小饮,饮后谈至七时半乃去,盖往长安戏院看梅兰芳演剧也。汉儿来晚饭,饭后奉珏人往吉祥戏院,看白云生、韩世昌演《贩马记》,十一时半始偕归,汉即留宿焉。余十时就寝,俟珏等归始入睡。

12 月 14 日（十一月初六日　癸未）星期四

晴暖如昨。晨六时三刻起。八时五十分出乘三轮赴总处。上午会同雪山、锡光先召杭、宁、津三店经理及津职代谈话,达轩、景城、守中皆列席,问题亦多得解决。久芸、公文、傅卿、家凤及新城等,俱在开明别室谈版税事。抵午,与偕赴新华南饭店吃饭。接亚南带来予同复信。写信再寄致觉,送翻译工作者登记表去,属填来备代送出版总署翻译局。下午仍与雪山等召达轩等续谈,专谈沪店问题,虽纠葛较多,以恳谈披诚,亦多得解决,初不料气氛如此良好也。五时下班乘三轮径归。入夜小饮。夜饭后小坐。八时刚主见过,谈至九时半辞去。十时就寝。

12月15日(十一月初七日 甲申)星期五

雪,顷刻即积厚数寸,过午始止,终阴。晨六时三刻起。九时出乘三轮冒雪赴总处。各分店来人多陆续归去,只昆明须暂留而穗店则以车票未得,定明日走耳。景城行,余以便物托之带与振甫及濬、漱并作书复予同,亦属渠携去。下午五时下班,以不得车,与滋、琴徐步归。夜饭后润、琴、滋、湜俱出看电影,看后复往演乐胡同闲谈,十时始归。余坐床拥被,待润等返后始睡。

12月16日(十一月初八日 乙酉)星期六

晴寒,有风。晨六时三刻起。八时五十分出乘三轮赴总处视事。下午三时偕均正、调孚乘三轮往文津街北京图书馆,应馆中之请参与太平天国革命史料展览预展,盖为金田起义百年纪念而作也。在场晤有三、馀庆、静庵、毅生、亚子、仲澄诸人,巡历一周,即由有三导往善本室晤斐云,又得摩挲新装赵城藏经、《永乐大典》及铁琴铜剑楼、海源阁诸名本,四时半乃辞出。寒风凛冽,三轮难任,乃候二路公共汽车东行,调孚在东安市场下,余与均正在灯市东口下,分别各步归。到家,清华、静鹤及升埒俱在,因共夜饭。饭后静挈埒返去,清、滋、琴复往总处参与欢迎王亚南晚会,九时半乃归。佩华八时归。十时各就寝。

12月17日(十一月初九日 丙戌)星期

晴不甚寒。晨七时起。十时晓先来,有顷,芷芬来,谈至十一时三刻,同应均正、国华伉俪之招,往新开路西口潇湘酒家午宴。余与珏人乘三轮行,晓、芷则步以往,赴宴者十对,为余及圣陶、云彬、彬然、晓先、佳生、调孚、芷芬、至善、达先等诸伉俪,惟云彬夫人以体气不胜未到耳。凡两席,锡光、联棠后至,亦参与焉。一时半散,珏人偕晓先伉俪先归,余与云彬逛东单市场,买得康熙青花瓷盘及道光宝蓝瓷盘各一事,用三万元,涉历一周乃出,仍偕云彬乘三轮返寓,长谈抵暮乃辞去。介泉见过,适出,未晤,极歉。珏人到家后复偕晓等往演乐胡同,亦垂暮始归。入夜小饮。夜饭后坐至九时许即寝。

12 月 18 日(十一月初十　丁亥)星期一

晴和。晨六时半起,佩华已出赴新华书店矣,想见公营书店之夙兴夜寐也。八时五十分出乘三轮赴总处视事。下午一时半出席第七次处务会议,至五时半稍休即在处中夜饭。饭后续开会议,直至八时一刻始毕,凡解决人事等案五十馀件,亦可谓大刀阔斧矣。离处,乘三轮归,到家已将九时,滋儿去北海溜冰尚未返,有顷乃归。十时一刻就寝。接淑华信,告将参加军事干部学校,对现状分析至确,可嘉也。

12 月 19 日(十一月十一日　戊子)星期二

晴和如昨。六时起,徐步庭中,星斗犹灿然当顶也。八时五十分出乘三轮到总处。寄书介泉,约星期日来家便饭。诗圣病假,处会未了诸事俱阁矣。下午五时下班,与敩、清、汉、滋、琴徐步,由南小街返,敩等行至小雅宝西口径向北去返演乐胡同。入晚小饮。夜饭后属润儿为余复书淑华,敦勉进行。滋儿往清、汉所闲谈,九时半乃归。十时各就寝。

12 月 20 日（十一月十二日　己丑）星期三

晴有风,转寒。晨七时起。八时三刻出乘三轮赴总处视事。诗圣仍未到。寄书予同,告光岐近状并略告余心境。复淑儿书即寄出。下午五时下班,仍偕滋、琴徐步归。入晚小饮。夜饭后家人围炉共话,九时半各归寝。

12 月 21 日（十一月十三日　庚寅）星期四

晴寒。晨七时起。九时出乘三轮赴总处视事。雪山、达先俱往中国图书发行公司开会,饭时乃归。写信寄漱儿,复伊托亚南带来之信并将淑儿来信交阅。接颉刚十八日复信,为曲园及春在堂书版事属告平伯,因即致书平伯并复颉刚。接致觉十八复信,填来翻译工作者登记表,拟托圣陶为设法。介泉电话见告,允于廿四日来我家便饭。下午五时下班,先乘三轮径归,清、汉、滋、琴随偕亚南、淑苏、达先来,润、湜先已在家,有顷,佩华亦归。六时遂共夜饭,各饮汾酒少许。饭后围炉欢谈,近九时佩华辞返新华,有顷,清、汉、达、南、苏亦去。十时半始各就寝。达先夜饭前告我,今日图书发行公司之会,已将开明办公室营业部之科级干部悉数抽去云,事前并未透风,今后事务亦无交代,是处心积虑欲打破现局以为快耳,尚何遮饰足以蒙人乎!余惟听之,虽欲容心亦徒劳也。

12 月 22 日（十一月十四日辛卯　冬至）星期五

晴寒。晨七时起,心头不舒,竟日未出,移花就日,摊书闲读而已。饭后本拟偕珏人游北海公园观溜冰,以风大而止。四时湜儿自校归,越半时滋儿亦归,告余上午平伯见过,留条而去云,想为春在堂书版事耳。入夜小饮。饭后围炉闲话,至九时后就寝,风撼窗牖,至影响睡眠也。

12 月 23 日(十一月十五日　壬辰)**星期六**

晴寒,不甚烈。晨六时半起。八时五十分出乘三轮往总处视事。见平伯昨留之条,即以附致颉刚托代转沈勤庐。国华来访,为均正版税有所争持,余为解释之。午后电话告平伯,已将渠意达颉刚矣。作书与予同,询乃乾近况,所事究得解决否?五时下班,以不得车,缓步归。到家知静鹤之老同学王慧芬偕其弟在我斋中,湜儿已往瓷器库招静鹤矣。有顷,静鹤与湜来,乃共留夜饭,饭已少坐即辞去,静鹤送之,亦径行归去矣。佩华七时归。滋儿未到馆。下午伴珏人往吉祥胡同访问雪村夫人,归道过北海公园看溜冰,四时半始返云。夜围炉共话家常,十时就寝。

12 月 24 日(十一月十六日　癸巳)**星期**

晴不甚寒。晨七时起。十时介泉来长谈,十二时饭,饭后赓谈至四时许始去,可谓畅矣。芷芬下午三时来,达先、清华、建昌四时来,汉华、蕴玉、元鉴偕琴珠四时五十分来(琴珠在外午宴,与汉同归)。五时芷等共往光暄家看守勤。近六时复返,因共夜饭,饭后略坐,芷等乃去。八时缝工张姓送衣服来。十时就寝。

12 月 25 日(十一月十七日　甲午)**星期一**

晴,有风,朝有浓雾,仍寒。晨六时三刻起。八时五十分出乘三轮赴总处视事。同人宿舍事本已解决,乃部分同人枝节突起,殊令人棘手,开明之难,真方兴未艾乎。下午看同人练习话剧。五时下班乘车归。入晚小饮。夜饭后围炉共话,至十时始各就寝。湜儿下午二时即感寒返,卧床,发热,此儿体弱,竟不堪剧寒与校课,拟令休学再说。

12 月 26 日（十一月十八日　乙未）星期二

晴寒。七时起。九时乘三轮到总处。杂事纷拏,都无意味。雪舟已往八面槽、琉璃厂等处入手整顿,盖京店稚圃已不安于位矣。属达先顺道往育英中学,了解湜儿在校情况,将为请求休学。下午五时下班,仍乘三轮径归。入夜小饮,殊感不舒,咳喘频作,百骸牵掣,略沾唇即已。晚饭后润、琴就灯下为总署制征集卡片,九时半始毕。滋儿在房开唱片。湜儿卧床,热仍未退,咳亦烈。十时余就寝。

12 月 27 日（十一月十九日　丙申）星期三

晴寒。晨七时起,气逆频呛,形寒畏风,遂未出。午后达先来省,知彬然亦病,今晚召开之业务委员会恐延期,即明日之董事会亦将顺延耳,移时辞去,余强持不卧,以平睡即感气涌成喘也。夜废饮,勉进粥。润儿往中苏友协听音乐,琴珠在演乐胡同吃夜饭,滋儿参加本区军民联欢会。八时许琴归,九时许滋归,十时许润始归,余已就寝。接绍虞廿四日复书,录示近词两阕。

12 月 28 日（十一月二十日　丁酉）星期四

晴寒。昨夜来发热颇剧,遍体不舒,而头痛胁腹痛尤甚,气逆难睡,七时前即披衣强起。大便两次,俱有血。心神大为不振。饭后汉儿来省。傍晚达先、清儿来省,夜饭后去。佩华归。润儿带署中信件一大束归,拉琴珠、滋儿、佩华帮同办理抄写,至近十时始毕,而余以疲惫早睡矣。夜仍有寒热。

12 月 29 日(十一月廿一日　戊戌)星期五

晴寒,有风,扬尘。七时强起。九时雪舟来访。十二时润儿归,谓得汉儿电话,知为延定王恩普大夫,将于下午二时至六时来诊云。饭后芝九、晓先来访,谈至近二时去。王大夫二时三刻来诊脉处方并闲谈三时一刻始去。此人保府人,已五世行医,年七十一,虽江湖气不免,诊案尚切慎也。(出诊费六万元,车力五千元。)当夜服药早睡,仍有寒热,汗出未透也。是日只啜粥两次。

12 月 30 日(十一月廿二日　己丑)星期六

晴寒,风稍戢。晨七时仍强起,拥裘坐沙发上偃息。大便一次,尚好。八时清儿来省,因长谈,留家吃面,以今日为琴珠生日也。午刻达先、汉华偕滋华同归吃面,润儿依时返,余为此振奋,遂共坐勉进面一小碗,胃口尚不十分倒也。一时许诸儿俱去,只湜儿留侍。三时滋儿归,谓新华书店已出书证明伊等结婚,渠与佩华约到金鱼胡同第一区公所声请登记,且已取得证件矣,佩华仍返新华,滋亦到馆工作。今日总管理处吃年夜饭,出版总署亦然,故润儿于六时半归,滋、佩则于七时三刻归。八时濯足,拥裘坐床,待药煎好,饮服即卧。是夕略舒,咳喘亦稀,惟头晕仍未痊耳。

12 月 31 日(十一月廿三日　庚子)星期

晴寒,风止。晨六时三刻起,热已退,气亦舒矣。惟咳嗽时仍

感哮喘头晕也。滋、佩八时半辞出,偕乘火车赴天津,明午归。旅
行结婚简单愉快而尽捐缛文,余之指示也。九时一刻芷芬挈元锴
来省,有顷调孚来访,谈至十一时调孚先去,芷芬旋亦挈锴孙去。
润儿陪琴珠往王恩普大夫处诊脉,以昨日亦发热而咳呛也,十一时
许归。饭时吃面一小碗。饭后静鹤来佐珏人治肴,备明日用。一
时许世泽、芳娟、永锐、竹君来候,移时去。二时半至善、满子、清、
汉两儿及建孙偕来,盖自叶家午饭后同来见候也,三时许诗圣见
过,亦候病,共谈至近四时诗圣、至善、满子先去,有顷,清、汉及建
孙亦去,五时静鹤去。夜六时仍啜粥。喉痛,命润儿出购青萝葡嚼
之。以除夕勉坐至十时乃就睡。中夜后月色甚朗,阿凤误为天明,
即起拨火生炉,余因以未寐,待明即起。元旦之晨,因校点馀朱,足
成此日记。